工程项目“穿透式”管理与实践

宋华清　朱　旭　主　编
赵成立　刘崇敬　副主编
杨志刚　主　审

人民交通出版社股份有限公司
北京

内 容 提 要

本书阐述了工程项目“穿透式”管理模式的内涵和理论体系，并从穿透式管理中的思想引领、信息化平台的技术支撑、穿透式工程项目管理在质量、进度、安全、成本、环保等方面的具体实施和绩效考评体系等方面进行了深入阐述，同时结合京雄城际高铁项目的实施，论述了工程项目“穿透式”管理新模式的成功实践。本书可供从事工程项目管理的技术人员参考和借鉴。

图书在版编目(CIP)数据

工程项目“穿透式”管理与实践/宋华清，朱旭主编
.—北京：人民交通出版社股份有限公司，2020.11

ISBN 978-7-114-16655-6

Ⅰ.①工… Ⅱ.①宋…②朱… Ⅲ.①工程项目管理 Ⅳ.①F284

中国版本图书馆 CIP 数据核字(2020)第 107227 号

Gongcheng Xiangmu “Chuantoushi” Guanli yu Shijian

书　　名：**工程项目“穿透式”管理与实践**
著 作 者：宋华清　朱　旭
责任编辑：刘　倩
责任校对：孙国靖　魏佳宁
责任印制：刘高彤
出版发行：人民交通出版社股份有限公司
地　　址：(100011)北京市朝阳区安定门外外馆斜街 3 号
网　　址：http://www.ccpcl.com.cn
销售电话：(010)59757973
总 经 销：人民交通出版社股份有限公司发行部
经　　销：各地新华书店
印　　刷：北京建宏印刷有限公司
开　　本：720×960　1/16
印　　张：13.75
字　　数：248 千
版　　次：2020 年 11 月　第 1 版
印　　次：2024 年 5 月　第 2 次印刷
书　　号：ISBN 978-7-114-16655-6
定　　价：112.00 元

前言

在全球经济走向科技化、优质化、信息化、市场化、全球化、多极化和集团化的大趋势中，没有精良的项目管理，就没有傲视环球的强大企业，建筑企业做大做强必须要先从最基本的项目管理做起。

新时代工程项目管理面临专业化队伍少、人力资源匮乏、工程管理难度大、安全环保要求高等新变化，如何变革传统工程项目管理模式，充分发挥企业自身的资源和能力优势，适应新时代的工程项目管理需求，进而培养企业的综合竞争能力和实现长远发展，是目前众多大型建筑企业和重大工程项目所面临的挑战。尤其是在科技引领时代的今天，新的技术手段不断涌现，更需要探索与实践新的工程项目管理理论和模式。

本书结合京雄城际铁路工程项目，本着构建"精品工程、智能工程、绿色工程、安全工程"的建设目标，提出了工程项目"穿透式"管理新模式，该模式发挥了党组织的强大组织优势和制度优势，融合互联网技术和人工智能技术等现代技术，解决了传统工程项目管理中人的主观能动性不足和管理指令信息易流失等问题，增强了工程项目管理需求的互动性，优化了工程项目管理结构，突破了工程项目管理范围边界性，体现了工程项目管理行为的共享性，凸显了工程项目管理信息的自主性。

本书全面阐述了工程项目"穿透式"管理的基本理论和管理内容，包括党组织引领作用在"穿透式"管理中的实施体系、工程项目"穿透式"管理的技术支撑、工程项目"穿透式"管理的组织与实施、工程项目"穿透式"管理的考评体系和实际工程项目管理中的具体应用等内容。全书共分7章，由中交二航局宋华清、国铁集团朱旭担任主编，中交二航局赵成立和刘崇敬担任副主编，由中交二航局杨志刚担任主审，武汉理工大学胡志坚负责全书统稿。中交二航局组织杨海生、李宁、王雪、赵会兵、周光强、吕树胜、吕华大、罗自立、徐旭红、刘卫等参与了编写、统稿工作。

具体分工如下:第 1 章由朱旭编写;第 2 章由宋华清、杨海生编写;第 3 章由朱旭、李宁编写;第 4 章由赵成立、王雪编写;第 5 章由刘崇敬编写,赵会兵、周光强、吕树胜、吕华大、罗自立等协助统稿;第 6 章由赵成立、徐旭红编写;第 7 章由宋华清编写。另外,武汉理工大学的李月光、王小敏也参加了书稿整理工作。在成书的过程中,编者参考了多位专家、学者的论著,在此一并表示衷心的感谢!

对于本书在体系、内容上的不妥之处,敬请读者批评指正!

编　者
2020 年 5 月

目 录

第 1 章　概论 …… 1
1.1　新时代工程项目管理需求 …… 1
1.2　工程项目管理模式与创新 …… 3
第 2 章　工程项目"穿透式"管理理论体系 …… 7
2.1　工程项目管理特征 …… 7
2.2　"穿透式"管理基本理论 …… 13
2.3　工程项目"穿透式"管理体系 …… 19
第 3 章　党组织组织管理在"穿透式"管理中的引领 …… 25
3.1　思想引领 …… 25
3.2　组织建设 …… 27
3.3　党组织领导作用在"穿透式"管理中的实施体系 …… 31
3.4　京雄城际铁路项目工程实践 …… 41
第 4 章　工程项目"穿透式"管理的技术支撑 …… 50
4.1　信息化管理平台 …… 50
4.2　自动化数据采集 …… 68
4.3　数据传递与共享 …… 79
4.4　智能化管理决策 …… 82
第 5 章　"穿透式"管理的组织与实施 …… 84
5.1　"穿透式"技术质量管理 …… 84
5.2　"穿透式"工程进度管理 …… 88
5.3　"穿透式"安全管理 …… 100
5.4　"穿透式"成本管理 …… 123
5.5　"穿透式"环境保护管理 …… 135
第 6 章　"穿透式"绩效考核体系 …… 158
6.1　概述 …… 158
6.2　"穿透式"绩效考核体系构建与实践 …… 162

6.3 “穿透式”绩效考核实施 …… 191
第7章 未来工程项目管理 …… 204
7.1 基于区块链技术的施工管理 …… 204
7.2 基于大数据技术的工程项目质量管控系统 …… 207
7.3 基于“互联网+”的工程项目管理新模式 …… 209
参考文献 …… 212

第1章　概　　论

1.1　新时代工程项目管理需求

近些年,我国建筑行业发展速度快,因此,建筑工程的管理水平也受到了社会各界的关注。我国的建筑行业起步早、规模大且复杂,这对施工人员的专业素养提出了更高的要求,尤其目前建筑工程项目的数量逐渐增加,在施工过程中可能出现各种问题,亟待加强对建筑工程管理的认识,提升整个团队的素质水平。建筑工程涉及的项目很多,这就决定了在施工过程中需要采用不同的技术。在科技引领时代的今天,技术不断创新,新技术不断出现,建筑工程管理面临的挑战越来越大。虽然我国建筑工程管理水平不断提升,但是在实际管理过程中还有许多需要改进的地方。

1.1.1　工程项目管理现状

(1)专业化队伍少

随着我国建筑行业的发展,催生了大量没有自主权和控制权的施工企业,这些企业依附于承包人并对项目进行管理,管理模式松散不集中,管理水平较低。同时,工程项目承包人存在将项目随意分包情况,从而造成实行施工总承包管理模式的工程项目无法得到深度管理,甚至导致安全施工管理失控。

(2)人力资源匮乏

目前,施工现场主要管理人员多为技术性人才,在管理方面未接受过系统的培训,管理水平参差不齐,而管理水平的高低对整个项目的质量、进度、安全影响极大。建筑工程技术人员流动性大,施工经验和技术水平参差不齐,行业整体的管理水平难以保持在一个稳定的水准。

(3)工程项目管理难度大

工程项目管理历来是非常大的难题,因为不确定的东西太多。与其他行业项目相比,工程项目存在周期长,干扰因素多,财务营收账期多,项目预算难,施工人员流动性大,施工安全性问题突出等问题,因此,有效进行工程项目管理难度非常大。

(4)安全环保要求高

当前,安全环保严监管、狠问责、动真格已成为新常态。十九大报告提出:“树立安全发展理念,弘扬生命至上、安全第一的思想,健全公共安全体系,完善安全生产责任制,坚决遏制重特大安全事故,提升防灾减灾救灾能力。”当前,工程项目管理安全环保工作面临诸多新形势,存在诸多难点和短板有待克服。

1.1.2 工程项目管理目标

工程项目开工前,制定明确的目标将有利于工程项目管理有效运行。“企业的使命和任务必须转化为目标”,如果一个领域没有目标,这个领域的工作必然被忽视;工程项目管理中“质量、安全、成本、工期”缺一不可,强调目标管理,目的是为了防止以上各方面或者某一方面的工作被忽视,从而出现不良后果。新时代的工程项目管理目标可简单概括为精品工程、智能工程、绿色工程、安全工程四个方面。

(1)精品工程

精品工程需全面落实“工期短、造价低、质量优、效率高”的目标要求,更注重工程项目的内在质量、移交水平、移交后的稳定运营,更注重协调技术指标、工程造价和经济效益的内在关系。创建精品工程的目的是提高工程项目的品质和效益,让“精品工程”的理念在工程项目管理人员的思想上落地,在项目建设过程中得到贯彻落实。

(2)智能工程

智能工程利用多学科融合集成的综合特点,创建多种形式的工程建设智能化系统,包括工程建设机械设备的智能化控制和诊断系统、工程构件的智能制造系统、工程质量智能检测与诊断系统、工程项目智能监测系统等。智能工程充分利用“人机结合、以人为主”的综合集成体系,实现工程决策科学化与系统化,既可以用于支持工程项目主体决策,提供工程决策的信息,也可以在重大项目技术问题等的决策中发挥科学作用。

(3)绿色工程

绿色工程是实现工程项目乃至全社会可持续发展的重要保障,对人类的可持续发展有着举足轻重的作用。充分应用现代科学技术,在工程建设中加强环境保护,发展清洁施工生产,不断改善和优化生态环境,实现人与自然和谐发展。绿色施工作为绿色工程的一个重要阶段,是实现建筑领域资源节约和节能减排的关键环节。在保证质量、安全等基本要求的前提下,通过科学管理和先进技术,最大限度地节约资源并减少对环境有负面影响的施工活动,实现节能、节地、节水、节材和环境保护(简称为“四节一环保”)。

(4)安全工程

安全问题对于任何工程来说都是至关重要的,只有保证施工现场的安全,才能确保工程顺利开展;工程项目出现任何安全问题所造成的损失和影响对企业和社会来说都是巨大的。因此,工程项目管理中安全工程的目标必须实现,所有安全隐患都要得到足够重视和切实解决。工程项目在开工前就要按照规定做好防范措施,分析和排查安全风险,应用有效的风险防控手段,确保安全工程目标顺利实现。

1.2 工程项目管理模式与创新

工程项目管理模式是把工程项目作为一个系统的管理对象,为了使其可以正常运转,实现其管理目标所采取的方式方法的总称。工程项目管理模式的选择,必须符合一定的规律,才能促进工程项目的发展。工程项目管理模式的选择直接关系到工程项目目标的实现。

1.2.1 工程项目传统管理模式

(1)DBB 模式

DBB 模式即设计-招标-建造(Design-Bid-Build)施工模式的简称,是指由建设单位(简称业主)与设计单位签订合同,设计单位承担前期的各项工作。设计方经过批准后才进行工作,最突出的特点是工程项目的实施必须按照设计-招标-建设的顺序进行,只有一个阶段结束后,另一个阶段才开始。在设计单位的协助下,选择最合格的投标人作为施工总承包人并签订合同,最后,施工总承包人分别与材料、设备供货人签订分包合同,组织施工阶段的实施。

(2)EPC 模式

EPC 模式即设计-采购-施工(Engineering-Procurement-Construction)施工模式的简称。工程总承包人按照约定,承担设计、采购、施工、工程质量、安全、工期、成本、竣工和验收的整体责任,最终将成果交付给各缔约方,以满足工程项目所要达到的目标。EPC 模式下,承包人对工程项目的设计和实施负责,建设单位几乎不用参与工程项目建设。EPC 模式如图 1-1 所示。

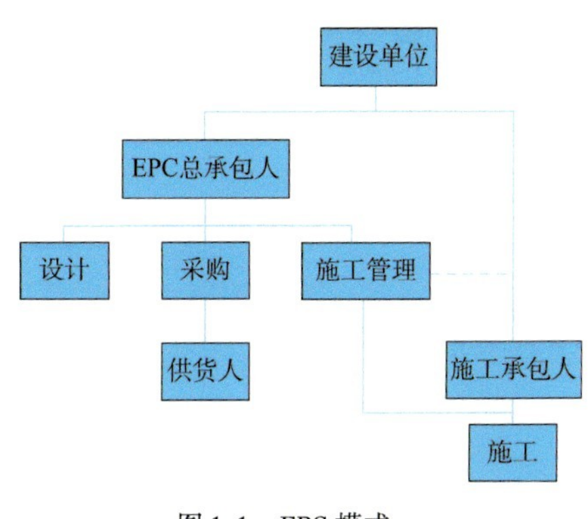

图 1-1 EPC 模式

（3）DB 模式

DB 模式即设计-建造（Design-Build）模式的简称，是指由承包人提供设计和施工方案，对工程的造价、安全、工期、质量负责。采用 DB 模式，建设单位只负责选择一家公司完成工程的设计和施工，设计和施工承包人与建设单位合作完成项目规划、设计、成本控制、进度安排和项目融资等工作。

（4）PMC 模式

PMC 模式即项目管理承包（Project Management Contractor，简称 PMC）模式，是指项目管理承包人代表建设单位对工程项目进行全过程、全方位的项目管理，包括进行工程的整体规划、项目定义、工程招标、选择 EPC 承包人、并对设计、采购、施工过程进行全面管理。PMC 是建设单位机构的延伸，从项目总体规划到计划执行的全过程对建设单位负责，与建设单位的目标和利益保持一致。PMC 可以代表业主管理项目，也可以只负责管理 EPC 承包人而不承担任何 EPC 工作。

（5）CM 模式

CM 模式即建设-管理（Construction-Management）模式的简称，是指由建设单位委托一家 CM 公司作为承包人，采取设计与施工交叠的方式进行施工管理，CM 公司直接承担或组织分包人施工，在一定程度上参与设计，通常采用“成本加利润”方式与建设单位签订合同。CM 模式主要有代理型和风险型两种。代理型模式中 CM 公司只作为建设单位的顾问和代理，不负责在施工各阶段与承包人签订任何施工合同。风险型模式中 CM 公司直接以承包人的身份进行分包和发包，并与各方签订合同。

（6）代建制模式

代建制模式是指政府决定使用财政资金建设公益项目，由政府授权的部门通过招标或直接委托的方式，与项目所有人共同牵头，专业项目施工管理单位（以下简称施工单位）负责政府投资项目工程管理全过程的管理模式。

上述工程项目管理模式虽然在管理主体和管理行为上有差异，但都存在以下明显不足。

（1）信息易流失

工程项目传统管理模式由于管理信息实时沟通渠道没有打通，往往存在信息沟通不及时、信息孤岛、指令下达不到位等问题，虽然现阶段采用云服务，加快了信息的录入、保存、分享，逐步淘汰了纸质文档，改变了信息分享模式，提高了工程项目管理工作效率，但由于管理行为的具体落实仍主要靠管理主体上下层级之间的指令文件或有限范围的集体会议，信息流失情况仍很严重，不能有效发挥现代科学技术和前沿管理模式的优势。

(2)管理效率低

在一个项目里面通常有这三方角色,第一个是建设单位,第二个是公司,第三个是项目部。由于传统管理模式的信息流失严重,项目部很少把其他两方,特别是建设单位的活动计划加入项目管理中,由此在项目执行过程中,必然存在项目部对建设单位和公司的管理要求和理念理解不透彻、落实不到位等情况。但在项目的执行过程中,项目部又必须严格执行建设单位和公司的各项管理要求。由此必然需要项目部根据上述两方的要求经常调整自己拟订的项目管理方案,会使得整个管理计划被打乱,导致项目管理效率不高。

因此,如何更有效地进行沟通,将建设单位、公司、项目部围绕项目有机结合起来,确保各类管理信息不流失,是解决工程项目传统管理模式管理效率低下的关键。

1.2.2 工程项目“穿透式”管理新模式

工程项目“穿透式”管理模式以“互联网+”信息技术为支撑,在工程项目质量管理、进度管理、安全管理、成本管理等方面,完全克服了传统管理模式信息易流失和管理效率低的问题,形成了工程项目管理模式的新常态。其具有以下特点:

(1)满足了工程项目管理需求,使工程项目管理具有互动性

工程项目传统管理模式的根本问题在于管理方与被管理方在信息获取的时间和内容上的非同一性。在传统工程项目管理模式中,上级管理者(如上级公司)依照自身对于项目的理解,自行选择管理模式,同时因为技术、资金等方面的限制,上级管理者的管理模式很难满足具体项目的个性化需求。但在“穿透式”管理模式中,上级管理者和项目执行单位之间搭建了一个快捷而实用的信息化互动平台,上级管理者直接参与项目管理,中间枢纽环节被省去,上级管理者与项目执行单位直接形成了工程项目管理共同体,这样也间接促进了工程项目管理特性化趋势的形成。工程项目管理者与执行者有了直接紧密的联系,这种互动性体现的不仅是一种管理模式,更代表着未来的发展方向和趋势。

(2)优化了工程项目管理结构,使工程项目管理更具有合理性

当规模化生产愈演愈烈时,产能过剩就不可避免。随着社会的发展进步,人们已经不再满足于简单的项目管理需求,对管理高效化、便捷化的需求更加强烈,以互联网为载体的“穿透式”管理恰好满足了人们的需求。工程项目管理者不仅能够借助于互联网进行方便快捷的工程项目管理,同时,互联网信息技术有助于实现空间分散、时间错位之间的供求匹配,从而可以更好地提升项目参与各方的工作效率和管理水平。

(3)扩展了工程项目管理范围,使工程项目管理具有无边界性

工程项目“穿透式”管理由于运用了互联网和信息技术,使得传统工程项目管理的时空限制趋于消失,形成了一种无边界的工程项目管理模式。首先,工程项目管理者在工程服务的选择上是没有范围限制的。例如,为工程项目管理各方提供了大量个性突出的服务产品,如技术方案、财务报表系统、规范手册等,工程项目“穿透式”管理平台能够以无限的资源来满足工程项目管理者的需求。其次,工程项目“穿透式”管理突破了空间的限制。随着互联网在全球普及范围的逐步扩大,工程项目管理者能在世界各地参与项目管理,互联网提供了超越国家和地区边界的能力,使工程项目“穿透式”管理没有了边界限制。再次,工程项目管理者的工作效率得到了充分的提高。网络技术的不断创新,使得包括工程新技术、管理新思路等在内的各种工程项目管理支撑技术得到了充分的发展,完全能够满足当前工程项目管理者“一竿子插到底”的管理需求。最后,工程项目“穿透式”管理中不仅信息的传播不受时空地域的限制,而且可借助于大数据技术,工程项目执行方的工程项目管理偏好、管理习惯等微观信息也被归纳统计,管理方借助于这些数据为工程项目执行者提供完善的服务,各类管理信息在执行方与管理方的充分流动,促使整个工程项目“穿透式”管理稳步健康发展。

(4)改变了工程项目管理行为,使工程项目管理具有共享性

基于“互联网+”时代特点而重新构建的工程项目“穿透式”管理模式,强调互联网技术的应用,着重突出了信息获取和信息分享环节。互联网的时效性、综合性、互动性和便利性,使得工程项目管理者能方便地对工程项目的进度、质量、技术等进行分享。这种信息体验和共享对工程项目管理模式转型发挥越来越重要的影响。

(5)丰富了工程项目管理信息,使工程项目管理具有自主性

互联网平台把工程项目生产信息和管理服务连接起来,工程项目管理者如果想进行项目进度控制,可以方便地找到项目进度的信息,并根据工程项目的施工组织管理、工程进度评价作出评定。也就是说,工程项目“穿透式”管理最大限度地扩大了工程项目管理增量,盘活了工程项目管理存量,强化了工程项目管理者自由选择、自主进行工程项目管理的系列权益。

第2章 工程项目“穿透式”管理理论体系

在新的经济环境下,企业之间已由传统的要素竞争转向企业综合运营能力的竞争。受此变化的影响,企业管理也变得越来越复杂和艰巨,出现了“政令不通”“管理不畅”和“执行力减弱”等问题,主要表现在以下几个方面:一是企业规模变大以后,管理控制系统越来越复杂,例如一些企业引进了质量管理、营销客户管理、供应链等大型管理体系,还上线了企业资源计划(Enterprise Resource Planning,简称 ERP)等大型信息系统;二是随着管理精细化水平的提升,管理要素越来越多,要素之间的相互关系越来越难以把控,管理活动本身的成本越来越高,要素对企业的贡献也越来越弱,组织绩效难以提升;三是企业的层级不断增加,下属单位数量逐年增长,虽然进行了组织的扁平化改造,但高层决策和管理导向仍不能快速贯彻到一线,客户需求无法准确定位在业务改进之中。因此,随着企业经营规模的不断壮大和业务范围不断延伸,一些大中型企业集团,尤其是业务范围遍布全国各地的特大型企业集团,诸如银行、保险、电信等行业的单位,需要不断探索和实践新的管理理念和方法。

2.1 工程项目管理特征

2.1.1 项目管理相关理论

项目管理是一门较为年轻的学科,是管理科学在项目领域的应用和发展。20世纪40年代的“曼哈顿计划”、50年代后期的关键路线法(Critical Path Method,简称 CPM)和计划评审技术(Program Evaluation and Review Technique,简称 PERT)的应用,孕育了项目管理理论的雏形。

项目管理的基本理论体系形成于20世纪60年代初。由于项目管理是一门综合性管理学科,需要多种理论的共同支撑,因此其理论基础比较庞大。在当时主要存在三种基础理论:组织论(也称为组织学)、控制论和管理学。项目管理的基本理论体系搭建于这三种基础理论之上,与其研究对象的本质要求存在必然的联系。项目管理的主要内容,如项目管理的组织、投资控制(或费用控制)、进度控制、质量控制、合同管理等都必须运用相应的基础理论。创建于

1965 年的以欧洲为主体的国际项目管理协会(International Professional Managers Association,简称 IPMA)和创建于 1969 年的美国项目管理学会(Project Management Institute,简称 PMI)是当时世界上最著名的关于项目管理的两大研究组织体系。

20 世纪 70 年代到 80 年代,项目管理迅速传遍了世界各国。从美国最初的军事项目管理和宇航项目管理,很快扩展到各种类型的民用项目管理,建设工程项目管理理论体系迎来了发展的高潮。同时随着计算机技术的发展,计算机在辅助管理方面的强大功能逐步显现,这正契合了建筑工程管理复杂、信息量巨大的需求,大量的数据库建立及信息管理成为建设工程项目管理学的新内容。1983 年,在 PMI 发表的一份研究报告中,项目管理的基本内容被划分为范围管理、成本管理、时间管理、质量管理、人力资源管理和沟通管理等 6 个领域,这些领域成了 PMI 的项目管理专业化的基础内容。在这期间,建设工程项目管理的内容也得到了进一步丰富,例如,有关组织的内容不仅局限于人、机、材的组织,又新增了工作流程组织和信息流程组织;合同管理中深化了索赔内容等。

20 世纪 90 年代以后,伴随着经济全球化的浪潮,项目管理理论更加注重人的因素和信息的使用,应用领域进一步扩大,尤其在新兴产业中得到了迅速发展。90 年代末,由于全球经济的迅猛发展,建设工程项目管理学的研究进入了一个高潮期,出现了大批新的思想和观念,如全寿命周期项目管理思想、集成化管理的观念等。这些思想和观念的推出极大丰富了项目管理学说,并对建设工程项目管理的实践产生了巨大的影响。

进入 21 世纪后,随着知识经济时代的到来,项目管理呈现全球化和多元化的趋势,项目管理理论也随之进一步发展和成熟,在体系上更加系统、在专业上更加深入。Mitripoulus 和 Tatum(2001)从项目参与方、项目管理过程等方面入手,提出了更加全面的建设项目集成管理的概念,提出了项目参与方协作和项目管理集成要求、全过程参与投资管理、用集成结构和集成管理的技术解决组织文化等比较新颖的观念。同时,一些大型的研究项目管理的组织体系也对项目管理的标准化和规范化作出了重要贡献,在扩展项目管理的应用领域方面发挥了重要的作用。例如,PMI 编制的《项目管理知识体系指南》(*A Guide to Project Management Body of knowledge*,简称 *PMBOK*)在许多国家被当作培训项目管理人才的教科书而广泛使用。在 *PMBOK*(2008 版)中,对项目管理的主要内容进行了归纳,即项目整体管理、项目范围管理、项目时间管理、项目成本管理、项目质量管理、项目人力资源管理、项目沟通管理、项目风险管理和项目采购管理,共计 9 个方面。

2.1.2 建设工程项目管理特征

(1)工程企业的管理特点

由于建设工程产品和施工生产的特殊性,工程企业在管理上与其他企业相比有较大的不同,具体体现在以下几个方面:

①投标承包方式的竞争性。根据我国《建筑法》的规定,施工企业一般都是通过投标竞争的方式来承揽业务。中标后再通过签订工程施工承包合同,来确定彼此的经济与法律关系。但由于工程施工企业众多,竞争非常激烈。

②生产经营任务的不稳定性。采用竞标方式承揽业务的不确定性,导致了工程企业经营生产任务的不稳定性。从某一个具体项目来看,企业能否中标,一方面与企业的业绩、技术、管理、资金等综合实力密切相关;另一方面也与投标策略、掌握的市场信息有很大关系,具体项目的中标具有很大的偶然性。从一个阶段来看,企业的生产经营任务不仅受到国家或地方政策面的巨大影响,也与企业所在地的经济发展水平及建筑市场的行情息息相关。

③管理环境的多变性。这里的环境有两层含义:一是作业环境,工程施工大多为露天作业,作业条件较差,受天气、气候、地质、水文的影响较大;二是管理环境,不同的投资主体、多变的项目管理模式、不同地方的政策都使得管理环境复杂多变。

④基层组织人员的流动性。由于基层的项目经理部是一个临时性组织,是企业根据项目的特性来进行组建的,并没有固定的建制,在施工过程中也会随着工程进展而适时调整,因而人员的流动性比较大。

⑤产品计价方式的复杂性。由于产品的单一性及地域的差异性,施工产品的价格只能采用特殊的确定方法,需要按照每个工程的性质和特点,结合所在地域的经济状况单独编制预算文件,文件的编制必须按照已报的施工方案为依据,方能作为投标报价的基础或结算依据。同时,计价方式又与项目管理模式有关,有总价包干的,有清单报价的,种类很多。

⑥技术管理的多样性。工程施工企业尤其是总承包企业为确保一定的生产任务,往往需要同时具备多种资质,以便从事多专业的施工任务,如铁路、公路、隧道、桥梁、堤坝、电站等。这些专业都有各自不同的技术要求,工序、工艺都有各自专业的特点,因而在技术管理中必须依据各自的专业特点进行设计和规划,从而呈现多样性。

⑦计划编制的困难性。由于环境的多变性和技术的多样化,导致了工程施工企业的计划编制非常困难,现在虽然有一些商用软件代替了烦琐的手工计算,但编

制时仍偏重于制定者的经验；同时，由于计划是在施工组织的基础上进行的，所以施工面的划分、各种资源的合理配置、施工工艺的选择等，都会对计划编制带来影响；在执行和控制过程中又要受到天气、交通、水文地质、市场供应等多种因素的制约，因而具有较大的不确定性，必须根据项目的总体要求不断地进行调整。

(2)工程企业的用工特点

虽然大部分总承包企业实施了管理与劳务的分离，但仍然有些建设工程机械化的程度比较低，所以会使用劳务分包的方式。劳务人员大多数由农民工组成，除了少数专业性较强的工种外(如架子工、张拉工等)，绝大多数劳务分包都具有组织结构比较松散、规模较小、人员流动性大、作业队伍不稳定的特点，劳动者的技术水平和业务能力参差不齐，有经验的和没有经验的差距很大。这个群体是建设工程施工的主要实施者，是工程项目管理中极为关键的末端。

(3)工程企业的组织特点

在企业的组织结构类型方面，大部分施工企业在计划经济时期都采用直线制，在市场经济时期，为了满足管理需求，大多数选择了直线职能制组织机构的形式。这种结构结合了直线制与职能制的优点，实现了职能高度集中化。其特点是组织中设置了两套系统，一是按命令统一原则设置的指挥系统，二是按专业化原则组织的职能系统。在这种组织形式中，只有高级行政主管有权指挥和决策，职能管理人员仅作为行政主管的助手或参谋，对下级机构行使建议权和指导权，不能直接发布命令。它的优点是避免了多头指挥，能够集中权力、迅速决策，同时还能发挥部门职能的专业管理作用，提高了管理的科学化、规范化程度。缺点也显而易见，主要体现在横向协调和沟通不力，分权不足导致下级被动工作、积极性下降，难以适应企业扩张和复杂多变的市场环境。

部分特大型企业或集团公司则采用事业部制。事业部制组织结构也称为M型结构(Multidivisional Structure)或多部门结构。最早提出事业部制设想的是美国通用汽车公司总裁斯隆(1924年)，所以事业部制也有“斯隆模型”之称，是一种高度集权下的分权管理体制。它的主要特点有：①按企业的产品(也可以按照其他原则划分)将业务活动组合起来，成立专业化的生产经营管理部门，即事业部。如建筑企业的产品种类繁多，有房屋建筑、港口机场、桥梁道路等，可以按照产品的分类来设置相应的事业部。②在纵向关系上，按照“集中决策，分散经营”的原则，处理企业高层领导与事业部之间的关系。③在横向关系上，各事业部在经营管理上仍拥有自主权，实行独立核算。④企业高层和事业部内部，仍然按照职能制结构进行组织设计。

事业部制组织结构的优点有：①把企业行政首脑从日常事务中摆脱出来，可以使他们集中精力考虑全局问题，有利于做好企业战略决策和长远规划；②发挥了各事业部经营管理的能动性，提高了管理的灵活性和适应性，有利于组织专业化生产；③调动了企业内部竞争，有利于企业的扩张和发展。其缺点是：①公司和事业部的职能机构设置重叠，容易构成管理人员浪费；②各事业部由于实行独立核算，均为利润中心，因此在相互协作、支援等方面比较困难；③各事业部主管人员考虑问题往往从本部门的利益出发，一些业务联系与沟通往往被经济关系所取代，缺乏全局观念，从而导致整个组织的利益受到损害。

从企业管理结构来分析，我国建设工程企业的组织机构通常有两级制和三级制两种形式。两级制管理：公司—项目经理部。三级制管理：（集团）公司—分公司/项目管理部—项目经理部。目前，我国具有总承包资质的工程企业一般采用三级制的组织架构，即设立一些分公司或项目管理部，实行三级管理。规模较小的工程企业则实施二级管理，即公司直接与项目部签订经营承包责任合同。

（4）项目管理的特点

美国项目管理协会的 *PMBOK* 知识体系中，对项目管理的定义为：项目管理是在项目活动中运用知识、技能、工具和技术，以便满足和超过项目干系人对项目的需求和期望。

工程项目管理的对象是某一具体工程项目，其管理的概念在原理上同其他管理是一致的，但由于工程项目的一次性等特点，其内在的要求及管理内容同其他管理仍有较大的区别。在此，我们可以这样理解：所谓工程项目管理，就是为了使工程项目在一定的约束条件下实现预期的各种目标，而对项目所进行的全过程的所有诸如决策与计划、组织与指挥、控制与协调等一系列工作的总和。工程项目的全过程的管理有如下4个特点：

①一次性管理的特点。项目管理的一次性特点是由项目的单件性特性所决定的。所谓单件性，就是任何一个项目都是独一无二的，即使是同一类型的项目管理也会因为地域、时间的差异而呈现不同的特征。在项目管理过程中强调组织设计和预案的作用，既重视一般流程的控制，更重视流程的边界条件。所有的施工流程设计均强调一次性成功，因为一旦出现大的失误，将比较难以纠正，损失也比较严重，因此对项目建设中的每个环节进行严密管理是项目成功的关键因素之一。

②全生命周期管理的特点。工程项目过程是指通过投资创造有形和无形产品的全过程，它包括最初的构想、决策、准备、设计、施工，直至投产运营的全过程，既包括各种物质的创造活动，也包括对这些活动的组织和管理。这个过程就称为工程项目的生命周期。全生命周期管理是集成化管理的一种组织形式。项目生命周

期的每一个阶段都有其特定的任务和要求，但各阶段又相互联系，不可分割。在每个阶段都要对进度、质量、成本等目标进行有效控制和管理，而这些目标又是变化的，因此项目管理是一种全过程的综合性的动态管理。

③约束条件强、重计划的特点。工程项目的生命周期中，每一阶段都有其明确的目标、限定的时间和资源消耗、既定的功能要求和质量标准，因此，工程项目管理是一种强约束管理。由于项目管理的重要任务就是在规定的时间内，通过合理组织和管理，以最少的资源达到目标。要完成目标就必须合理计划、科学安排，因此计划的重要性非常突出。

④具有开环系统管理的特点。单就工程项目本身的具体工作而言，它是一个闭环系统管理。但工程项目的实施必然要受到国家政策、社会需求、科技发展、资金供应、物资供应、技术储备等多重因素的影响，同时还要考虑地区、行业及国家的差别，因此实际上，它是一个开环系统的管理，应该以系统的理论作为指导，按照统一要求及工程项目的规律进行全面管理。

(5)项目管理的组织特点

项目管理层的组织结构形式是项目经理部，它是企业面向市场、为用户提供服务的直接责任层。项目经理部是受法人委托授权建立的一个临时性组织，是一次性的具有弹性的现场生产组织机构，是项目的成本中心。项目经理部建立时，除项目经理外，一般还需设置满足现场施工管理需要的职能部门，一般包括经营核算、工程技术、物资设备、监控管理、测试计量等部门。项目经理部的核心是项目经理，项目经理是法人在项目上的授权代理，是项目质量的第一负责人，是工期、安全、成本、环境保护等目标的直接责任人。项目经理部的实质是企业法人的一种委托代理，是反映企业特征的一个窗口。虽然现在的工程施工企业都根据项目法进行管理，但仍旧可以从具体项目上清晰地看到企业的烙印。项目经理部的产生、运作及解体都是企业行为，没有严格的法律限制。项目经理部对所管理的工程不承担终极责任，这是因为在市场招投标过程中建筑企业才是用户真正的选择对象，项目经理部作为企业授权组建的临时性机构，本身就不具备承担主体责任的资格，因此项目经理部在项目管理中必须遵循企业的相关规定，自觉接受企业的检查和监督，发挥成本中心的作用，高效优质履行合同，为企业创利。

由此可见，这两个层次的关系是：企业为项目服务，项目服从于企业整体利益。企业应该将经营管理的重心放在项目上，对项目实施有效监控。但目前，工程企业对工程项目的监督管理一直是一个复杂的难题，企业对项目的控制力不足，监控的力度、手段和效果有限，使企业面临较大的风险。因此，创新工程项目管理模式有着实际的迫切需求。

2.2 "穿透式"管理基本理论

2.2.1 "穿透式"管理的理论渊源

"穿透式"管理由穿透和管理两个词汇组成。穿透属于一种描述性用语，含义并不十分明晰，国外学者常将穿透翻译为 Look-Through，意为看透、看穿，往往与 Approach 或者 Provision 一起使用，分别代表"穿透式"方法和穿透条款的含义。其中，"穿透式"方法是指一种探求事物本质的技术性手段，穿透条款意即旨在发现事物本质的法律规则。

"穿透式"管理源于穿透理论。实践中，穿透理论被广泛应用于会计学、税法及管理学等领域，分别演化为实质重于形式原则、税收透视原则及穿透分析法三大理论。

(1)会计学中的实质重于形式原则

《国际会计准则》中明确规定，交易或其他事项的实质，不总是与它们的法律或设计形式的外在形态相一致，为探明业务的真实情况，必须根据它们的实质和经济现实加以判断。

会计学中的实质重于形式原则极好地阐释了"穿透"的内在含义。

(2)税法中的透视原则

透视原则是税法领域为防止非法避税而实施的一项重要原则，它强调按照交易的经济实质而非纳税人选择的法律形式来确定其实际纳税义务，透过复杂的交易形式看穿纳税人欲达成的真正商业目的，从而实现税负公平。

该原则的实施，在一定程度上解决了跨境企业采用不合理手段非法逃避在我国境内的税务缴纳问题，弥补了税法上存在的漏洞。

(3)管理学中的穿透分析法

穿透分析法是企业内部管理常用的方法，一些大企业内部组织结构庞杂，管理人员混乱，运营效率低下，为实现统筹全局，从上至下、由里到外的高效管理，必须从问题本身出发，透过现象看本质，找到企业管理中问题存在的根源，及时加以梳理和解决。

纵观国内外学术界及实务界，不论是理论层面，还是实践层面，关于"穿透式"管理的研究现状整体上处于起步阶段。在我国，"穿透式"管理只是在互联网金融、资产重组以及定向增发等金融领域得到研究和应用，即透过金融产品的表面形态，看清金融业务和行为的实质，将资金来源、中间环节与最终投向连接起来，按照实质重于形式原则甄别金融业务和行为的性质，根据产品功能、业务性质和法律属性，明确监管主体和适用规则，对金融机构的业务和行为实施全流程监管。同样，“穿透式”管理也可以应用于其他领域的管理活动中。

2.2.2 “穿透式”管理的定义和内涵

所谓“穿透式”管理，是指一个组织为增强管控、指导力度，对下一级机构的分支机构、部门或客户实施直接管理与间接管理相结合的一种管理模式。包括三层含义：一是“穿透式”管理的目的是为了增强管控、指导力度，而在传统层级管理的基础上，增强了越级性和直管性。二是“穿透式”管理的对象是下一级机构的分支机构、部门或客户，而不是下一级机构本身，是一种“跨级”管理行为，管理者与被管理者之间还存在一个甚至多个管理层级。三是“穿透式”管理是直接管理与间接管理相结合，一个管理对象同时接受处于不同层级的上级机构的管理。

“穿透式”管理在本质上不同于越级管理，“穿透式”管理的“跨级”行为是事前约定好的，组织在事前已对“穿透式”管理的内容做了统一的、详细的、明确的界定，以避免管理对象接受“多头”管理，即管理主体还是唯一的，符合组织的管理规范。“穿透式”管理的“越级”主要是指管理主体与客体之间在原有组织体系中属于不相邻的层级，中间有“夹层”，而管理主体与客体一旦形成直接管理关系，之间就已经不再具有“越级”的意义了。换言之，实施“穿透式”管理之后，管理客体的原有上级组织只是形式上存在，对其不再具有管理权限与管理职能。

2.2.3 “穿透式”管理的本质分析

大型企业的业务虽然有一定的主业，但一般是综合性的，是一种典型的跨市场、跨行业、跨专业的综合经营业务，传统的分类管理既不能满足市场剧烈波动等系统性风险防范的要求，也不能适应经营业务行为规范的监管要求。因此，针对经营业务发展中所出现的市场乱象和风险防范措施缺失的问题，从理论和实践的结合上理清“穿透式”管理的实质，是进一步完善管理规则、规范企业发展的基础。

(1)“穿透式”管理主要体现为纵向穿透管理和横向穿透管理

从理论上看，“穿透式”管理作为一种管理方法，是一种综合性管理方法，其理论基础主要来自功能监管理论和行为监管理论。“穿透式”管理的“穿透”主要体现为纵向穿透管理和横向穿透管理。所谓纵向穿透管理，是对经营涉及的机构业务和行为实施全流程监管，将管理中枢、中间环节和执行末端连接起来进行监管。所谓横向穿透管理，是要认清经营每一个环节的业务和行为的实质，按照实质重于形式原则甄别经营业务和行为的性质,穿透业务和行为的表面形态,把握其本质属性。

(2)“穿透式”管理是纵向穿透管理和横向穿透管理的结合

实施“穿透式”管理需要同时实现对企业经营业务的纵向穿透管理和横向穿透管理,是纵向穿透监管和横向穿透监管的结合。为了达到这一目标,需要管理部门在对各级机构的业务、行为进行监管的同时,将经营管理业务链条上所涉及的机构作为一个统一的整体进行监管,必然要求突破机构监管的传统框架,实施功能监管和行为监管。从这个目标上看,纵向穿透管理更偏向于宏观审慎监管,其目标在于防范系统性风险,维护企业发展的稳定;而横向穿透管理更偏向于微观审慎监管,其目标在于控制单个机构的风险,保证其稳健经营。

2.2.4　实施“穿透式”管理的主要作用

(1)提高管理效率。实施“穿透式”管理,一方面可减少中间管理层级,上级组织对一些重点分支机构实施直接管理,有效增加信息交互的时效性、准确性与真实性。另一方面减少分支机构政策申请的审批环节,减少官僚主义、本位主义滋生的节点。

(2)提高执行力。实施“穿透式”管理,一是解决责、权、利不对等问题,有助于明确工作目标,落实责任,提高一线的执行力。二是赋予分支机构更大的自主性,有助于调动分支机构的工作积极性。三是可加强对分支机构的管控,无形中会提高组织成员的执行力,减少“搭便车”、松散怠工等现象。四是加强对分支机构的关注、培训与指导,提高员工能力和素质,加强帮扶指导。五是实施“穿透式”管理缩短了管理层级,跟踪、分析、检查工作直接到达管理单元,指导工作会更加及时、到位。发挥导向作用。一方面,如果列入“穿透式”管理的对象是业绩优秀的分支机构,则给其他分机构形成一个“榜样”带头作用,营造“比学赶超”的良好局面;另一方面,如果对象是业绩差的分支机构,则给其他分支机构传递组织“以儆效尤”的态度与决心。

2.2.5　实施“穿透式”管理的主要情境

为了增强环境适应能力与市场竞争能力,当企业面临以下一种或多种情境时,可以考虑实施“穿透式”管理。

(1)企业所处生命周期发生变化。当企业的发展阶段已经明显变化,或企业规模不断发展壮大时,组织结构日益臃肿,管理惯性日益明显,内部交易成本与管理费用大幅增加。

(2)企业战略发生重大调整。现有的科层制管理模式过多强调等级管理,刚性有余而柔性不足，已经无法支撑企业新战略的实施。

(3)行业发展环境发生显著变化。现有以组织内部流程管理或岗位管理为主导的管理模式的弊端日益突出，需要进行调整以强化基层一线的执行力或市场响应速度。

(4)企业长期陷入发展困境。营收压力大，成本负担重，亟须压缩组织层级，但无法大幅撤去或合并相关机构(或部门)。

(5)企业现有管理模式存在明显弊端。管理层级多，决策速度慢，信息传递不畅，但无论如何优化调整用工、薪酬、晋升、考核等机制层面的举措，都无法取得成效，必须通过解决体制层面的问题来重新激发机制的活力。

(6)企业拟引入新的管理理念或技术。相对现有的新的管理理念或技术有本质的变化。

2.2.6 实施“穿透式”管理的分类

根据“穿透式”管理的范围来划分，可以分为部分“穿透式”管理、部分完全“穿透式”管理、完全“穿透式”管理。上述三者的对比情况如表2-1所示。

三种不同实施范围的“穿透式”管理类型对比　　表2-1

类型	实施范围	主要优点	主要不足	应用情境
部分“穿透式”管理	仅部分分支机构的部分内界	能够集中资源对特定对象进行倾斜，针对性强，对原有模式调整变化的内界较少，实施风险较小	工作介入与创新深度不够，不利于解决一些深层次问题	企业总体发展形势良好，拟探索管理创新，或者下属组织对分支机构的管理能力不足
部分完全“穿透式”管理	所有分支机构的部分内容或部分分支机构的所有内界	能够集中资源对重点分支机构或者重点内容实施倾斜，针对性较强；便于开展横向对标或纵向对比分析	同一级分支机构的管理地位不同，可能造成资源配置的不公平，引发内部矛盾或不平衡	企业总体发展形势良好，但部分分支机构发展困难；或者需要加强对部分分支机构的纵深管理
完全“穿透式”管理	同一层级上所有分支机构的所有内界	完全介入，工作力度大，有利于解决一些深层次问题，所有分支机构一视同仁，较好平衡	重点不突出，需对原有模式进行较大变革，组织运营可能出现较大波动，风险较大	企业发展困难或市场竞争压力大，需要通过深度变革来破解难题或激发活力

根据“穿透式”管理的内容来划分，主要分为市场经营“穿透式”管理、客户服务“穿透式”管理、财务“穿透式”管理。其中，企业实施市场经营“穿透式”管理的主要目的通常是提高营销政策传达与宣贯的效率，提高一线市场信息下达与上传的准确性与便捷性，通常会涉及经营预算、营销成本配置、销售活动组织、业绩考核与通报等内容。企业实施客户服务“穿透式”管理的主要目的是加强对客户服务工作的监督、指导，提高某个层级分支机构客户服务的工作效率与服务质量水平，或者集中客户服务资源，加强重点客户的服务保障。企业实施财务“穿透式”管理的主要目的通常是加强财务监督与统筹管理，提高财务资源配置水平与使用效益，或者通过设置财务共享中心，集中下级分支机构营业款收集、稽核和报账等事务进行统一处理，降低财务管理成本，或者加强专项资金的跟踪管理，做到专款专用，防止资金被挪用、被挤占。

根据“穿透式”管理的周期来划分，可划分为临时性“穿透式”管理、阶段性“穿透式”管理、长期性“穿透式”管理。其中，临时性“穿透式”管理的时长较短，一般不超过1个月，是属于特殊时期的应急办法，比如某个分支机构的组织架构发生重大调整或者领导人员发生重大人事变动，为平稳起见，对其下属分支机构进行临时代管。阶段性“穿透式”管理一般持续数月甚至是一两年的时间，通常应用于某个改革方案的试点，带有尝试性与创新性特征，通过局部试点来摸索经验，为下一步推广提供决策依据。长期性“穿透式”管理一般持续数年甚至是长期实施，其一般应用在阶段性“穿透式”管理取得成功的基础上，通过方案优化再深入实施或者大力推广。

2.2.7　“穿透式”管理的实施模式

(1)基于项目的“穿透式”管理

不同组织在实施基于项目的“穿透式”管理时，因组织性质与组织规模的不同会有不同的项目选择。比如政府部门在深化税务“穿透式”管理时，可以基于“营改增”项目；学校在深化院系“穿透式”管理时，可以基于精品课程评选项目、师资队伍建设项目或者重点学科建设项目；医院在实施专业科室“穿透式”管理时，可以基于预约诊疗率提升项目；社区在实施卫生医疗“穿透式”管理时，可以基于家庭医生推广项目或居民健康信息采集项目；等等。在企业里，实施“穿透式”管理的项目可选范围更广泛，可以是某个大的专业，比如市场营销、客户服务、财务等，也可以是某个大专业下的细分专业，比如市场营销中的电子渠道建设项目、直销队伍建设项目，等等。由于项目的规模大小不同，且管理主体有着不同的形式，因此企业可以采取不同的形式来实施基于项目的“穿透式”管理。根据项目的规模大小、实施周期长短、操作复杂程度、对组织发展影响程度等因素，设置项目管理的专门机构，或者在指定部门中设置项目管理的专职人员。无论是专门机构还是专职人员，均可以对项目参与的所有组织单元或人员实施“穿透式”管理。

(2)基于资源的“穿透式”管理

在人力、财力、物力三种有形资源中，它们各有特点，均可作为“穿透式”管理的载体，只是适用的条件与范围不同。其中，人力资源带有人的主观能动性与价值取向，比较难以控制；物力、财力资源的各种使用状态比较容易量化统计，因此比较适合用于实施“穿透式”管理。在物力与财力这两种资源中，财力资源又更容易量化，同时又具有数字的特性，非常适合电子数据交换，相关数据能够实现在线动态收集、更新与汇总，实现深度管理。所以，财力资源更适用于实施“穿透式”管理。

在实施基于资源的“穿透式”管理时，除了要明确“穿透式”管理的主要任务与目的，并依此来确定实施“穿透式”管理的资源类型之外，还要明确资源管理的实施主体、客体、管理制度与手段等内容，同时要加强信息化平台建设，为资源管理提供自动化手段。另外，由于资源具有可分散性与易于共享的特点，管理的复杂性存在较大差异。因此，实施基于资源的“穿透式”管理，可选择那些使用部门相对集中、使用与管理责任主体相对清晰的某一种或某几种资源来作为“穿透式”管理的对象。同时，在资源管理过程中，不要仅孤立地关注资源本身的管理，同时还要注重作为资源管理主体的人的管理，这样才能实现“穿透式”管理的目标。

(3)基于职能的“穿透式”管理

要实施基于职能的“穿透式”管理，必须充分考虑到职能的固有属性。不同组织在选择职能作为“穿透式”管理对象时，可选择的职能范围与种类存在明显差异。比如在税务部门中，具有筹集财政收入、调控经济、调节分配等三大税收职能，因此在实施“穿透式”管理时可选取其中一项职能作为“穿透式”管理的对象。在企业中，通常有市场营销、客户服务、财务管理等职能，同样可选取其中之一作为“穿透式”管理的对象。如前所述，将“穿透式”管理分为市场经营“穿透式”管理、客户服务“穿透式”管理、财务“穿透式”管理，其实质上就是按照职能类型来进行分类。

基于职能的“穿透式”管理，具有一些其他实施模式所不具有的优点。一是协调工作量小。一个职能往往只由一个组织内的某个部门承担，在实施“穿透式”管理时只涉及纵向上的相关部门，而不像基于项目或资源的“穿透式”管理那样会牵涉横向的众多部门，这样协调工作量小，内部交易成本低。二是实施内容清晰。具体某个职能所承担的责任以及所能发挥的功能比较清晰，组织对职能履行过程中所需要加强或改善的内容也很清晰。三是管理对象易于控制。基于职能的“穿透式”管理，只是涉及职能相关的人员，对象集中，比较容易管控。四是，管理主体比较专业。管理主体一般是原有的职能管理人员，对实施“穿透式”管理的职能内容比较熟悉，专业水平较高。五是，实施周期容易控制。基于职能的“穿透式”管理，与基于资源的“穿透式”管理一样，实施周期可以根据需要进行灵活调整。此外，各项职能的重要性存在明显差异，当选择最主要或者最核心职能来实施“穿透式”管理时，必须做充分调研、分析、论证等准备工作，全面考虑各种影响因素。

2.3 工程项目“穿透式”管理体系

2.3.1 基本内涵

工程项目“穿透式”管理是一种项目管理模式。所谓管理模式，是指一种成型的、能供人们直接参考运用的完整的管理系统，通过这套系统来发现和解决管理过程中的问题，规范管理手段，完善管理机制，实现既定目标。工程项目“穿透式”管理在管理内容上，要囊括项目人力资源管理、物资机械管理、工程质量管理、工程进度管理、工程成本管理、工程安全管理、工程环境保护管理等工程项目实施环节的主要管理控制内容；在管理形式上，要体现标准化、规范化、系统化；在管理手段上，要以现代科学技术为支撑，充分运用现代信息科学技术成果。

工程项目“穿透式”管理的基本内涵（图2-1）是以实现工程项目管理目标为宗旨，对项目管理组织机构和人员进行分类管理，以公司总部、分（子）公司、项目部为主体建立工程项目管理领导体制，以统一工程项目管理四个要素为载体，全面提升工程项目管理水平。

2.3.2 管理体系内容

工程项目“穿透式”管理体系不仅是某个方面的规范和优化，而且是硬软件建设、内外部环境相互配合、完善统一的有机整体；不仅要实现管理的基本功能，还应更多地考虑适合工程项目的需要，在实践中全面建设落实所构建的“穿透式”管理体系。其核心是以把工程项目建设成为“精品工程、智能工程、绿色工程、安全工程”为管理目标，以党组织的引领作用为保障，以信息化、数字化、智能化、远程控制等科技手段为支撑，以科学考核评价为依托，以工程项目的质量、安全、费用、进度、环保等为管理内容,建立一套自上而下的科学管理体系。它包括目标管理体系、组织保障体系、技术支撑体系、管理内容体系、考核评价体系等五个管理子体系。其基本框架如图2-2所示。

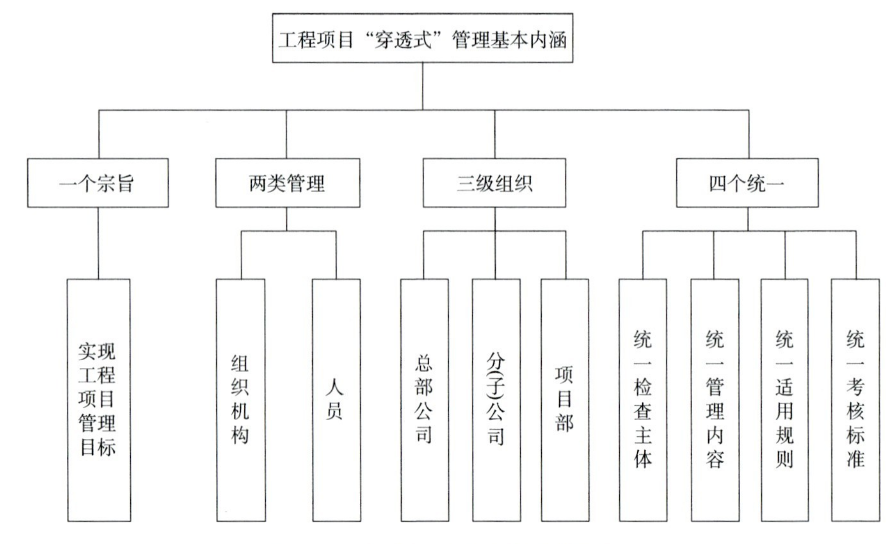

图2-1　工程项目“穿透式”管理基本内涵

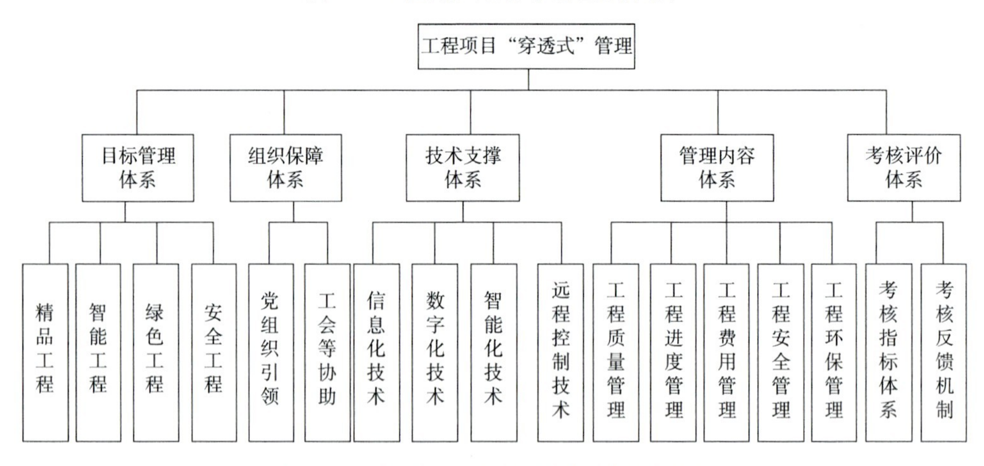

图2-2　工程项目“穿透式”管理体系构成框架图

(1)目标管理

目标管理最核心的理念就是让一个个具体化展开了的组织目标成为组织中每一个成员或每一个层级亦或每一个部门的行为准则和激励,使其能够成为评价组织每个成员层级或是部门的工作绩效的标准,这样就可以使组织得到有效运行。新时代的工程项目管理目标可简单概括为精品工程、智能工程、绿色工程和安全工程四个方面。

(2)组织保障

“穿透式”管理得以实施的核心要素是必须要有强大的组织保障体系,企业各级党组织坚强领导,统筹规划,为“穿透式”管理提供基础,彰显党的领导这个根本制度的独特优势。中国共产党领导是中国特色社会主义最本质的特征,是中国特色工程项目管理的最大特色和优势,发挥党的领导核心作用,能统一领导、统一指挥,让项目管理工作得到最有力的保障。党的领导是各项工作的统筹保障。党的领导总揽全局、协调各方,使责任包干、落细落实。关键时期,充分发挥党的组织、动员、协调优势,坚持上下一盘棋,在统筹全局的基础上集中力量办大事。

(3)技术支撑

没有先进的技术支撑手段就无法实施工程项目“穿透式”管理。实施“穿透式”管理的前提是管理部门和人员要掌握项目实施全过程,这就要求建立具有覆盖全部工程的无死角、全覆盖的数据收集、传输、储存、处理等功能的信息系统,保证工程项目管理数据的有效性、准确性、及时性、合理性、完整性,能够满足监管部门实时、多维查询、分析及决策。充分利用数字化、智能化技术为项目管理服务,使用建筑信息模型(Building Information Management,简称BIM)技术、无人机监测技术进行工程质量、工程进度、工程安全、环境保护等目标控制。

(4)管理内容

将“穿透式”管理贯穿于工程项目人力资源管理、物资机械管理、工程质量管理、工程进度管理、工程成本管理、工程安全管理、环境保护管理等,以实现“精品工程、智能工程、绿色工程、安全工程”的工程项目管理目标。

(5)考核评价

制定绩效考核与监督机制。科学合理的绩效考核评价和监督管理是对各岗位职责的履行情况、工作流程的执行情况、管理制度的落实情况进行科学的监督和考核评价,是工程质量管理体系贯彻执行的重要保障,是保障工程岗位行为规范化的重要手段。

实施激励机制。将考核成绩与部门、个人切身利益挂钩,把目标考核、业绩评估的结果与人员的经济利益和选拔任用相结合,并作为单位评选先进、评价干部实绩、考察推荐干部和考核年度目标的重要内容。这样可以最大限度地激发干部、技术管理人员、现场作业人员的潜能,形成良好的竞争机制。

落实责任追究机制。对在工作中出现严重疏漏和错误的单位和个人,追究承办人和该单位负责人的责任,对造成严重后果的,还要给予相应的纪律处分。

2.3.3 管理体系的建设关键

目标管理体系、组织保障体系、技术支撑体系、管理内容体系及考核评价体系是工程项目“穿透式”管理体系的有机组成部分，它们之间的构成关系如图 2-3 所示。在明确的管理目标导向下，通过协调严密的组织体系和科学先进的技术手段，实施对工程项目在质量、进度、费用、安全、环保等方面进行管理控制。

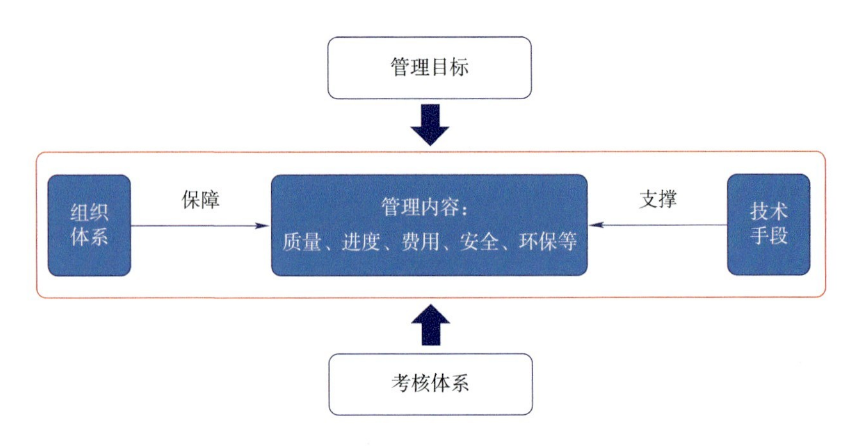

图 2-3　工程项目“穿透式”管理体系关系图

（1）组织协调有效

“穿透式”管理是工程企业对所属机构、部门，以及它们的下辖分支机构实施的直接管理和间接管理相结合的一种管理模式，旨在加强总部指导力度，增强管控力和组织向心力。与传统的科层制强调“强制性的层级间规则和工作协调”以及非人格化管理不同，“穿透式”管理提倡组织不受严格等级制的约束，通过管理行为向目标层延伸以及专业间有效协同等，将各层级串联起来，以共同实现同一目标。

尽管“穿透式”管理赋予公司总部组织提升直管力度和跨级管理行为的权力，但这并不等同于组织机构要完全扁平化，让所有的工作都由公司总部来直接分配和管辖，而是更强调在管理动作上破除“层级壁垒”“部门墙”“业务门”，使组织整体目标和总部管理意图在既定的管理层级和专业分工之间无障碍地传递传导，减少内部损耗，提升组织整体的运转能力和工作效率。

（2）管理对象明确

在施工现场实施工程项目的最基本组织单元是作业班组，作业工人是实际操作者和各项管理指令的具体执行者，作业班组和作业工人是庞大的工程施工企业管理网络的神经末梢。直接连接作业班组和作业工人，把作业工人当作产业工人看待，克服以往企业管理仅把管理的触角到达项目部的局限，实施“穿透式”管理就是要把管理对象延伸到最末端。由于互联网技术的飞速发展，各级组织实施对作业班组和作业工人的“穿透式”管理成为可能。

①明确劳务作业人员的管理方式。人员管理可从人员进退场及培训管理、人员作业监督管理、评估和激励管理三方面展开。人员进退场及培训管理包括进场及实名制管理、教育培训管理、安全技术交底、班前教育、作业人员薪酬管理、退场管理。人员作业监督管理包括施工现场出入管理、作业过程监督、作业检查与考核、技能持续提升。评估和激励管理包括评估方法、评估标准、评估结果应用和激励管理。

②实施倒逼分包的流程管理方式。结合建筑施工企业人员管理的需求，梳理现有的分包管理程序是否与现场需求匹配，进一步完善管理流程与机制，并达到信息化、数字化要求。生产管理部门对于人员管理做了比较充分的规定，进一步倒逼分包人选择淘汰机制，打造合格分包人和供应链。

③对作业班组和人员采取分层级培训管理。分别对分包队伍负责人（包括现场负责人）、班组长和作业人员三个层级进行针对性培训，力争做好对分包队伍培训的“穿透式”管理。培训方式以集中面授为主，同时借助数字化平台，应用视频化工具如微信、抖音等进行培训，还可采用班前技术交底喊话等方式，不拘泥于形式，重在成效。

（3）技术手段先进

目前绝大多数特大型企业都采用集团化运作，众多的分公司、子公司及多元化的业务遍布全国甚至世界各地，而大中型企业也因业务拓展的需要，外埠项目的数量越来越多，并且工程项目越来越庞大复杂，参建队伍和人员众多，信息量巨大，如果没有先进的技术手段作为支撑，要实施工程项目的“穿透式”管理是根本不可能实现的。在大数据、人工智能、云计算、数字化等先进技术的引领下，利用技术革新实现监管数据的获取、筛选和分析，提高风险侦查及预测的成功率，从而提升监管部门对工程项目的掌控力。

工程项目管理的核心在于“动态性”，其基础为“结构的柔性化、信息化”。企业只有及时了解工程项目各种信息，迅速作出决策，及时动态调整，才能实现企业动态管理。工程项目信息的数字化是实施工程项目信息化管理的有效途径，着力开展信息化、数字化建设，为“穿透式”管理提供强大的技术支撑。

①确定信息化、数字化建设整体规划。企业要制定实施信息化、数字化系统规划，首先，要理解信息化、数字化就是把现代化的信息通信技术与企业组织有机结

合，更加有效地完成企业管理所需要的企业内外环境信息的收集、识别、传输、存储、使用等一系列信息处理过程，要明确它反映的是企业自身的组织特性和管理职能。其次，在充分听取各部门意见的基础上，对现有的管理体系进行优化，并做好优化体系的实施准备，确保实施后的信息化系统能提高管理水平，增加管理效益。再次，要根据企业的管理需求制定实施信息化的规模、时间和步骤，确定投入的费用。最后，形成企业的信息化建设整体规划。一般来说，工程项目管理的信息化、数字化可分为下面几个模块，即办公自动化系统模块、企业信息数据库系统模块、工程项目模块数字化系统模块、工程管理决策支持系统模块。

②建立企业内部信息化、数字化技术标准规范。企业信息化、数字化系统是一个庞大的系统工程，涉及企业内部的所有部门，因此必须建立企业内部信息化、数字化技术标准规范，要对信息的收集、识别、传输、存储、使用等做出明确的规定，同时要制定与之相对应的各部门管理职责。数据的采集、录入要真实、统一，对数据表的修改、约束在数据库内部要明确定义，特别是作为商业机密的企业数据信息，一定要在得到授权的情况下才能进行数据的更新和修改。同时还要运用有效的技术手段，防止计算机病毒的侵害，确保数据库的安全性。信息化、数字化建设必须遵循统一标准、相互关联的原则，实施一个信息系统时要考虑下一个信息系统的应用，留好接口；下一个信息系统的建设必须基于上一个信息系统的编码原则和技术规范。

③加强信息化、数字化建设技术的人才培养。建设信息化、数字化系统是实施工程项目动态管理的关键，需要高素质的综合性人才。施工企业的各级领导要充分重视信息化、数字化建设对企业的发展意义，强化对员工的培养和教育。

第3章　党组织组织管理在“穿透式”管理中的引领

项目“穿透式”管理中，国有企业运用思想建设和组织管理的能力特质，围绕创造一流施工生产业绩，组织群众、宣传群众、凝聚群众、服务群众、攻坚克难，不断把国有企业思想建设优势和组织管理优势转化为引领高质量工程项目管理的实践优势，充当好项目建设思想引擎和组织引擎角色，引领项目优质高效建设。

3.1　思想引领

思想建设是基础性建设，思想的高度统一才会带来行动的高度一致，组织内每个个体能力能量的充分调动和有效释放，才能减少组织行为偏差率，确保组织行为对组织目标的充分聚焦。项目“穿透式”管理过程中，围绕形成统一的集体意识和坚强的集体意志力，思想引领通过持续不断回答针对谁、用什么针对、怎么针对的问题，开展思想建设，不断形成思想的强磁场效应，不断激发项目集体内生动力、激情和合力，实现高效引领。

思想引领的总体目标对象是项目主体，即参与项目管理活动的全体人员，针对不同管理层级的不同对象，精准高效地有的放矢，因人施策。项目思想建设对象分解如图3-1所示。

关键少数：包括党员身份的项目领导团队成员和非党员身份和项目领导团队成员。

骨干人群：中共党员和项目中层。

普通群众：关键少数和骨干人数之外的全体项目普通员工。

越是靠近中心的人员发挥的思想凝聚作用越强，思想建设的标准要求也越高。他们对身边普通员工发挥重要思想示范和引领穿透作用。

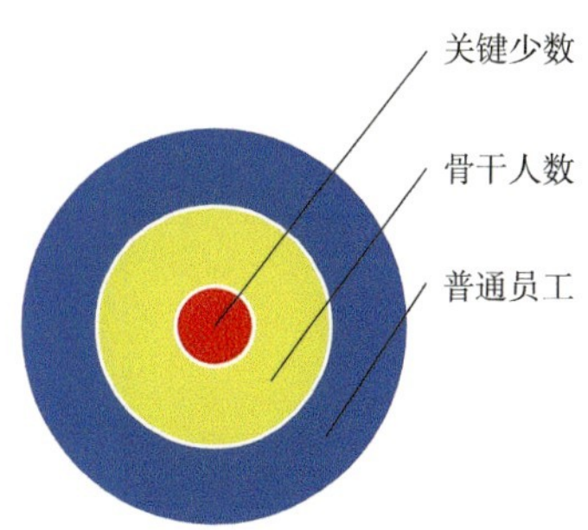

图3-1　项目思想建设对象分解

(1)重点人群的思想建设内容(图3-2)

关键少数和骨干人群是工程项目“穿透式”管理中思想建设的重点目标人群，

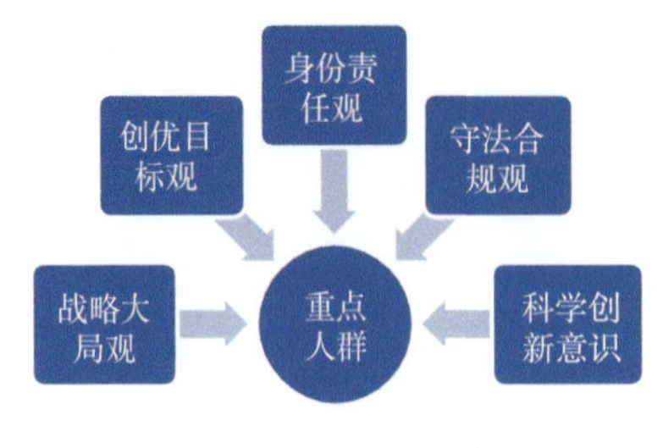

图 3-2　重点人群思想建设内容

针对他们重点开展战略大局观、创优目标观、身份责任观、守法合规观、科学创新意识建设。战略大局观，立足于让重点目标人群率先充分从战略层面和更高发展大局全面认识项目建设重大意义和任务要求，树立起对项目建设的崇高使命感。创优目标观，立足于让重点目标人群带头确立创一流业绩和优质工程的目标追求。身份责任观，立足于让重点目标人群充分树立基于自身岗位或党员身份的更高标准和先进性要求，激发出高标准履职担责的责任意识。守法合规观，立足于让重点目标人群牢固确立起依法规进行项目管理的法治意识。科学创新意识，立足于帮助重点目标人群确立科学创新的项目管理理念，通过项目实践努力争科技领先、创管理一流。

(2)项目全员的思想建设内容

面向项目全员重点开展目标引领、诚信引领、能力引领。

目标引领：用企业发展大的战略目标为统领，项目建设的总目标以及各个专业和专项的目标细化，如图 3-3 所示。以中交第二航务工程局有限公司(简称中交二航局)为例，公司总部设立“全面建设品质二航、数字二航、平安二航、幸福二航”的战略目标，其承担的京雄城际铁路项目确立“将京雄城际铁路项目打造成为铁路建设的典范和标杆”和“打造中国高铁 2.0 版示范工程”项目建设总目标，并在此基础上分解制定安全管理目标、质量管理目标、环保、水土保持(简称环水保)目标、标准化管理目标、职业健康安全目标、技术创新目标等分项目标，用明确的目标引领团队。

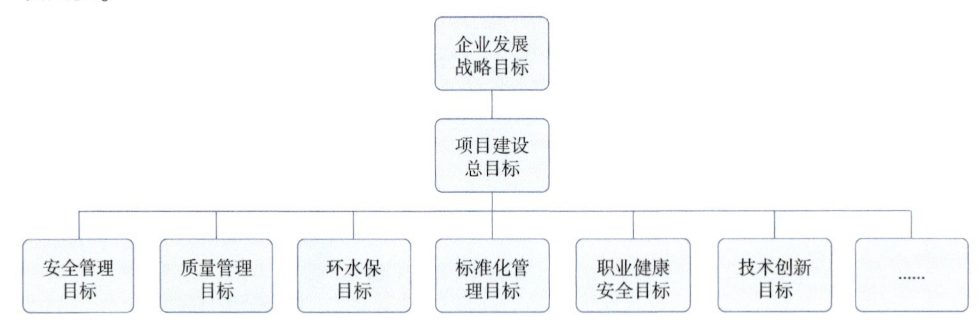

图 3-3　目标引领内容细化图

诚信引领：强化节点任务兑现率，规章制度执行率，合同履约率对整个工程信用诚信的保障支撑，引导员工对岗位节点任务及时完成兑现，保障整体工程施工进度的平稳可控，引导员工对制度的刚性执行，确立制度的权威性和约束力，引导员工对牢固树立合同履约的契约精神，保证整个项目诚信履约。

能力引领：以打造学习型、创新型、智慧型、效益型世界一流企业的公司发展愿景为前提，引领打造学习能力强、创新能力强、业务素质优的员工队伍，努力保证员工队伍能够有效结合项目建设现实需要，实时掌握并运用前沿的科技成果和新技术，提高员工与项目建设需求的能力匹配，提供好能力和智力保障。

3.2　组织建设

国有企业党组织的组织建设是一大法宝，是发挥党组织工作优势的有形机制保障，是组织意志和组织意识流通贯彻的责任运行通道。在项目“穿透式”管理过程中，运用这一法宝，在项目内部建立横向到边、纵向到底的组织责任体系网络，做好基本组织、群团组织、柔性组织的组织管网建设，所有的组织建设以基本党组织的建设为发端，基本党组织发挥恒星的作用，群团组织、柔性组织建设与基本党组织形成卫星关系，形成能够有效覆盖串联所有行为责任个体的网络。同时建立与监督组织和上级垂直服务体系的有效连接，使项目的组织体系运行在接受监督组织的监管下有效运行，并通过上级垂直服务管理体系与上级组织管理体系形成高效互动。

组织关系如图 3-4 所示。

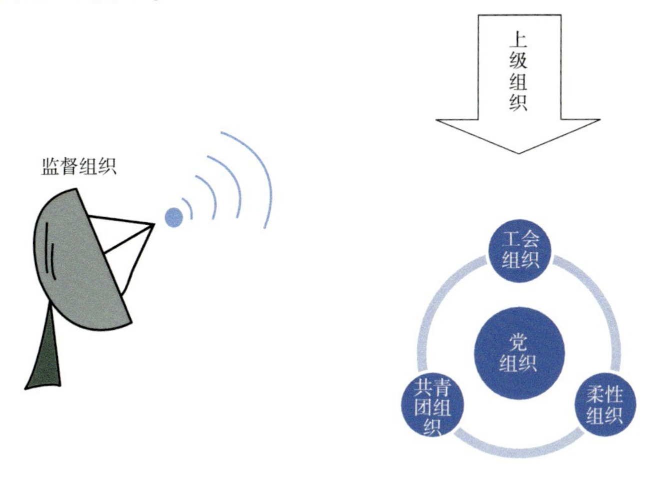

图 3-4　组织关系图

3.2.1 基本组织建设

党的基本组织“穿透式”建设，配套项目管理机构设置建设同步开展，项目管理总部设立党的总支部委员会，作为项目党组织的神经中枢，以合同段为单元设立党支部作为标段党组织的战场指挥所，按照党小组进班组进架子队或工段，党员进班组原则，把党组织的神经末梢直接穿透至项目施工现场的最一线、最前沿，实现党的基本组织建设对施工前沿阵地的全覆盖。完善的基本组织建设是保障党组织引领力能够直接有效全面发挥的根本组织保障，是直接发挥穿透管理作用的组织建设。纵向上，项目党总支接受所在公司上级党组织的领导，并接受项目指挥部和所在地党组织的指导。

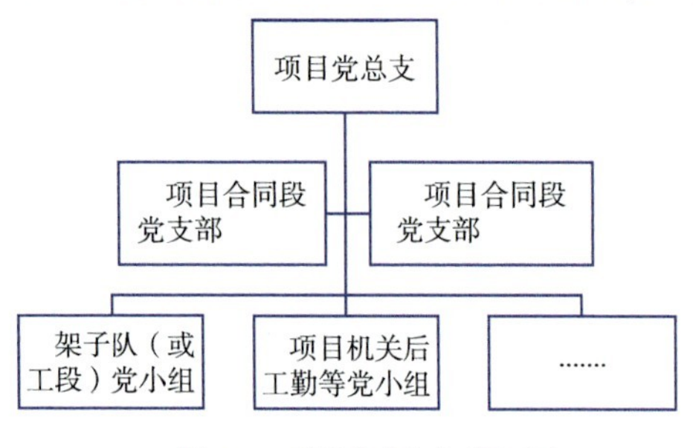

图 3-5　项目基本组织设置图

项目基本组织设置如图 3-5 所示。

项目党总支和项目党支部在项目“穿透式”管理中的职责是保证监督各项战略规划和任务要求及时贯彻执行，保证项目建设各阶段任务目标实时分解下达，参与项目重大问题的决策和组织实施。通过党小组围绕分部分项工作任务和关键节点的工程管理过程，发挥党员先锋模范作用，示范带头，引领带动员工保工期、保质量、保安全，成为全方位推动工程优质高效的“红色发动机”。

3.2.2 群团组织建设

项目群团组织在党组织领导下开展工作，将党组织引领作用向工程项目的全员进行全覆盖式辐射性管理，弥补项目党员分布不均衡，与党的基本组织建设形成互补和互动，确保党组织管理覆盖面和管理触角有效延伸至全员，将党组织管理触角延伸至全员。

(1)项目工会组织

组织项目工会会员和团结项目职工，共同围绕项目建设目标，开展劳动竞赛、创优争先，合理化建议、技术革新、岗位练兵、职业技能比赛比武等活动，努力提高项目管理的劳动生产率和经济效率，围绕敬业爱岗、团队精神和职业道德组织开展喜闻乐见、健康向上的文化体育活动，培育员工队伍凝聚力、焕发员工干事创业热情激情。

(2)项目团组织

保证监督党和国家方针政策在团员青年中贯彻执行，承担项目管理中教育团员、管理团员、监督团员和组织青年、宣传青年、凝聚青年、服务青年的职责，引导团员青年立足岗位建功立业，比成长、赛本领，创一流业绩，开展科技攻关、技术创新，引领团员青年在工程实践中经风雨长才干，贡献青春智慧和力量。

3.2.3 柔性组织建设

柔性组织基于突破固定组织的功能局限，打破既定组织的墙壁效应和组织壁垒，针对项目特定管理需求和专项工作任务动态实时成立，强化跨部门协作，针对重大专项任务，建立小组制、小项目制等柔性组织，对组织建设功能进行衍生和加强。围绕项目生产经营管理中心主线，以及项目各类专项工作目标（如安全、质量、宣传、创新、技术攻关、绩效管理等）灵活设置。

新设立的负有某项管理功能的衍生柔性管理组织，要在设立的同时明确组织职责、组织成员以及各成员在组织内承担的管理责任，责任履行方式以及责任履行的考核事项内容，同时确立党组织的管理权，以项目领导班子成员、党支部委员、党小组长或党员牵头组建，完善组织的操作系统。京雄铁路项目党组织在机械式管理界面中寻求有机式管理的共性要素，打破项目部门、人员之间的“梗阻”，通过有效采用柔性组织管理畅通了从管理到执行的“最后一公里”，大大提升了“穿透式”管理的质量和效率。

3.2.4 上级组织的“穿透式”管理职责——监督与服务

上级组织对工程项目承担监督与服务两项“穿透式”管理职责，对项目的各类组织建设及运用的状况进行监督、辅导和服务。

（1）大监督体系

组织的有效运行和作用发挥，需要有效的监督保障。工程项目“穿透式”管理通过大监督体系实现强有力的“穿透”监督管理作用。

大监督体系贯穿“两级三层”，集约集成全公司的纪检、监察、审计、党委巡察资源，实行“三统一”，即全公司的监督工作实行统一部署；对全公司各类监督人员和监督资源统一调配；在开展监督、执纪、问责时，执行统一标准。做到专责监督部门与专业监督部门在监督职能上互为补充，在日常业务信息和结果共享上互为基础，在监督方式、手段和内容上互为支撑。立体实现全面监督、全员监督、全方位监督。

所谓“两级三层”，是指纵向上建监督机构。第一级，企业总部层面，将监察部（纪委办）与审计部、党委巡察办公室合署办公，直接负责全局的纪检、监察、审计等综合监督工作。第二级，分（子）公司层面，细分为三个层次：一是成立纪委，设置独立监督机构;二是成立纪委,设立监督机构,与党委工作部门合署办公;三是对未成立纪委的单位和总部机关党委所辖各支部,实行纪委派出监督。机构设置充分考虑了各单位的生产规模、员工数量和监督任务等具体情况,科学合理,符合行业特点和施工企业实际。

在大监督体系下,围绕政治监督、经济监督和效能监督,通过整合各类监督资源,形成监督合力,提升监督执纪工作质量和效益,实现对工程项目的“穿透式”管理。大监督体系实行专责监督和专业监督相结合、把查人和查事相统一,不仅横向集约监督资源,而且纵向集约全公司监督资源,体现了优势互补,提高了监督质效,具有以下明显的先进性和优势:

①线索发现能力和关联度更高。政治监督、经济监督同步开展,发现问题线索的渠道更多、“穿透性”更强。开展综合监督时,在一个监督组同时配备政治监督和经济监督人员,形成“查人”和“查事”的优势互补,对监督过程中发现的经济问题线索,立即采用执纪审查手段核查清楚,政治监督与经济监督同步开展、一次完成,使发现问题线索更加主动,避免重复检查,降低监督成本,减少重复监督对基层单位的干扰,提高监督工作质量和效率。

②横向联动的监督穿透力更强。纪检监督部门在开展专项监督、效能监督时,抽调财务、商务等专业人员参加,既发挥专业监督的业务特长,又发挥专责监督执纪问责的权力,实现了“权力”和“能力”的结合,进一步提高了精准发现问题的能力。此外,专责监督部门针对各类监督检查中发现的具体问题,在督促其认真整改的同时,向专业监督部门发送《横向工作联系函》,告知其分管业务领域的基层实际情况,促使其从“面”上系统、根本地分析和解决问题,实现了发现各层级问题和整改问题的“点”“面”结合,最大限度地发挥了公司监督“穿透”作用。

(2)上级组织的垂直服务保障

工程项目的实施,需要工程项目实施单位总部提供有效的资源保障服务,在“穿透式”管理的基础上,为适时提供高效服务,需要建立起直通各级管理总部,并且可以实现跨部门实时寻求服务帮助的工作联系通道,保证工程项目的服务需求第一时间得到响应和协助。服务通道建设主要包括三条主线,即业务主线、首问负责制主线、项目定点联系人主线。

业务主线:是在项目遇到需要上级业务部门提供帮助和支持的时候,直接寻找相关上级业务部门提出服务需求的通道。

首问负责制主线:在工程项目遇到不明确上级业务部门分工或需要上级跨多个业务部门联合服务时,可以随时直接寻求上级任何人员的任何服务,上级部门第一个接到服务需求的人员,必须在规定时间内帮助协调各方资源及时提供帮助,直至项目需求得到合理有效满足。

定点联系人主线：每级上级机关均针对工程项目分别设立中层以上管理人员作为项目定点服务的联系人，要随时响应工程项目提出的任务服务需求，及时联系协调相关部门和领导提供服务，保障项目服务需求得到及时有效响应。

3.3　党组织领导作用在“穿透式”管理中的实施体系

构架好各种组织只是完成了有形的组织建设，只迈出了组织建设的第一步。如果要充分发挥党的组织功能，还需要为有形的组织配套有效的操作系统，让有形的组织高效有序运转。基于达到“穿透式”管理的目标效果，要为有形的党组织体系配套无形的实施操作体系和系统，主要通过建立组织策划体系、组织责任制体系、组织标准化体系，形成组织运行的无形“三角支撑”体系，如图3-6所示。三套实施体系从功能上看，组织策划体系是组织工作的顶层设计系统，犹如组织工作全面预算管理的预算环节。组织责任制体系是党建工作的分工体系，对党建策划目标进行有效分解，实现工作目标和计划与组织和人的执行责任的充分对接。组织标准化体系是组织工作的过程管理体系，是管理目标任务的责任组织和责任人标准化执行目标任务和计划全过程，确保策划的目标任务和计划顺利规范有效推进。策划体系、责任体系、标准化体系共同形成一个实施体系的无形有序循环回路，构成有形组织的操作系统，实现组织的神经管理功能。

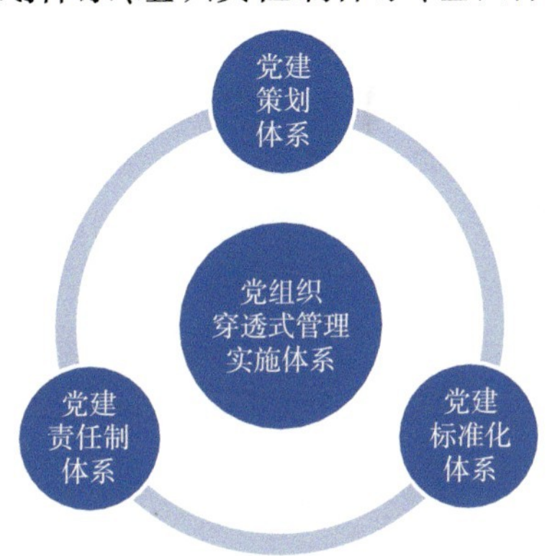

图3-6　三角支撑循环的党组织“穿透”管理的实施体系

3.3.1　党建策划体系

党建策划作为项目党建的顶层设计阶段，既是具体项目党建实施的前置工作，也是项目品牌创建的核心工作。策划作为决策的前置条件，它是一个发现、调研、分析、总结、再提炼的研究过程，它为具体决策提供了实践方向与理论基础。而项目党组织建设是一项耗费时间、人力、物力的工作。基层党组织弱化、虚化、边缘化等问题的出现很大程度上是因为我们国有企业基层党建工作与生产经营的实践工作结合不紧，与生产管理的实践活动结合不深，与企业发展最终的执行目标结合错位。如何通过一种决策，合理配置项目有限的资源，实现人、机、物、料、法的充分配置,优化设置项目的效益、品牌、文化、安全等工作目标。复合型党建策划体系的搭建,为解决这一议题提供了"治病良方"。

京雄城际铁路项目党组织通过实践探索出了将"党建策划体系"的构建作为项目管理的重要环节,通过党建策划推动项目管理升级,有效打破和打开管理层和操作层之间的"墙"和"门",大大缩短了管理主体与管理客体之间的链条,让党建穿透成为企业管理的"新方案"。具体来说,在组织层面,针对企业大型工程项目,实行从"公司总部—分(子)公司—基层"项目党建策划的三级辅导,"一竿子插到底",实现党建智力辅导的穿透服务;在实施层面,针对具体项目,实施从"项目目标—具体管理组织发展—个人管理"的一揽子党建框架设计,通过党建策划中的目标与内容结合,组织与措施结合,实现党建引领管理的"穿透式"管理过程。

成熟的党建策划体系对于基层党建工作的意义是顶层的,是根本的。党建策划体系的构建,一是有利于将党建引领的范畴向具体业务的管理方向延伸,向项目建设的终极目标方向延伸,让党建引领顺利"触底",大幅度提升了项目决策层对一线存在问题的响应速度。二是打破党建与管理工作之间的"零和效应",优先解决了项目党建"两张皮"的问题,通过设置议题,提出具体解决的方案和措施,打破党建工作与生产工作的"藩篱",凸显"穿透式"管理的优势,让党组织建设有了优先级更高的管理抓手,降低了员工执行力建设的边际成本。

(1)党建策划体系实施要素

策划体系的结构必须复合。党建策划工作在大部分国有企业,特别是建筑施工类国有企业已经是一种常规手段。京雄铁路项目部的策划体系实施之所以能"木秀于林",其本质在于它的结构是复合的,而不是仅仅聚焦项目层级展开思考。

首先,复合型体系建立的根本条件是"分层"。项目的资源是有限的,按照"投入—产出"的评价标准,势必要根据项目体量,对项目大小进行分级,重点项目列入一级策划序列,一般项目列入二级序列,这样才能使我们的手段和目标相符合。

其次,复合型体系建立的关键手段是"跨级"。由于项目党建工作开展的人力资源有限,最大限度地集纳党建"智脑"是建立这种体系的关键。遵循"穿透式"管理的原则,建立从"公司总部—分(子)公司—项目部"的三级审核程序很有必要。

通过项目分层后,以大项目为策划发起点,通过分(子)公司党委反馈意见修改,再通过公司总部反馈意见修改,在若干次对策划的调整后,项目部集中召开专题党建策划会议,主要解决策划中三级机构提出的具体问题,最终形成与生产紧密结合的策划方案。对于小型项目，则只需通过分(子)公司层级与项目部的交互，形成专项策划，保证其实施效果，从而达到减轻管理负担，提升管理通透度的目的。

策划体系的目标必须具体。在任何工作策划中，目标设置是极其关键的一步。在大部分的党建策划中，策划目标多集中在党建工作方面，主要表现在思想、精神层面，对项目发展“软实力”要求多，“硬实力”要求少。

如何把策划体系的目标做实，就是要从项目目标的“硬实力”提升下手，软硬兼顾，全面发展。在中交二航局京雄城际铁路的项目策划中，明确提出了项目建设的目标，并细分为项目管理总体目标及项目党建总体目标两类，管理总体目标对项目的安全管理、质量管理、环水保管理、标准化管理、职业健康安全管理、技术创新管理等6个方面提出了具体的预期；党建总体目标从发挥党组织的战斗堡垒作用及党员的先锋模范作用等两个方面，对项目品牌、党建品牌的创建提出了具体的要求。京雄铁路项目通过在党建策划中明确管理的具体目标，与党建目标同布置、同考核，搭建起党建与管理之间的桥梁，实现了“党建目标—具体管理”的“穿透”。

策划体系的内容必须融合。在目标融合的基础上，实现“组织发展—个人管理”的“穿透”，依靠的是策划实施手段中党建主要工作内容与管理具体问题的融合。

京雄城际铁路项目策划体系的实施离不开对项目基本情况、基本问题的调研和把控，无论是项目发起策划，还是邀请公司各级党组织到现场实地举行策划会议，其最终目标都是调研项目现场，摸排项目党建和管理中的具体问题。而京雄城际铁路项目党建策划成功的前提条件就是在项目基层情况陈述中，着重关注了项目的施工特点和难点，对应设置实施目标及主要工作内容，并明确责任人，实现了“管理党组织—管理具体流程—管理具体个人”的跨越，将组织发展和个人管理高度融合，切实打通了党建工作的“肠梗阻”，让党建引领落实到具体的管理单元，实现了党建策划的“穿透”。

(2)党建策划体系实施流程(图3-7)

项目党建策划与项目策划同步实施、同步评审、分级管理、专家辅导。项目党组织在与项目施工策划充分互动，了解掌握项目施工管理的各项管理任务和实施目标，以此为前提制定与各项重点管理任务和重要工作目标相对应的互动保障方案，形成党建策划书初稿，按照工程项目的分类实行分级评审。对于一般性工程项目的党建策划评审，由项目所在的分(子)公司党委工作部门组织策划评审，并深入项目实地现场充分调研考察，邀请党建专家共同参与。对于重点重大工程项目的党建策划,在项目所在分(子)公司先进行初步评审的基础上,由公司党委工作部门组织专项评审,邀请党建专家共同参与,确保党建策划方案有效形成对工程建设目标的充分引领和保障。

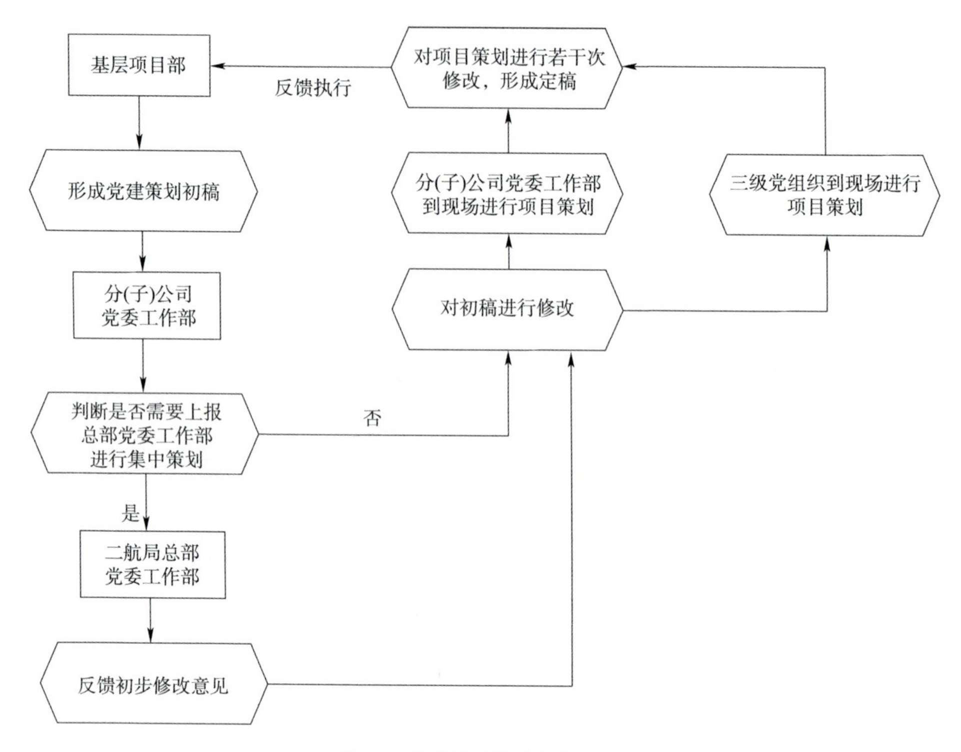

图 3-7　党建策划体系实施流程图

3.3.2　党建责任体系

(1)党建责任体系概述

党建责任制是国企必须实行的一项基本制度,也是国企岗位责任制的一个重要组成部分。只有从上到下建立起严格的全员党建工作责任制,才能将企业的党建工作责任意义的外延扩大至生产管理,由全体员工共同承担,我们的党建工作才能形成一个“横向到边、纵向到底”的整体,才能对党建策划的有效执行形成保障。针对国有施工企业党组织分散、党员难以集中管理的实际情况,建立什么形式的责任制决定了企业党建引领力的高低,决定了党建引领在企业发展中的深度和广度。

京雄城际铁路项目党组织对于党建责任体系的构建依据,形成了“层层负责、人人有责、各负其责、责任分明”的党建工作责任体系，在党组织考核及支部书记个人述职两大框架下，明确了党组织对党建工作的主体责任、党组织书记作为党建工作第一责任人和其他党员领导班子成员一岗双责，既管思想，又管生产，两者高度统一，并将党建工作责任履行考评与绩效目标管理考评相结合，提高党建策划书执行管理的刚性约束。

(2)党建责任制体系实施意义

严密完备的党建责任制体系，不仅扭住党建责任这个“牛鼻子”，而且通过健全“明责、履责、考责、问责”的党建责任闭环，建立一级抓一级、层层抓落实的党建工作格局，同样适用于具体的生产过程中。实际上，党建责任制体系实施的根本意义就在于将党建的引领作用与组织及个人的发展联系起来，通过责任的串联机制，畅通考核、反馈、改进、提升的通道，从而让党建责任能够转化为个人责任，让压力层层传导，实现执行力的提升。

落实党建责任制体系，一是有利于全面巩固党的领导地位。建立严密完备的党建责任制体系就是要打破观念上的二元对立，将项目上的一切工作统领到党建工作中来，只有确保党对国有企业一切工作的全面领导地位，才能够解决基层党建虚化、弱化的共性问题。二是有利于发挥党组织在生产中的引导作用。健康良性的党建责任制体系意味着在责任制制定的过程中，在一把尺子量到底的同时，也注重全面与重点结合，对于不同的项目和部门，实现“支部—功能”“部门—特点”的对应关系，在量化分数和考核的过程中体现引导性，在党建和生产标准的选择过程中要有所取舍，通过责任制导向，来将管理思路、方法传递到“人”的层面，实现从组织管理到人员管理的“穿透”过程，并且充分激发党员的带头示范作用。

(3)党建责任制体系实施要素

党建责任制体系必须系统构建。党建责任制体系的构建除了下级严格配合落实以外，更多的是以企业的上部结构作为发起点。中交二航局党委为了落实全面从严治党要求，履行管党治党责任，不断加强和改进自身党的建设，出台了《中交二航局党建工作责任制实施办法》，并配套了《中交二航局党建工作责任制考核评价办法》《中交二航局党建工作考核评价表》《中交二航局基层党组织书记抓党建工作述职评议考核办法》《中交二航局党委党务公开工作管理办法》等7大考核评价管理办法及细则。

整套系统通过抓党委的主体责任、党委书记的第一责任、党委副书记的直接责任、其他党委领导班子成员以及其他党员领导班子成员的“一岗双责”，明确了组织职责，形成了体系交叉、制度互补的考评体系，运用系统性思维做强、做优责任制的顶层设计，为基层党建责任制的落实提供了一个良好的运行环境。

在基层，特别是在京雄铁路项目，在项目党建中对责任制落实提出新的要求，通过建立党员承诺考核机制，根据党建策划的年度目标，并结合上级组织下达的年度目标，由项目党总支给各党小组下达任务考核，并且由党总支和党小组考核具体党员，从而形成双向反馈机制，桥接起组织评价和个人评价，实现责任制“一竿子插到底”的“穿透”。

党建责任制体系必须统筹考评。党建责任制考评纵横两个方向实现统筹。纵向上分(子)公司党委对公司党委负责，接受其考评；基层项目党支部对分(子)公司负责，接受其考评，形成一级对一级负责层层递进纵向责任轴。横向上，党建责任制考评的结果运用，不仅与党组织的主要负责人和党员领导干部的薪酬绩效相挂钩，《中交第二航务工程局有限公司党建工作责任制考核评价办法》第四章第十条中明确规定，党建工作责任制考核评价结果与各单位党委成员以及其他党员领导班子成员年度薪酬挂钩，以年度薪酬的一定比例给予奖励或扣减。同时也与他们的晋升奖励和评先评优挂钩。党组织考评结果与支部书记个人述职考评结果的关联挂钩，针对基层党组织书记抓党建工作述职评议考核，在《中交第二航务工程局有限公司基层党组织书记抓党建工作述职评议考核办法》第三章第十条中明确规定了基层党组织书记抓党建工作述职评议考核得分与其所在单位党建工作责任制考核评价结果挂钩。这样的双向挂钩机制，从制度层面倒逼个人对工作方法、工作方向上不适应组织发展要求的部分进行调整，进一步实现了“个人—组织”的联动，保证了党建责任制的可操作性。

党建责任制体系的具体内容必须有导向。整个党建责任制考核的内容主要涉及加强党的政治建设、贯彻落实党对国有企业的领导情况、研究讨论重大经营管理事项、加强领导班子建设和人才队伍建设情况、履行全面从严治党主体责任情况、加强基层党组织和党员队伍建设以及领导思想政治工作、精神文明建设、统一战线工作、企业文化建设和群团工作等多个方面的内容。通过对以上方面进行量化，衍生出5大部分、25项具体考评实施标准。其中，有多项内容涉及队伍建设、安全管理、生产管理等方面的内容，从价值观层面引导各级党组织将党建工作与生产工作有机结合，同部署、同实施、同考核。

在支部书记个人述职方面，除了对履行党建责任情况、贯彻落实中央路线方针政策、年度党建重点工作进展和成效情况进行专项总结报告外，支部书记本人还需要对年度党建重点工作进展和成效情况、强化基层基础保障情况、本单位党建工作存在的突出问题进行专项汇报，内容涵盖项目体系建设的各个方面，真正做到从个体管理单元入手，落实责任制，实现责任“穿透”到“最后一步”。

党建责任制体系的具体实施必须有重点。为了进一步健全“述评查考用”责任体系，中交二航局党委在2018年正式推行了《关于落实中交集团国有企业党建工作联系点建设工作方案的实施方案》，并且将京雄城际铁路项目党组织作为重要党建工作联系点，为其党建责任制的落地套上了“紧箍咒”。

方案按照压实党建责任、加强党建优势转换、点亮党建特色、补齐党建短板、党建成效实起来、创建工作动起来等六大步骤，层层拓实党建的主体责任，特别是对党建领航的实际成效有了新要求，方案强调：“在党的建设系列检查考核中，对生产经营任务完不成，改革任务有欠账，提质增效有差距，风险防控不达标的组织和个人，一律实行一票否决，不得评定为较高等级。”

党建“红线”的设置，成为京雄城际铁路项目党组织对标检查的重点，特别是对生产经营、改革发展、提质增效、风险防控等四大方面的具体内容进行目标分解，以项目党总支为指挥中心，充分发挥党小组的战斗堡垒作用，按照“支部建在连上”的原则，将架子队管理与党小组管理充分融合，细化责任分工，在党建责任落实到人、落实到事，切实将责任压力向基础辐射，向基层辐射，向党建与生产的“补集”范畴辐射，从而实现党建责任制的全覆盖。

(4)党建责任体系实施流程(图3-8)

党建责任体系实施实行年度周期循环管理，年初依据党建策划书将年度任务目标进行执行责任分解，形成各个组织和组织成员的年度责任清单和年度责任目标，并作为年度责任执行的考评依据，类似党建的关键绩效指标(Key Performance Indicator，简称KPI)，年底进行执行情况考评，如此循环，每年的责任目标依据年度重点任务变化动态调整。

3.3.3　党建标准化体系

(1)党建标准化体系概述

党组织标准化建设的目的是把基层繁杂的工作，简化为管根本、可考量的指标体系，通过结合党建工作规律，以标准化引领规范化，最终形成可指导工作实践的具体规律，从而让党建工作在指导具体生产经营范畴落地生根。党建标准化体系实际上就是要涵盖从组织标准到个人标准的两大标准化体系建设，涵盖从阵地标准到行动标准的两类标准化体系建设。

“组织—个人”与“阵地—行为”既相互联系又相互区别，它们是合集与子集的关系，由上层党委确定组织与个人的示范标准，有基层管理单元确定所属阵地与员工行为的示范标准，它们一脉相承，又互相渗透，从而使党建标准化体系成为抓基层思想、基层管理、基层效率的强力抓手，实现党建组织领导自上而下，从局部到全面的领导穿透，推动项目党建与经营工作齐头并进。

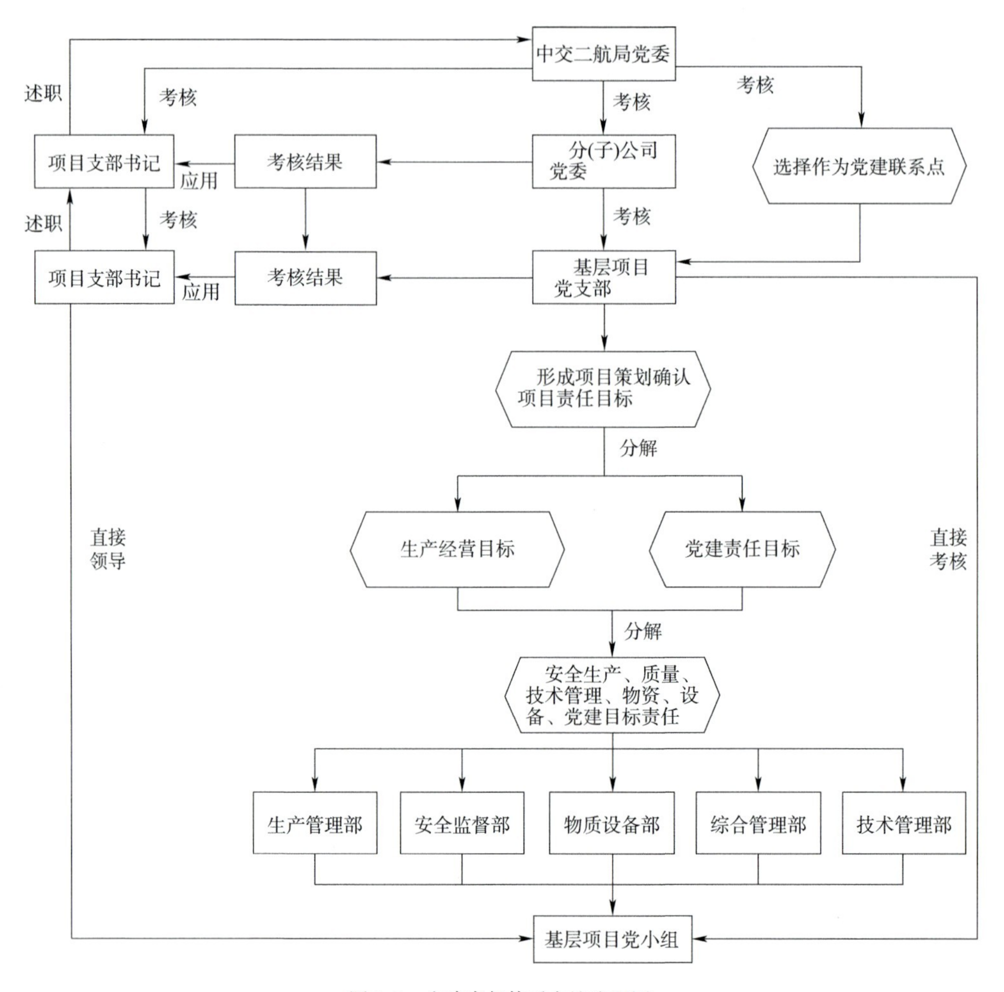

图 3-8 党建责任体系实施流程图

(2)党建标准化体系实施意义

党建标准化体系与项目管理标准化体系的实施是一根同源,它们为基层项目员工提供操作的基本方法、规范的实施流程。但是,党建标准化体系的构建更多的是从思想引领层面入手,通过调动人的主观能动性来实现标准化的动作,这与管理标准化体系中将职工看作“经济人”的假设是背道而驰的,党建标准更多是以“正向激发”为主,而管理标准则以“负面约束”为主。因此,党建标准化体系在引领层面实际上是提高项目管控上限空间的一种有效手段,它在管理上是上层建筑的部分。

落实党建标准化体系,一是有利于发挥基层单元的组织力与创新力。创建标准化、示范化的党组织和党员示范岗位有利于提升党群组织、党员以及普通员工之间的竞争力，“鲶鱼效应”在党组织中的灵活应用，打破了国有企业科层制封闭死板的缺陷，从组织到个人都需要发挥主观能动性，以争创精神进一步发挥基层的创新力。二是有利于党组织工作“虚功实做”的推进。党建标准化设置的标准、流程、方案，为思想落地提供了解决路径，为党员的建功实践过程提供了方法论基础。通过抓一线党员的示范作用，带动普通员工建功实践，提升管理实效。

(3)党建标准化体系实施要素

党建标准化体系基础工作是提出标准。这与企业生产紧密联系，具体包括制度保障系统化、组织设置规范化、岗位职责规范化、工作内容具体化、过程管理常态化、活动阵地标准化、人才培养体系化等7大系统并提出相应的标准化实施细则。通过结合具体实践要求，实现工作推进形式和内容互相印证、高度统一，并与具体的生产实践严格挂钩，用党建引领生产革新，用标准推动管理升级。通过扩大和做实党组织的阵地，从而发挥党组织对普通员工的辐射带动作用。

党建标准化体系核心工作是创造价值。不同于管理实践提出的量性标准，党建标准化提出的内容是质性的，是有发挥空间的，能不断提升管理的上限。比如，在党建标准化建设工作方案的基础上，中交二航局党委又创造性地开展了“中交蓝·党旗红·二航先锋行”系列建功实践活动。活动分为基层党建标杆创建的工作方案以及“二航先锋行”党员示范岗创建的实施方案等两大系统性示范标杆创建方案，分别从组织和个人层面对各级党组织提出了系统而具体的要求。一方面，两大方案均通过创造具体的工作价值，从而发挥党员示范作用；另一方面，该标准的提出也为党组织引领员工思想及普通员工发展进步提供了具体路径。

党建标准化体系关键在于抓住阵地标准建设纽带，打通管理通道。党建标准化体系的落地要依靠活动阵地建设，它是联通上下级党建管理的轴心部分，也是党员开展实践活动的最终载体。

京雄铁路项目党组织紧紧依靠上级党建标准化体系建设中关于活动阵地标准化的建设要求，对党员活动室、“幸福驿站”“健康小屋”、廉洁文化展示区、项目文化展示区等活动平台建设提出了具体的要求。项目党组织通过与党建策划协同联动，开展“二航先锋行”之“四有四亮”标准创建活动，围绕企业改革和项目建设实际，抓实场所建设、党建制度建设、宣传载体建设、工作成效建设，切实让党组织在项目施工现场、在项目攻坚克难的关键时刻站得出来，挺得上去，上下同步扭住同一个阵地建设标准，保证基层党建的组织领导的“穿透性”，自上而下,不走样、不跑偏。

党建标准化体系建设就是要发挥阵地建设的纽带作用,一是不断减少思想引领的传递层级,实现一个层级有一个层级的阵地,多个层级能够共享一个层级的阵地,真正做到引导穿透;二是建立联结阵地,让党员和非党员一同参与到标准化建设的过程中来,发挥阵地建设的引领、吸收作用,让全体员工共享基层支部的工作成果。

(4)党建标准化体系实施举措

党建标准化的实施是对党建责任执行过程的标准化规范管理,是对柔性管理的执行标准和执行效果进行硬化塑造和显性量化,从而确保党建工作优势的刚性充分转化和引领价值最大实现。

具体来说,党组织标准化地发挥凝智聚力作用,就是标准化地针对不同的对象因人动态施策,标准化地进行不同对象之间动态相互教育。针对领导班子、中层骨干和党员主要按照集中教育和经常性教育相结合,组织培训和个人自学相结合的原则,重点采取集中教育、组织生活、在线学习培训等方式开展。针对全员的思想建设和引领,主要采取分专业分主题、阶段性侧重的方式开展。在项目建设周期内,思想建设计划一年一设计,月月有重点,人人有目标,内容标准年内全覆盖,周期性滚动实施。

①开展每周两小时学习教育。

每月一计划,每周不少于两小时学习教育,主题内容围绕项目管理实际,组织形式灵活机动,整分结合、内外结合,党支部统筹管理,固定按期组织实施。属于要求全员了解掌握的专题内容,设计为全员每周两小时学习。属于需要特定专业人员学习掌握的专题内容,分部门分专业分小组灵活计划组织实施,需要聘请外部专业师资辅导的专题聘请外部师资任教。

每周两小时学习教育,重点开展员工互助式内部自我教育培训,每名员工每年结合本人的工作岗位至少走上 1 次每周两小时内部课堂,进行知识分享,促进内部员工之间知识的化学反应,帮助员工相互学习借鉴,共同成长进步。

每月评选一次月度优秀课堂、每年评选一次年度优秀课堂。

②做到“四个必须”和“两个确保”。

四个必须:一是上级精神和规章制度必须在项目领导班子和中层干部中限期宣贯;二是项目中层干部必须在本部门宣贯;三是党支部书记必须在党支部(党小组)宣贯;四是党员必须向身边普通员工宣贯。两个确保:上级精神和项目阶段性任务目标必须确保每名员工及时全部知晓;每名员工对本岗位应知应会的全部和最新规章制度必须确保全面了解掌握。

③培优树先，榜样引领。

内部培优树先，立足项目，选树内部敢于承担急、难、险、重任务的先进团队和个人，树标立杆，让项目员工切身从身边体验和实践，学有榜样、行为示范，形成见贤思齐，争当先进的生动局面。

设立项目道德讲堂，外学时代楷模、行业先锋、道德模范。多种形式向全员宣传他们的先进事迹和突出贡献，宣传中国交通建设股份有限公司（简称中国交建）的“南海精神”“港珠澳精神”“墨脱精神”，树立鲜明时代价值取向，彰显社会道德高度，每年道德讲堂至少开讲1次，实现正面引导。

④设立内部诚信红黑榜。

结合信用中国，地方，集团、公司内部、项目建设单位的信用管理工作，以季度为周期发布内部诚信红黑榜，倡导合同履约诚信、制度执行诚信，弘扬与社会主义市场经济相适应的诚信理念、诚信文化、契约精神，推进继承发扬中华民族重信守诺的传统美德。

⑤共享社会资源。

利用社会爱国主义教育基地、革命纪念设施，科普、国防等教育基地、图书馆、文化馆、博物馆、纪念馆、科技馆等公共文化教育资源，以及项目管理相关方的其他社会资源，采用定期组织实地教育或向员工发放教育卡券，有针对性地开展教育和共建。

⑥志愿服务。

成立项目志愿服务组织，定期组织围绕重大活动开展学雷锋和志愿者服务，推动不断形成“我为人人、人人为我”的志愿者风尚。每年开展不少于2次志愿者实践行动，在志愿实践行动中受教育。

⑦谈心谈话。

精准解决员工个体不同的思想问题，每名班子成员每年必须与自己分管的员工每人至少谈心谈话一次。全体党员必须结对1至多名普通员工，党员与普通员工的结对达到全覆盖，每名党员每年必须成为结对员工的首问负责人员，普通员工反映的任何工作和生活上的问题，均要负责帮助协调处理。

3.4　京雄城际铁路项目工程实践

确立党组织在国有企业公司治理中的法定地位，超越了传统的国有企业公司治理理论，在世界范围内创造了一种崭新的国有企业治理模式。京雄铁路项目党组织在“穿透式”项目管理中的实践，为企业管理创新提供新的视角与具有可操作性的实施方法。

3.4.1 京雄城际铁路项目思想文化基础

京雄城际铁路项目人员来自中交二航局四公司(简称四公司),四公司“厚重、稳健、务实、创新”的企业文化,培养了大批务实人才。平时,项目管理者就是“一竿子插到底”,抓管理,抓得细,抓得实,事必躬亲,这是四公司的文化。在京雄城际铁路项目实施之前,沪通长江大桥项目就打破常规,果断采用扁平化管理模式,也就是以四公司负责的一工区职能部门来履行项目总部职能。“我们做的首先就是理顺管理关系。原来设置局指,还设置分部,分部越多,矛盾越多,弊端很多。”全国劳动模范、中央企业优秀共产党员、项目经理杨志德如数家珍,“不但管理成本高,而且局指与分部成为两张皮,指挥就没有效果。”

除了结构扁平化之外,扁平化的另一个重要特征,就是项目、班组、工人之间的融洽,说到底,就是“穿透式”管理。杨志德带队项目党员,深入班组,靠前指挥,《工人日报》撰文说他“与农民工交心 40 年”。同时,为了激发班组主动性,项目上的交底和一些小的方案编写,就是由班组发起,班组组织。这样,交底之前,班组就做好了功课,可以说,这种双向的交流是解决企业管理中信息不对称的最好方法,这样的效果,显然更胜一筹。

同为铁路项目,京雄城际铁路处于北京、雄安新区中轴线上,政治意义更重大,文化氛围更加浓厚。2019 年 1 月 16 日,习总书记视察雄安新区,称京雄城际铁路建设者为“雄安新区建设的开路先锋”。时代和地域赋予了建设者以红色基因,施工现场是淬炼党性修养的红色阵地,为项目开展党建工作提供了有利条件。建好京雄城际铁路,必须总揽全局、协调各方,将党的领导优势、政治优势、组织优势、群众工作优势转化为项目建设优势,有序推动项目开展。项目党支部提前筹划,强化“抓党建就是抓生产经营、抓生产经营必须抓党建”的思想认识,将党的思想建设、组织建设、人才培养、党风廉政建设、制度建设等落到实处。

在这样的环境下,京雄城际铁路项目也借鉴了沪通长江大桥管理经验,具有“穿透式”管理的思想文化基础和实践经验。京雄城际铁路项目采取“穿透式”管理,党建首先做到“穿透式”,项目党支部结合“二航先锋行”党员主题实践活动,结合文化特点,开展“四有四亮”党员主题实践活动。这些活动很契合基层项目的特点,也融入了项目“穿透式”管理中,做到了党建与生产的统一,党建赋能生产经营,党建更好融入施工生产中,促进各项工作有效开展。

党支部坚持“三会一课”常态化、规范化,2018 年开工建设以来,每月召开一次支委会、党小组会、上一次党课,每季度召开一次党员大会、一次职工、作业班组座谈会。从2018年4月起，每周一举行升旗仪式。通过多种形式，说透悟透本项目政治意义，引导大家转变意识，增强爱国爱企、敬业奉献精神。

施工现场每一处有党员工作、活动的地方，都设置党支部及党员公开承诺牌、“当好主人翁，建功新时代”劳动竞赛宣传牌，项目班子成员办公桌上放置“五带头”党员示范岗标牌，会议室内设置“四有四亮”特色党建宣传展板。这些，与飘扬在各个关键工点的党旗、青年突击队队旗，以及充满正能量的宣传横幅标语等相呼应，让每一位京雄工地上的党员，产生一种强烈的组织归属感和责任感。

3.4.2　党组织“穿透式”管理体系在京雄城际铁路项目的实施

党支部是基层党组织的“基层、基础”，党支部战斗堡垒作用发挥得如何，体现项目建设的“基本功”。党支部作为整个党组织的“神经末梢”，是落实党的路线方针政策和各项工作任务的“毛细血管”，是党的全部工作和战斗力的基础。党的一切任务的完成都离不开党支部卓有成效的工作。

(1)明确职责定位

党建策划书是一个党建工作的项目全周期的交底，理顺了项目党建组织架构(图3-9)，在具体工作中，每名党员才能找到位置、明确任务、发挥作用。

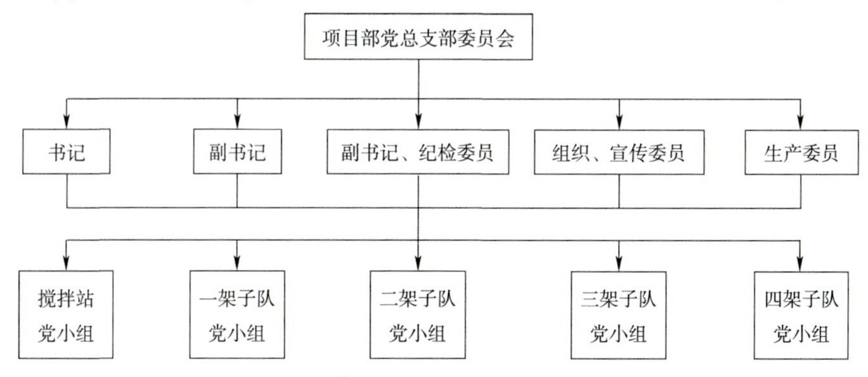

图3-9　京雄城际铁路项目“穿透式”管理党组织体系

项目筹备之初，按照常规组建模式，施工生产一线(四个架子队和一处搅拌站)只组建一个党小组，这样运行以后，党小组很难有效开展活动，一是相互之间距离远，难以集中。二是工作重点不一样，党小组很难开展“党小组会”和主题活动，主题活动也很难和生产经营结合在一起，党小组和架子队之间没有深度融合。经过党建策划，根据项目管理实际，京雄城际铁路项目成立了5个党小组，这也是党建工作策划的一项重要内容。

经过京雄城际铁路项目一年来的实践，党小组参与项目“穿透式”管理，扩大基层党组织工作覆盖和组织覆盖,破解因为战线长、作业面广,所带来的组织难的问题,这是党支部工作的纵向延伸,也是加强执行力建设的一项举措。党支部党员根据在项目上的不同分工,编入一个党小组,逐步实施党建“穿透式”管理。基层支部,下沉一级,做好作业班组生活、生产的沟通和交流工作,帮扶理顺各方面的关系,解决存在的问题。这样,党组织机构和生产管理机构就统一起来了,各方面关系比较顺畅。同时,各党小组之间便于开展竞赛(包括学习、生产等方面),形成党小组之间“比学赶帮超”的氛围,调动员工的积极性。

(2)实现党组织层级间穿透

京雄城际铁路项目党支部从加强架子队管理入手,在四个架子队和一处搅拌站各设立一个党小组,所有党员全部分配到党小组中,各党小组组长均由党性强、作风正派、懂得党的基本知识、善于做群众工作、在职工中威信较高的党员同志担任。每组安排一名支部委员全力支持,协助组长开展工作。同步提升架子队和党小组的组织能力、学习能力、工作能力和创新活力,以点带面,实现一加一大于二的倍增效应,进一步夯实党建“前沿阵地”、激活基层组织“神经末梢”。

通过建章立制,积极引导劳务派遣、作业班组党员参加基层党建活动和学习,做到“同学习、同劳动、同管理、同生活、同表彰”的“五同”管理,通过“扁平化”,促进“穿透式”,积极发挥党员先锋优势,树立典型,引领施工生产。

党支部加强对党小组的领导,指导党小组开好小组会。会议内容集中,主题突出。如:一、二架子队由于地处北京地段,环保要求非常高,如何做好环水保工作,党小组就确立以“安全文明环水保”为主题的专题会,加强理论学习,提高政治站位,坚持“金山银山不如绿水青山”环保理念;三、四架子队位于永定河段施工,如何做好安全度汛,确保人民生命财产安全,党小组确立了以“确保安全度汛”为主题的专题会;搅拌站每月 10 万 m^3 混凝土的生产供应压力巨大,需要物资、试验等多部门配合,党小组确立了以“混凝土保供”为主题的党小组会;形成“一组一品”特色。各党小组结合各自施工生产特点,创新党小组活动方式,为党员发挥作用搭建平台,也使党建活动与生产进度、安全质量、环保等紧密结合。

同时,党支部建立“党委考评、支部督促、党员评议”的“三位一体”检查网络,自我评价与组织考评相对照、业务考评和党建考评相衔接,通过日常检查、现场交流、资料查阅、调查访谈、民主评议、年终考评等形式,对各党小组各项工作实施情况作出评价,为下一步针对性“改进”和“再策划”提供可靠依据。党支部对表现不到位的小组和党员进行约谈,对表现较好的作为评先推优优选对象。

(3)实现党组织柔性化拓展

一是项目党支部委员实行一岗双责,过“双重组织生活”,把自己纳入一个党小组成员，在做好支部工作的同时，参与所在党小组的各项工作和活动，同时，对党小组活动的规范性进行监督指导，也为支部工作提供实践支撑，真正做到支部和党小组之间的贯通。

二是党小组党员深入到班组和部门，做到关键工序、关键环节有党员，起模范带头作用。2018年10月，正是项目部大干100天主题活动期间，原本就非常紧凑的生产计划和要求，又因缺料让项目陡增了许多焦虑。项目物资部长张克荣，也是拌合站党小组党员，他带领物资部门14个人，24小时两班倒，在粉煤灰特别紧缺的十多天时间里，大都是凌晨3点以后才能休息，“抽空休息”成为常态。京雄城际铁路项目2018年2月开工，9个多月来，物资部14个人都坚守岗位，没回过家。部门的人员都说：“我们的部长这样拼，我们也不能认怂！”

三是强化共建共享，组建专班。项目支部抽调党员干部，成立专班，与业主、地方政府、企事业等单位共建共享，实现组织互联，工作互通。在党的建设、项目生产、征地拆迁、环保等方面发挥作用，强化文明施工、深化生态建设、注重社会治理。为快速推进高铁建设，专班人员一边加快摸清现场用地情况，一边积极与属地政府和建设单位对接，争取支持配合。广阳段用地虽然在新机场红线征地期间，已作为流转土地，由政府同步实施了征收补偿，但仍存在一些历史遗留问题。围绕破解制约项目推进的瓶颈，广阳区政府、建设单位和项目部专班人员多次深入项目现场办公，在一线会商解决问题。经过深入对接，正式启动拆迁工作后，在补偿费用还没有到位的情况下，政府主动进行腾地工作，成为全线第一个完成征拆任务的区域，为铁路建设提供良好条件。

项目部还由党员带头，分别成立安全专班、质量专班、进度专班和环保专班，专班成员进行日常巡查，发现不能有效解决的问题及时向分管领导反馈；分管领导结合每日巡查情况，形成日报向项目主要负责人报告每天管控情况；项目经理每周带队分组对现场安全、设备、质量、进度、环保等进行检查，形成整改报告，闭合管理；基坑监测预警，第一时间向总工程师、安全总监报告；每月项目部组织各部门对现场进行拉网式检查，有效规避各种隐患，稳步推进施工进展。

除了企地共建和专班之外，四公司不断加强支部之间资源共享，实现基层支部之间“比学赶超”，对标对表，营造良好的工作氛围。京雄城际铁路项目是四公司首个开展党建策划的项目，策划方案各支部共享，使方案得到进一步优化。

（4）实现群团组织群策群力

工程建设中，项目部启动以“汇聚青春正能量，建设京雄我担当”为主题的青年突击队活动。京雄城际铁路项目青年突击队成立于2018年5月4日，以架子队为单位，成立“雄鹰、熊獒、雄狮、雄鸠”四个青年突击队。在施工过程充分发挥了青年员工的生力军作用，成为京雄城际铁路项目的重要骨干力量。青年突击队活动以“配合好项目建设和各项生产经营管理工作”为出发点和落脚点，以“项目迫切需要，青年力所能及，突出团的特色，发挥实际作用”为宗旨，做到“党有指挥，团有行动”，结合劳动竞赛活动，引导广大青年职工在苦干实干、学习实践、突破创新中做出应有的贡献。“汗洒京雄线，奋斗正当时”，突击队队员们在关键时刻发挥着重要作用。

急难险重中，冲锋在先。2018 年 7 月汛期期间，面对基坑垮塌危险，突击队员们在各个地点站岗，如险情发生就第一时间进行补救，他们站在雨中，抽水、观测、拿着小锹挖沟引水。显然每个人都是出色的“工兵”。“艰难困苦、玉汝于成”在突击队员们的努力下，不仅让隧道顺利度过汛期，也为后续施工争取宝贵时间。

科技创新为高铁建设插上智能之翼。京雄城际铁路机场 2 号隧道是中交二航局迄今承建的最长明挖隧道，也是世界首条、列车要以 350km 的时速下穿机场航站楼的隧道，要求施工全周期运用 BIM 和地理信息系统（GIS）等技术，确保“隧道不漏一滴水”。工程部门突击队员组成 BIM 攻坚小组，经过近一年努力，完成了每个隧道构件 LOD 5.0 精度的建模，模型精度达到了竣工级别。在高精度模型的基础上，将工艺流程融入了 4D 模拟中，生动地把衬砌钢筋绑扎、仰拱钢筋绑扎、防排水施工交底做到了工艺级别的细度，为打造中国高铁 2.0 版，提供了智能保障。

图 3-10　京雄城际铁路项目劳动竞赛活动现场

京雄城际铁路项目部吹响了“建功立业在京雄，鼓足干劲争上游”大干 100 天的劳动竞赛号角，项目部再次组织开展以“持续发力推进度、攻坚克难铸精品”为主题的大干 180 天的劳动竞赛活动（图 3-10），擂起了前进的战鼓，掀起了新一轮施工生产新高潮，确保当年的生产任务优质完成。通过一系列活动开展，京雄城际铁路项目部营造出积极向上、团结奋进、勇于担当的良好氛围。

3.4.3　夯实党组织建设服务于“穿透式”管理

（1）确立“四有”基本要素

“四有”，即有场所、有经费、有制度、有载体。“四有”是基层党组织建构和党员管理的基本要素，是支部建在工地上的基本标志，也是开展项目党建工作的基本前提。

建场所，设立专门党员活动室。京雄城市铁路项目党支部按照“规范、节约、实用”的原则，统筹规划、整合资源、合理布局，专门设立了党员活动室，活动室内布设了“入党誓词”“党的光辉历程”“党支部组织机构”“党员信息化建设”“党建活动”等宣传专栏；摆放党报、党刊及十九大知识方面的理论书籍，让党员开会、学习有专属于自己的活动场所，不搭“顺风车”，增加了党建活动的氛围。

建立起来的党员活动室，成为提高党员素质、增强党组织凝聚力和战斗力的重要活动场所，切实保证了党员“有地方学习、有地方议事、有地方说话、有地方活动”。

足经费，确保党建工作顺利开展。立足工地党建工作实际需要，采取“方案编制—党委审批—活动开展—经费报销”一事一报的方式使用党建经费，用于党员活动室建设、党员教育管理、党建活动开展、优秀党员表彰奖励等项目开支。破解了基层党支部开展活动无保障、基层党务工作者工作积极性不高的难题，逐步建立稳定规范的党建经费使用和管理体系。

立制度，把规矩挺在前面。京雄城际铁路项目地处京津冀地区，政治敏锐性强，除了征地协调、环水保工作难度较大之外，生产压力也非常巨大，月混凝土生产量约 10 万 m^3。面对这种生产情况，党支部组织各部门对各项管理制度进行全面梳理总结，通过更换“零件”、局部“打磨”，增强制度刚性。先后编制《项目部管理制度标准化卷》，制定 6 个方面、137 项管理制度；编制《项目部人员配备标准化卷》，制定 38 项岗位职责和安全生产职责；编制《项目部标准化管理程序文件》，制定 107 项工作流程图，出台了《关于加强对项目部职能部门分管领导管理的通知》《关于加强对项目部架子队队长管理的通知》等文件，从体系建设、施工管理、安全质量控制、劳动纪律、廉洁自律等方面对党员和管理人员进行约束考核。在党建工作引领下，党员带头营造讲政治、顾大局、敢担当、积极作为的良好氛围，取得了素质有提高、工作有激情、帮带有成效、形象有提升的良好局面。

有载体，开展系列活动。项目党组织成立以后，除了日常的党员教育管理之外，根据党组织自身的实际情况，结合工程项目建设的需要，创立各种党建项目和党建活动，以此为载体把党建工作与项目生产实际结合起来。目前各项目部根据自身特点，开展的主要党建活动和党建项目包括：①开展“党员示范岗”，要求党员要用先进党组织的标准规范自己的行为，带头以实际行动树立党员的形象；②党支部与部门负责人、工地班组长签订廉政责任书和安全责任书；③组织党员观看违法警示录和安全事故警示录；④项目部设立“监督举报直通车”，并于每月对“直通车”暴露的问题及时整改；⑤党支部定期组织开展丰富多彩的文化活动，如组织安全知识竞赛、职工趣味游戏等活动。

(2)运用“四亮”管理抓手

在京雄城际铁路项目部，党员活动室、阅览室等基层党建标准化所要求的各项硬件设施在这里一应俱全。每一处有党员工作、活动的地方，都能见到入党誓词、党组织机构图、岗位职责、工作职责、工作制度及“四有四亮”主题活动宣传展板、党支部和党员公开承诺牌。

通过“四有四亮”党员主题实践活动的开展，目的是让群众知道组织就在身边，提醒党员时刻记得身份。使党组织不忘带队伍、管党员、促建设、谋发展的责任；让每一位参建者产生强烈的组织归属感和使命感。

“四亮”，即亮身份、亮党旗、亮承诺、亮作为。“四亮”让党组织主动贴近群众、服务群众，让党员强化“身份认同”，发挥先锋模范作用，使群众时刻感受到“组织就在路上、党员就在身边”。

亮身份，自我激励接受监督。项目党支部要求全体党员在施工现场、办公区及重要场合必须正确佩戴党徽；同步设立党务公开栏，公示党组织机构，公开党员的形象、姓名、职务和一句话的承诺，让广大群众知晓党员岗位，了解职责，加强群众监督党员履职情况。

除此之外，党员宿舍门口悬挂“共产党员宿舍”标志标牌。这个标志标牌不仅提醒我们的党员同志在工作中是一名党员，在生活中也是一名共产党员，要在生活中规范自己的言行举止，加强自身作风建设，抵制不良庸俗文化，传播社会正能量。

亮党旗，凝心聚力发挥效能。党旗飘起来，堡垒强起来，有党旗的地方就有支部的存在。党支部通过在活动阵地悬挂党旗、重要活动现场树党旗、攻坚克难时刻现党旗，使支部身份在工地亮起，党旗在群众身边飘扬，党性在关键时刻彰显，让奋战在施工一线的党员群众感受到党组织是最坚强的依靠。

亮承诺，主动担当知行合一。党支部组织党员结合自身工作实际，围绕履行岗位职责、发挥先锋作用、转变工作作风等内容做出书面承诺，主动接受监督。同时，党员承诺的具体事项要在党小组会、党支部会、党员大会上进行通报，在党务公开栏、施工现场等位置展示，党员自觉接受党支部、党小组和群众对其承诺履行情况的检查，找出差距与不足，并提出整改措施，确保了公开承诺取得实际效果。以实际行动起到“一个党员一面旗帜”“一个岗位一个标杆”的示范作用。

亮作为，党员带头争做表率。党支部在亮身份、亮党旗、亮承诺的基础上，通过开展“党员争当业务标兵”活动，把主题实践活动延伸到“内强素质、外树形象”的具体业务上。引导党员树立无私奉献精神，在急难险重关键时刻冲锋在前。

负责永定河段施工的是 3 架子队队长杜群波和 4 架子队队长董彬，也分别是架子队的党小组组长，他们每天早上 6 点到工地，晚上 24 点还在办公室。“夜间施工条件差，回宿舍心里也不踏实，反而在现场才能睡得着”，为了便于现场管理，他们干脆把床铺搬到现场办公室。夜间，现场机械轰鸣，他们对照挂在墙上的“现场作战图”，研究接下来的施工安排。

负责质量管理的党员张国浩了解到现场部分农民工对标准、工艺流程不熟悉，自制培训课件，送教上门。从拱墙施工到钢筋绑扎、焊接，再到模板安装、混凝土浇筑，每道工序都利用BIM模型进行过程展示、详细讲解。工人很快就熟悉并掌握了施工工艺，不仅施工质量显著提升，工效也比之前快了三分之一。

机场2号隧道是中交二航局迄今为止施工的最长明挖隧道，最大埋深近33m，且穿过两条河流，高处作业、吊装作业、深基坑作业、钢支撑安拆等都有很多危险源。负责安全管理的党员秦海滨每天早上8点徒步沿线检查，下午原路返回，至少要走10km路，晚上还要汇总检查数据，向项目部报告当天安全巡视和整改情况。

项目高峰时，施工人员多达3000人，为统一思想，保持旺盛的工作激情，党支部在关键节点，通过召开协作单位“座谈会”，及时了解工人思想动态，协助解决施工、生活困难，要求施工队完善管理、做好工日统计、按时发放工资，在工地醒目位置安放民工权益告知书和维权电话，坚决将不安定因素消除在萌芽状态中。

项目党支部是京雄城际铁路项目这场“攻坚战”的战斗堡垒，党员就是排头兵。在党支部统一部署下，党员干部在项目的急、难、险过程中更加体现出带头作用，成为工程建设的“红色引擎”。项目部也得以在施工大干期间月混凝土生产量达到10万m^3；2018年以来，先后荣获建设单位“劳动竞赛先进集体”“标准化项目部”“标准化搅拌站”“标准化中心试验室”“标准化施工工点”和公司“党风廉政建设先进集体”“突出贡献奖”“优秀团队”等多项荣誉。

“穿透式”管理是项目管控的重要手段，它打破管理和操作之间的壁垒，让操作和管理之间高度融合，党组织的引领作用有效规避了项目管理者与现场操作者沟通上的障碍、管理上的脱节、认识上的差异等问题。本章从“穿透式”管理党组织体系的实施、夯实基层党组织建设两个方面进行剖析，体系实施确保了党组织在“穿透式”管理中对全过程的把控，确立“四有”基本要素和运用“四亮”管理抓手将基层党组织建设落到实处，具有一定的借鉴意义。

第4章　工程项目“穿透式”管理的技术支撑

工程项目“穿透式”管理全面解决了传统项目现场信息管理难度大、管理类型多的现状，从根本上维护了项目稳定，提升了企业形象。其中信息化管理平台将信息技术与现场管理深度融合，搭建了以安全保障、“可见”管理、“可知”分析理念为导向，以物联网、大数据、云计算等技术形成的算法为核心，以数据为主线的综合性云服务平台。

4.1　信息化管理平台

信息化管理平台能让工程管理实现横向互联，纵向互通的全方位数据“穿透”，最大限度实现数据共享，同时基于唯一数据源的数据共享，改变了传统方法的“数据源头不明确，数据采集不准确”的现状，为“穿透式”管理奠定基础。

4.1.1　信息集成式横向互联

项目施工管理是一个动态的过程，将会产生大量的信息。以工作分解结构(Work Breakdown Structure，简称 WBS)为载体，通过系统实现业务标准流程赋能。WBS 作为项目最小基础单元，结合标准库赋予设计、进度计划、清单、工序、材料、资金等属性，奠定项目多维度精益管理的基础。以 WBS 分解结构为基础，实现业务流、资源流、资金流贯通。进度、计量、分包、安全、物资、成本核算等主要项目管理中直接引用 WBS 全要素信息，实现不同管理维度之间的横向互联。

各模块之间既相互独立又相互关联，在业务信息传递上，以 WBS 为主线，划分为单位工程、分部工程、分项工程、检验批，通过建设项目级主数据标准，为所有主数据相关的信息交互和集成提供唯一可信的主数据源，确保数据的一致性和基础应用价值落地，实现为管理穿透形成坚实的数据基础，如图 4-1 所示。

同时，智慧工地应用通过物联网技术的“感、传、知、控”获取工地现场数据，有效管理工地现场，提升了效率，克服了在数据流通中对现场各个生产要素(人、材、机等)数据的自动化采集、传输、存储和在平台中的分析利用，形成了后台大数据库，从数据源头实现数据采集的移动化、智能化和“傻瓜化”。在项目部可及时收集和分析作业数据、设备数据、材料数据、人员数据和业务数据等，并进行有效沉淀，积累智慧工地生产数据。通过数据的及时、自动采集，紧密地将施工进度、质量、安全、成本结合在一起，如图 4-2 所示。

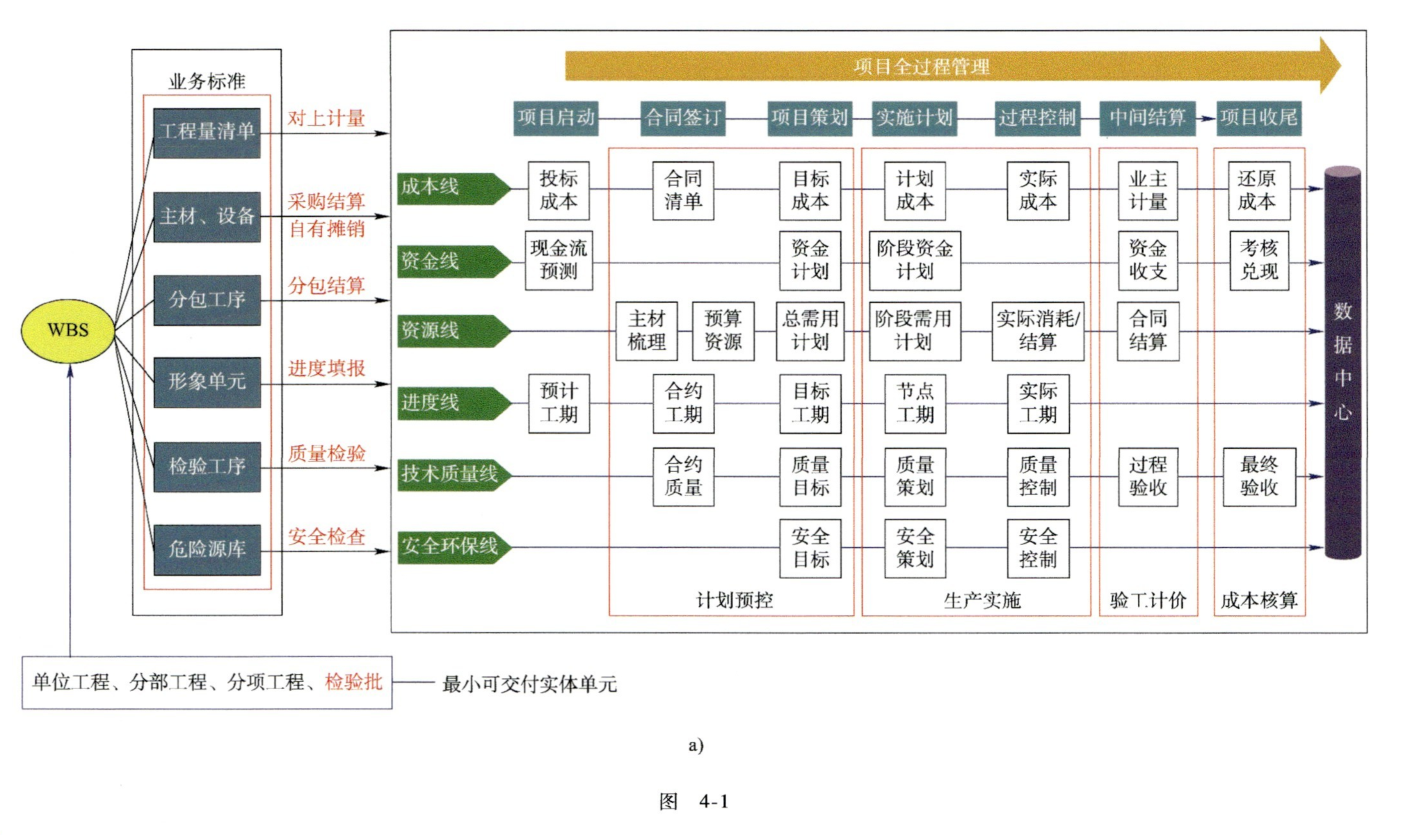
业务标准
工程量清单
主材、设备
分包工序
形象单元
检验工序
危险源库
WBS
对上计量
采购结算
自有摊销
分包结算
进度填报
质量检验
安全检查
项目全过程管理
项目启动
合同签订
项目策划
实施计划
过程控制
中间结算
项目收尾
成本线
资金线
资源线
进度线
技术质量线
安全环保线
投标成本
合同清单
目标成本
计划成本
实际成本
业主计量
还原成本
现金流预测
资金计划
阶段资金计划
资金收支
考核兑现
主材梳理
预算资源
总需用计划
阶段需用计划
实际消耗/结算
合同结算
预计工期
合约工期
目标工期
节点工期
实际工期
合约质量
质量目标
质量策划
质量控制
过程验收
最终验收
安全目标
安全策划
安全控制
计划预控
生产实施
验工计价
成本核算
数据中心
单位工程、分部工程、分项工程、检验批
最小可交付实体单元

a)

图 4-1

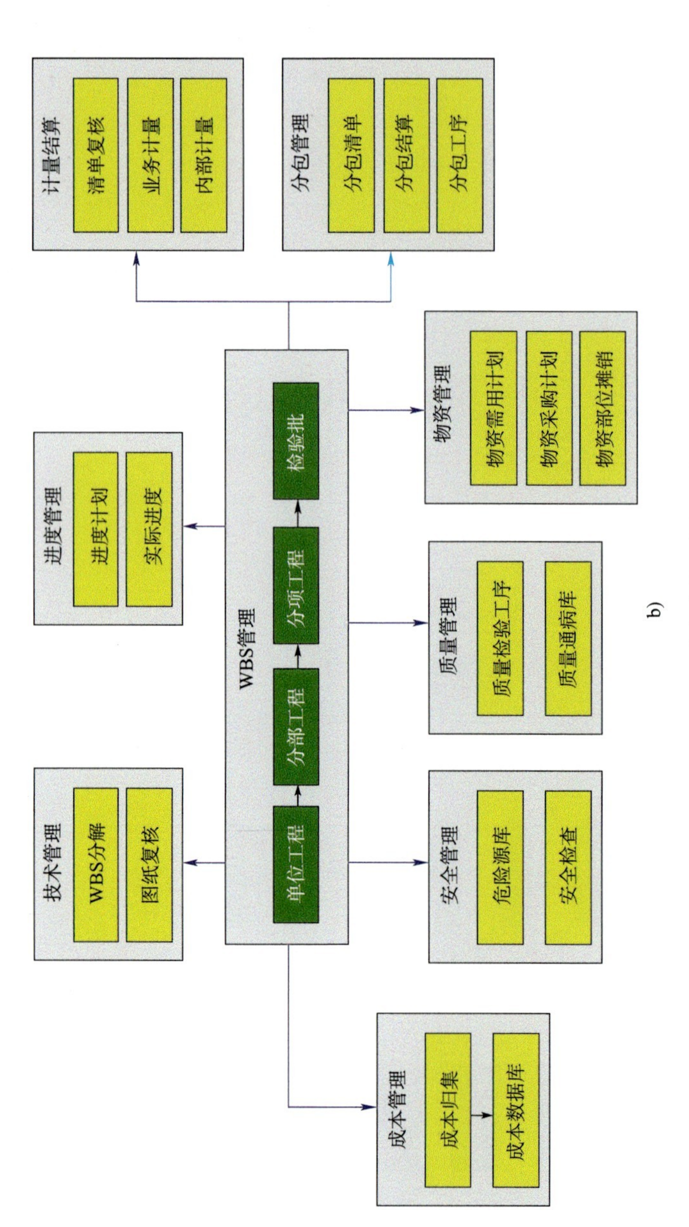

b)

图 4-1　以 WBS 为主线的业务流程图

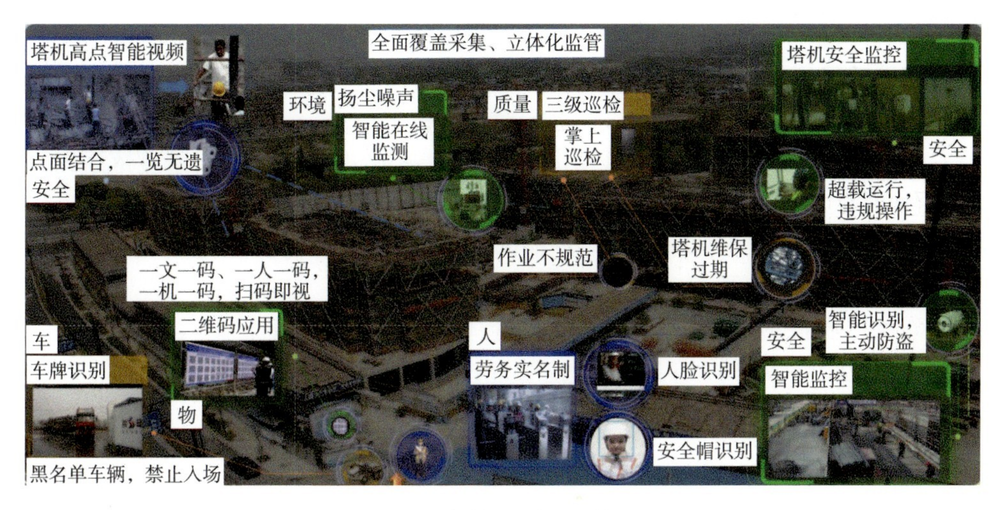

图4-2　智慧工地应用场景图

4.1.2　信息模块化纵向互通

信息化管理平台根据项目施工进度、质量、安全、成本动态管理的功能需求的不同，将复杂的系统分解为若干相互独立的模块，提高各模块的内聚性，减小耦合性。从而保证各模块之间的独立性，实现各模块的纵向穿透管理。

1)“穿透式”进度管理

施工项目进度管理，是指在既定的工期内，编制出最优的施工进度计划，在执行该计划的过程中，经常性地检查施工实际进度情况，并将其与计划进度进行比较，若出现偏差，通过分析产生的原因和对工期的影响程度，找出必要的调整措施，然后修改原计划，如此不断地循环，直至工程竣工验收的过程。施工项目进度控制是确保施工项目按既定目标工期完成，或者在保证施工质量和不因此而增加施工实际成本的前提下，适当缩短施工工期的进度管理过程。

传统的管理方法不利于规范化和精细化管理，二维设计图形象差，网络计划抽象，往往难以理解和执行，更不方便各专业之间的协调沟通。

利用信息化管理平台可以改变上述现状，通过制定合理的施工计划，精确掌握施工进度、缩短工期、降低成本、提高品质，实现“穿透式”进度管理。

“穿透式”进度管理的要点包括：

①根据项目生产实际情况，制订合理的年、季、月进度计划，生成计划进度信息模型：采用自动关联规则，即自动匹配WBS编码与模型EBS(工程分解结构，Engineering Breakdown Structure，简称EBS)编码，将施工计划赋予模型，使模型构

件具有计划施工时间属性,从而生成计划进度信息模型。

②自动采集生产现场实际进度和形象进度数据。

③自动将实际进度和计划进度进行对比分析。

④对产生的进度偏差进行可视化提醒,进度超前出现绿色标识,进度落后则出现红色预警。

⑤通过“穿透式”追踪查询,对超前的进度进行生产及资源配置经验总结,对落后的进度进行偏差分析和进度计划调整。

⑥执行新的进度计划,同时完成对过程数据和完成产值的自动归档。

信息化管理平台中“穿透式”进度管理技术路径如下:

(1)计划进度管理

计划进度管理的主要内容包括施工计划编制、审核、变更、优化、维护,以及4D虚拟施工。计划进度管理流程如图4-3、图4-4所示。

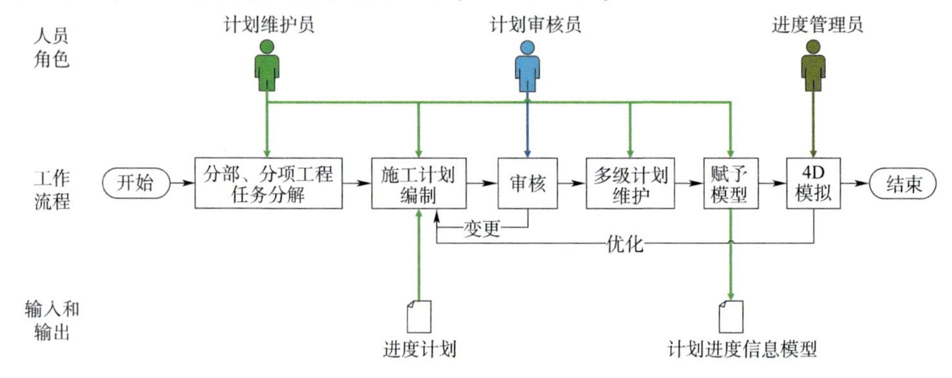

图4-3　计划进度管理流程

具体应用的控制要点包括:

①施工计划编制前,首先需进行分部、分项工程任务分解,并且宜与工程结构分解(模型树)一致。

②施工计划编制:利用project软件编制施工计划,内容包括“工作任务名称、工作任务编码、计划开始时间、计划结束时间”等。

③施工计划变更:根据项目施工的实际情况,对施工计划进行动态调整,最小调整周期为月。

④多级计划维护:针对一个工程项目,制订项目总体计划、年度计划、季度计划、月度计划等,并根据计划周期的“父-子级”关系,按照层级结构树管理多级计划。

⑤生成计划进度信息模型。

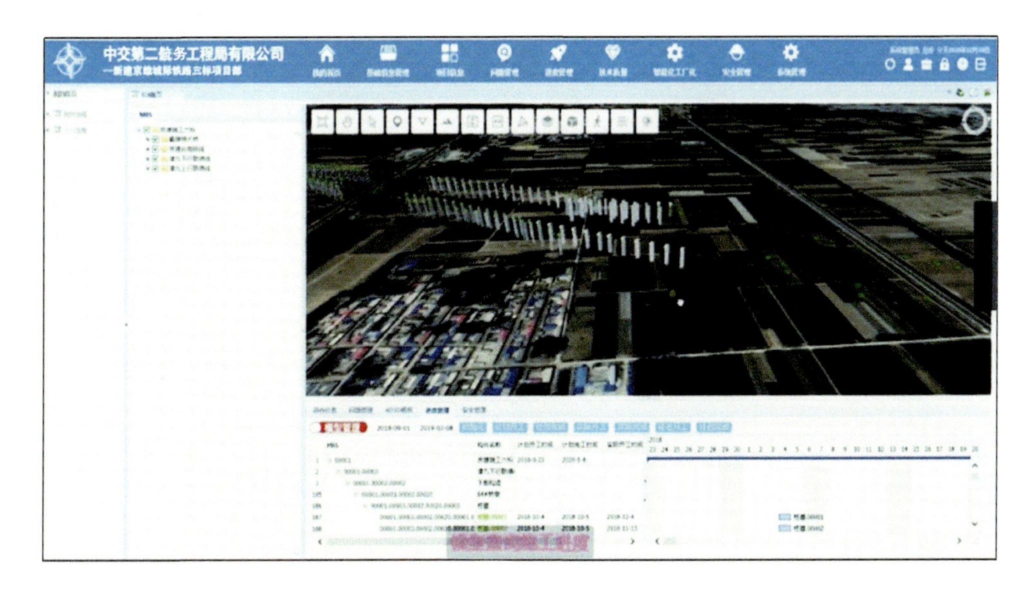

图4-4　形象进度展示(4D模拟)

⑥4D虚拟施工:三维模型的构件具有计划施工时间属性,即生成计划进度信息模型后,便可以沿着计划时间轴,进行4D虚拟施工,自由查看计划施工状态。

施工进度横道图如图4-5所示。

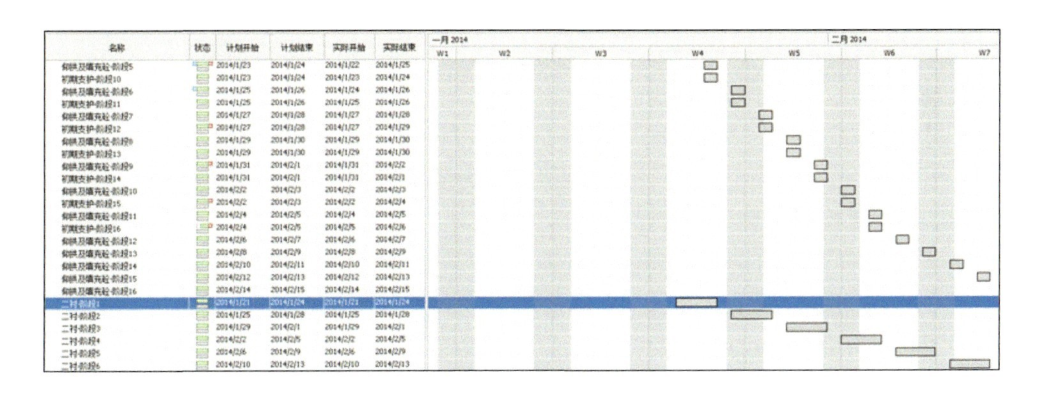

图4-5　施工进度横道图

(2)实际进度管理

实际进度管理的主要内容包括进度追踪和可视化查询。实际进度管理流程如图4-6所示。

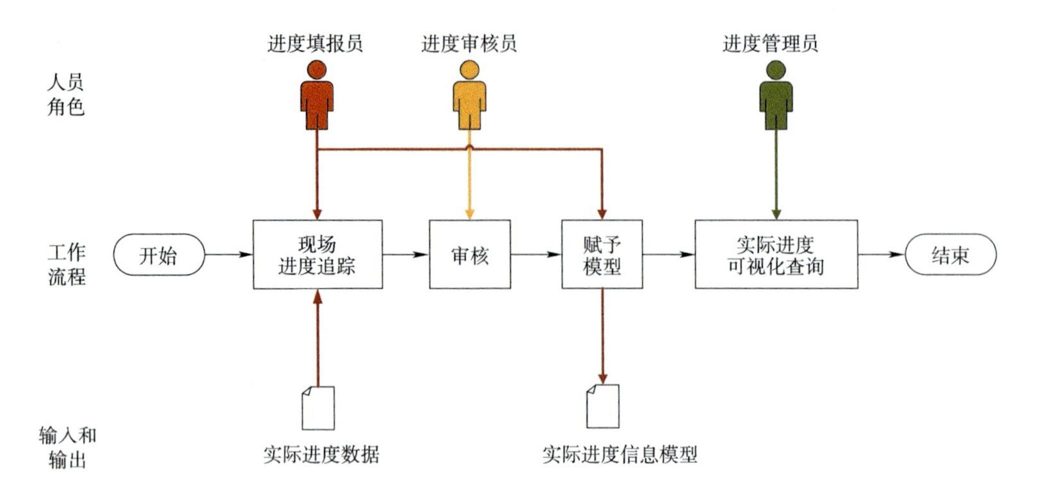

图 4-6　实际进度管理流程

具体应用的控制要点包括:

①通过自主开发的手机移动终端采集实际进度数据。现场技术人员利用手机填报实际开始时间和实际结束时间。填报时首先选择 WBS 工作任务,然后进行现场进度确认,通过网络实时上传至平台,赋予相应的模型构件,使模型构件具有实际施工的时间属性,从而生成实际进度信息模型。

②按照时间维度,查看任一时间节点的实际进度信息模型,以三维模型直观展示现场实际施工状态。通过选择三维模型构件,一键“穿透式”查看该实体结构的实际施工时间及计划施工时间。

③跟踪控制每月、每周、每日的施工进度。将实际进度、工况及现场照片录入 BIM 管控平台,将实际进度与计划进度对比,为现场进度管理提供预警提示。

(3)进度控制管理

进度控制管理的主要内容包括偏差分析、关键线路分析和进度数据分析。进度控制管理流程如图 4-7 所示。实际进度录入界面如图 4-8 所示。

具体应用的控制要点包括:

①通过进度信息模型的施工时间属性对比,可视化展示计划进度与实际进度的偏差状态分析(图 4-9)。即以三维模型构件颜色标示进度提前或滞后的偏差状态,同时查询模型构件的前置与后置计划任务及量化后的偏差状态。

②通过高亮显示计划施工任务及对应的三维模型构件的方式,可视化查询多级计划的关键工作及关键线路。

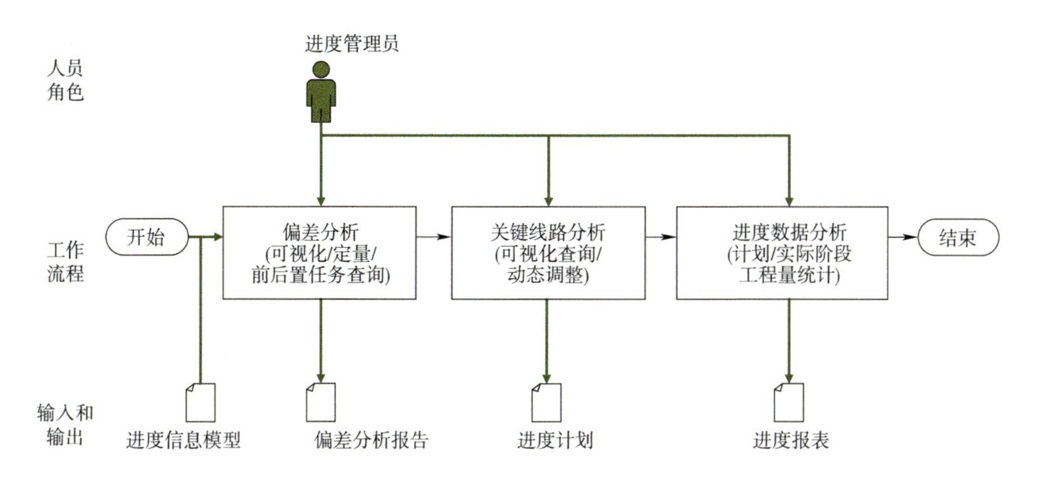

图 4-7　进度控制管理流程

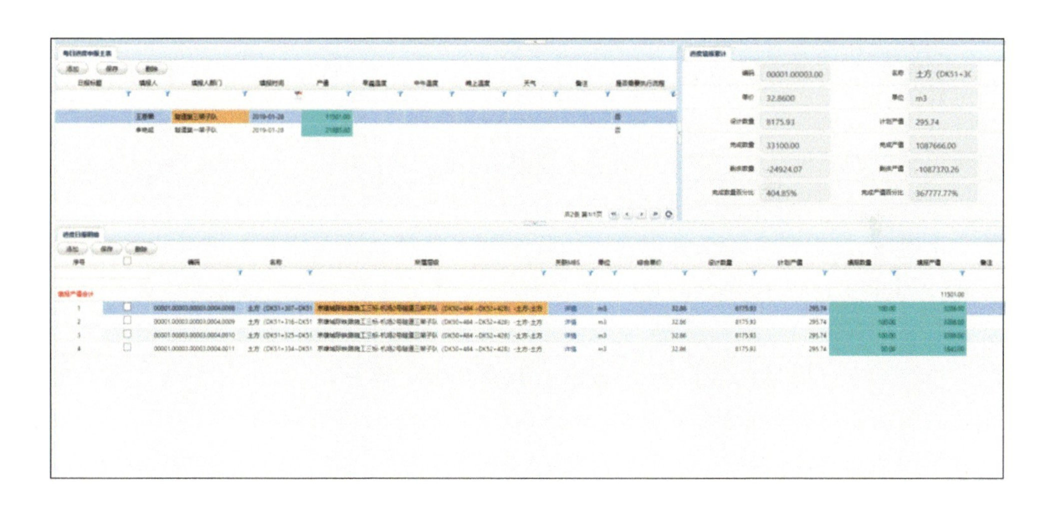

图 4-8　实际进度录入界面

③按照分部、分项工程定制进度报表的形象进度指标，通过自由选择时间节点，自动生成计划与实际完成的工程形象进度报表。

2)“穿透式”安全管理

安全管理是企业生产管理的重要组成部分，其管理对象为生产中的人员、物资和环境。组织实施企业安全管理的规划、指导、检查和决策，同时保证生产处于最佳安全状态，因此企业安全管理是一种动态的管理。

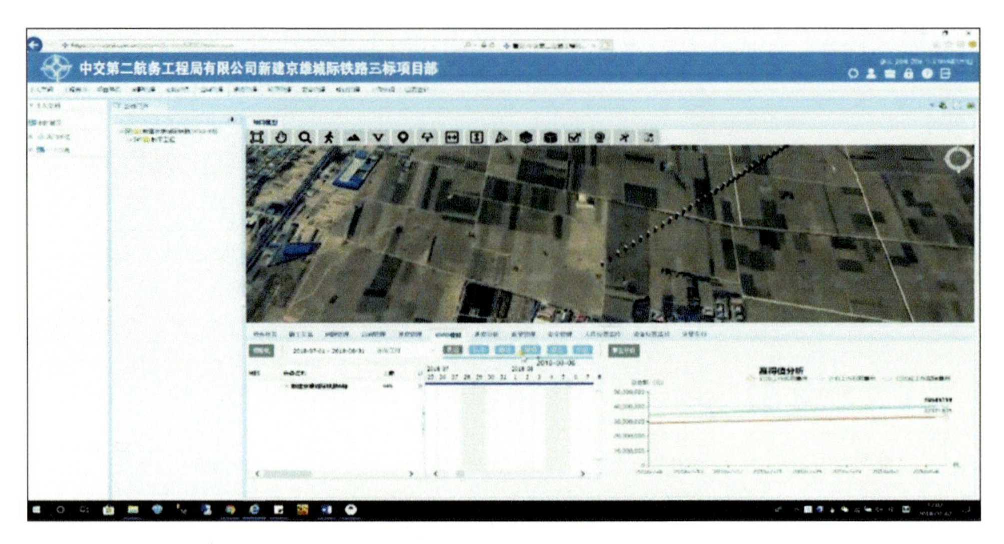

图 4-9　进度偏差分析

施工现场安全管理的内容，大体可归纳为安全组织管理、场地与设施管理、行为控制和安全技术管理四个方面，分别对生产中的人员、物资、环境的行为与状态进行具体的管理与控制。为有效将生产因素的状态控制好，实施安全管理过程中，必须正确处理五种关系，坚持六项基本管理原则。

随着大数据、云计算、物联网、BIM 等新兴技术的飞速发展，以及工地智慧化、数字化建设，施工现场安全管理逐渐由传统的人工管理方式转变为信息化、智能化管理，极大提高了工程安全管理的效率，解决了部分工程安全管理难题，显著提升了工程安全管理的效果和质量，大大降低了工程安全管理的成本。当前信息化管理平台的推广应用，对工程安全管理具有非常重要的作用。

应用信息化管理平台，实现了“穿透式”安全管理，其流程如下：

①根据工程项目特点，集成信息化管理模型，分析安全隐患点和风险源清单；

②制订年、季、月等安全检查计划；

③根据检查计划对安全隐患点和风险源及时进行巡检和排查；

④对不合格或存在安全隐患的检查点进行整改、标记；

⑤通过“穿透式”追溯查询，对标记点进行整改和反馈；

⑥对整改过程和数据结果进行归档闭环。

其中，信息化管理平台中“穿透式”安全管理应用要点如下：

(1)安全资料管理

安全资料管理流程如图 4-10 所示。

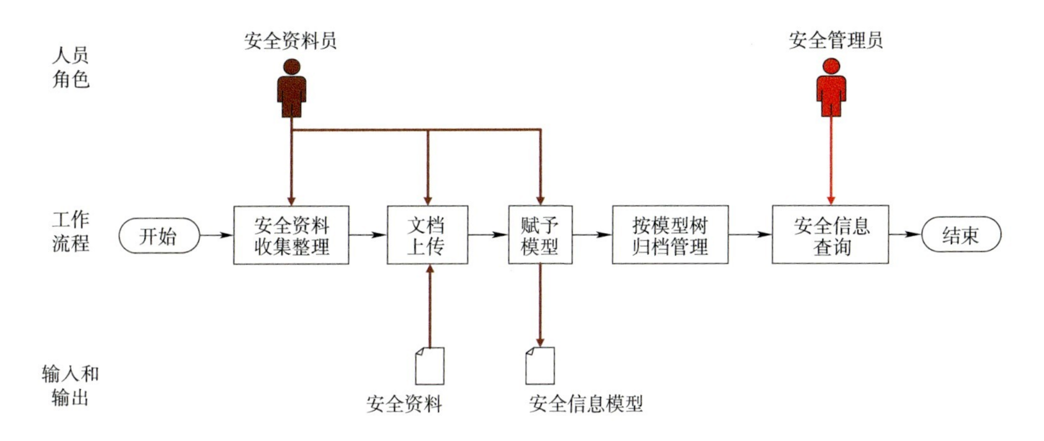

图4-10　安全资料管理流程

具体应用的控制要点包括：

①安全资料应包括安全交底、巡检记录、安全专项方案等文档。

②将某工程结构部位的安全资料文档关联至对应的模型构件，生成安全信息模型，便于通过模型“穿透式”查询安全资料文档。

③按照模型树对安全资料进行归档管理，使安全资料归档结构分解与工程结构分解一致，便于集成统一管理。

安全管理平台界面如图4-11所示。

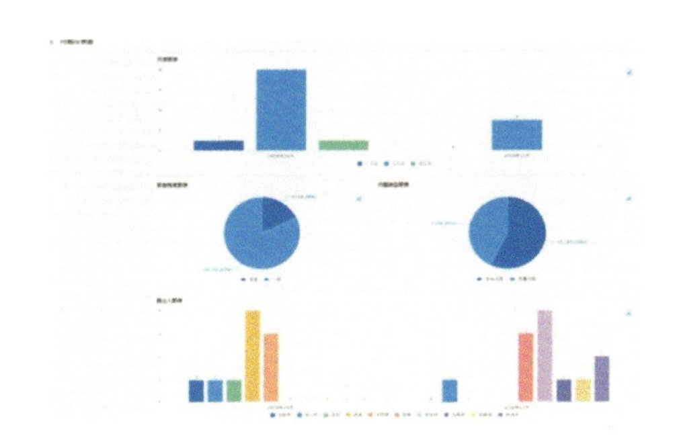

图4-11　安全管理平台界面

(2)现场安全管理

现场安全管理的主要内容包括现场安全巡检、安全问题采集、短信推送、问题处理与整改闭合等整个业务数据流。现场安全管理流程如图4-12所示。虚拟现实(Virtual Reality，简称VR)安全体验馆如图4-13所示。

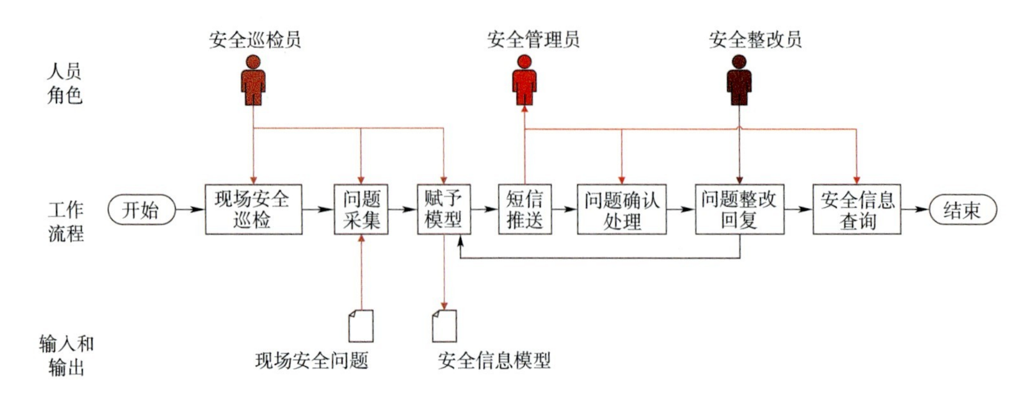

图 4-12　现场安全管理流程

图 4-13　VR 安全体验馆

具体应用的控制要点包括：

①现场安全检查人员在巡视检查过程中，利用手机端实时采集、推送发现的安全问题，包括人员安全问题、设备安全问题、安全隐患等。

②将现场某工程部位的安全问题赋予对应的模型构件，生成安全信息模型，便于通过模型“穿透式”查询现场安全问题信息。

③采用手机短信推送方式的跨平台信息协同的有效机制，实现从安全问题采集到问题确认处理、整改闭合的业务数据流。

④通过安全信息模型，项目管理人员可协同获取现场安全信息，便于现场安全管理与隐患处理。

⑤利用BIM模型，将施工现场的场景集成到VR设备中，在容易发生危险的部位进行标识，告知现场人员在此处施工的过程中应该注意的问题，安全员在指导现场施工时，可查看模型上对应的现场位置，对现场的施工人员操作不合理的地方进行调整，避免安全事故的发生。将安全施工方式进行视频模拟，用于警示教育。

⑥安全员进行现场安全检查，对照模型进行危险源检查，发现安全问题通过移动端拍照、录音和文字记录等方式与模型MBS相关联，并上传至BIM管控平台，安全总监在BIM管控平台上做出批示。在施工时，安全员根据批示，找到指定模型位置，在现场指挥整改，并将整改情况再次上传至BIM管控平台，实现安全问题的过程控制。

3)“穿透式”质量管理

工程施工质量管理贯穿于施工全过程的所有工序。由于整个施工过程中的工序较多，各分部、分项工程的各工序都有不同个技术要求和工艺要求，并且由不同的班组操作和实施，传统的质量管理与控制、验收交接和技术交底都是由人工操作和手工记录，疏漏和人为偏差在所难免，易形成质量隐患，甚至酿成质量安全事故。

以BIM和物联网技术为特征的质量管理将彻底改变传统的工程建设管理模式。利用信息技术将施工过程中涉及的“人、机、料、法、环”等全部要素相关信息，采集并整合在一个工作平台上，形成一个虚拟的、智能化的生产流水线，使生产的全过程都处于受控制的状态，从而大幅度提升施工全过程管理控制的有效性，提高施工质量管理水平，为“穿透式”质量管理提供基础。其流程如下：

①根据项目工程重点和难点，集成信息化管理模型，分析质量控制要点，形成相应的标记；

②制订年、季、月等质量控制计划；

③根据检查计划对质量控制要点进行质量检查；

④对不合格或存在质量问题的检查点进行整改、标记；

⑤通过“穿透式”追溯查询，对标记点进行整改和反馈；

⑥对整改过程和数据结果进行归档闭环。

其中，信息化管理平台中“穿透式”质量管理应用要点如下：

(1)质量资料管理

质量资料管理流程、模块分别如图4-14、图4-15所示。

具体应用的控制要点包括：

①质量资料应包括检验批、施工记录、试验报告、质检报告等文档。

②将工程结构部位的质量资料文档关联至对应的模型构件，生成质量信息模

型,便于通过模型"穿透式"查询质量资料文档。

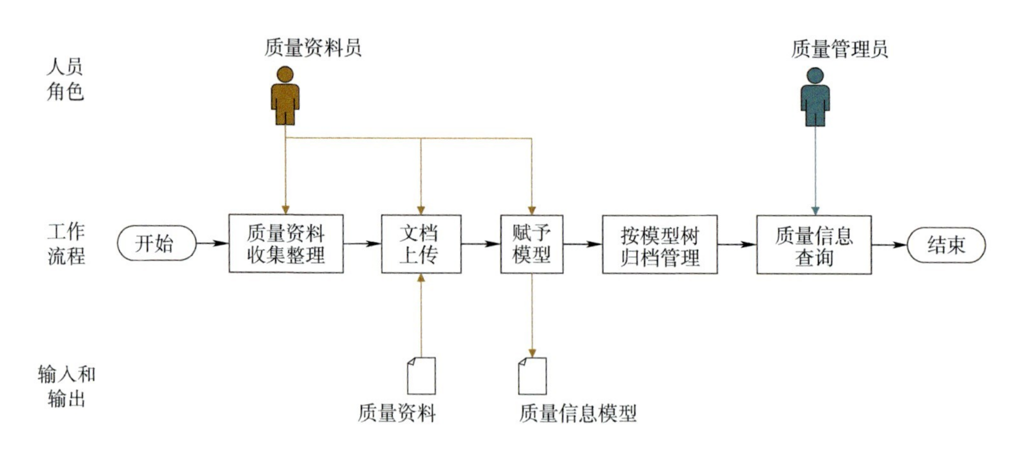

图 4-14　质量资料管理流程

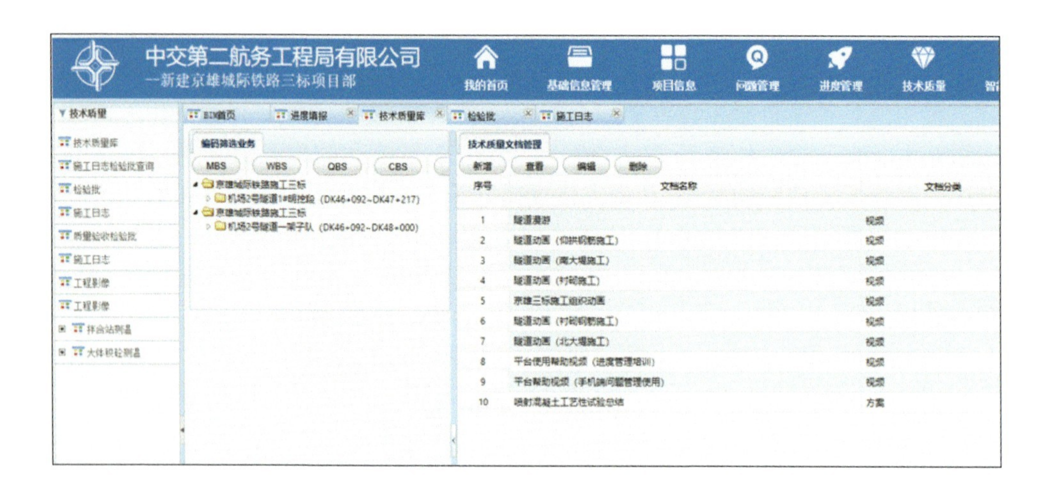

图 4-15　质量资料管理模块

③按照模型树对质量资料进行归档管理,使得质量资料归档结构分解与工程结构分解一致,便于集成统一管理。

(2)现场质量管理

现场质量管理的主要内容包括现场质量巡检、质量问题采集、短信推送、问题处理与整改闭合等整个业务数据流。现场质量管理流程如图 4-16 所示。

具体应用的控制要点包括:

①现场质检人员在巡检过程中,利用手机端实时采集、推送发现的质量问题,包括质量缺陷、质量通病、质量隐患等。

②将现场某工程部位的质量问题赋予对应的模型构件,生成质量信息模型,便于通过模型“穿透式”查询现场质量问题信息。

③采用手机短信推送方式的跨平台信息协同的有效机制,实现从质量问题采集到问题确认处理、整改闭合的业务数据流。

线上质量验收流程如图4-17所示。

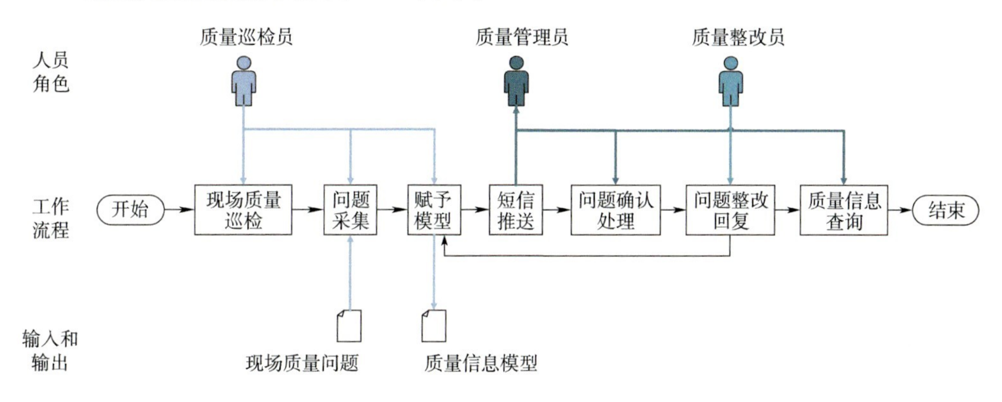

图4-16　现场质量管理流程

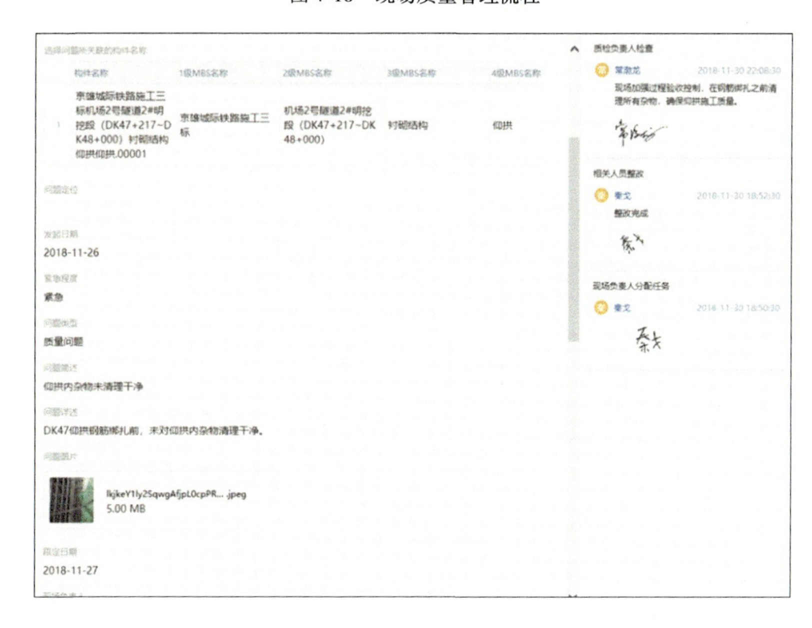

图4-17　线上质量验收流程

通过质量信息模型,项目管理人员可协同获取现场质量信息,便于现场质量管理与隐患处理。

4)“穿透式”成本管理

成本控制是指以成本为控制手段,通过制订成本总水平指标值、可比产品成本降低率以及成本中心控制成本的责任等,达到对经济活动实施有效控制目的的一系列管理活动与过程。成本控制是企业根据一定时期预先建立的成本管理目标,由成本控制主体在其职权范围内,在生产耗费发生以前和成本控制过程中,对各种影响成本的因素和条件采取的一系列预防和调节措施,以保证成本管理目标实现的管理行为。

随着信息技术的飞速发展,互联网、云计算、大数据技术已开始深入应用到工程建设领域,特别是对于工程成本管理,信息化管理平台起到了关键作用,进而实现“穿透式”成本管理。打破了以往由于信息不对称而导致的交易成本费用高、工程采购成本不真实、实际工程量偏离、生产过程动态管理效率低等弊端。其流程如下:

①集成信息化管理模型,输出工程量理论值;

②自动化采集实际工程量和形象进度实际工程量数据;

③对理论值和实际值进行自动对比;

④偏差分析;

⑤“穿透式”追踪查询偏差点和原因;

⑥进行辅助决策和过程数据自动总结、归档。

其中,信息化管理平台中“穿透式”成本管理应用要点如下:

成本管理的主要内容包括核实工程清单、工程计量、资金计划等业务数据流。成本管理流程、模块分别如图4-18、图4-19所示。

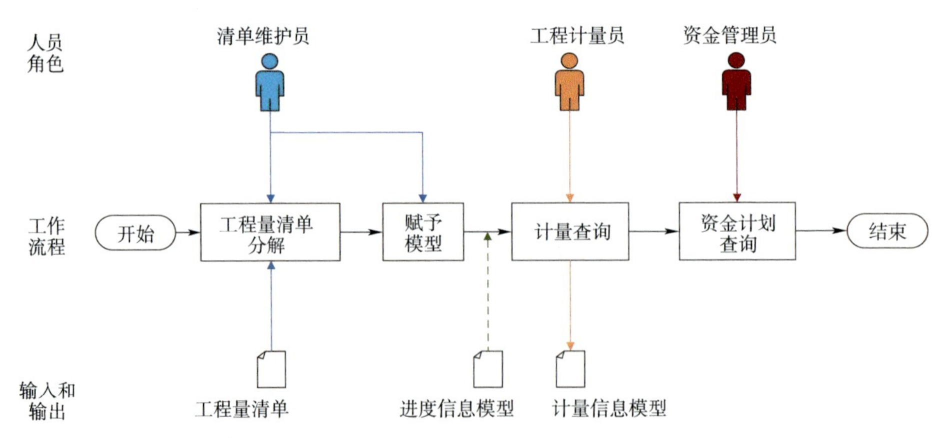

图4-18 成本管理流程

图 4-19　成本管理模块

具体应用的控制要点包括：

①将工程清单的工程量内容按照子目明细进行结构分解，并关联至相应的模型构件范围，从而赋予模型工程量及费用信息。

②在进度信息模型的实际进度数据驱动下，利用模型的工程清单数据，生成工程计量模型，自动统计出每月或累计的工程量曲线，实现工程计量模型化。

③在工程计量模型化基础上，在计划施工进度的时间轴驱动下，自动统计出每月或累计的资金计划与实际曲线，实现资金计划模型化。

④将物料信息和 BIM 模型进行关联，可以有效控制成本，将预算中的成本信息提前录入系统，施工人员每天根据实际消耗的材料费用、人工费用等录入系统，可以有效对比成本的损耗情况。

5）“穿透式”环境管理

项目环境管理是指通过采取相关措施控制污染源对周围环境的影响，保护环境。在建设项目施工过程中进行环境风险识别，可有效控制环境风险，确保项目全过程安全施工。应遵守我国国家和地方有关法律法规和建设行业具体要求，采取有效的措施控制施工现场的粉尘、固体垃圾、噪声、车辆、振动等环境损害因素，减少建筑施工对周围大气、噪声、水、固体废弃物、土壤等方面的污染。

（1）环境监测

环境管理的驱动源头依赖于对施工现场环境监测信息的获取。用无线传感器技术、激光粉尘测试设备和户外噪声扬尘监测仪(图4-20),实时监测PM2.5[1]、PM10、PM1.0、TSP[2]、噪声、环境温度、环境湿度、风速、风向等环境因子,并通过通用分组无线服务技术(General Packet Radio Service,简称GPRS)、无线保真(Wireless Fidelity,简称WiFi)技术、专线网络传输数据直接上传到监测后台。

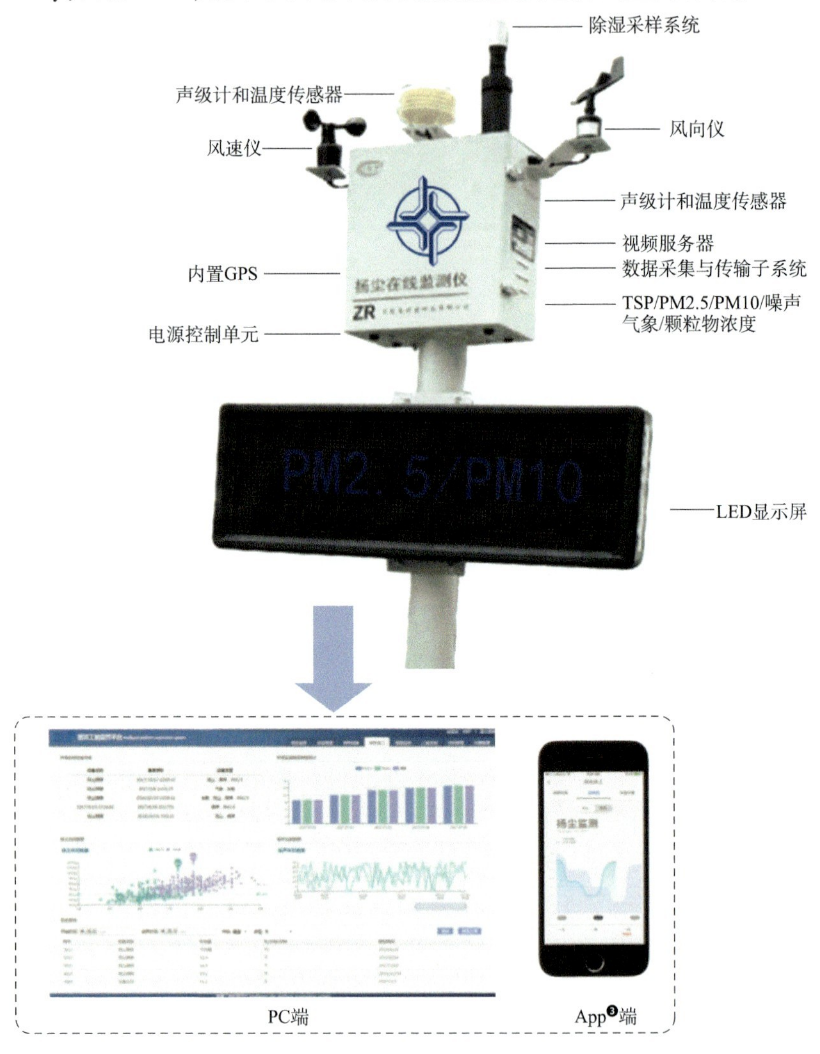

图4-20　环境监测设备

[1] PM2.5是指大气中空气动力学当量直径小于或等于2.5μm的颗粒物,是Particulate Matter的英文简称。

[2] TSP是指总悬浮粒子,是Total Suspended Particulate的英文简称。

[3] App是指应用程序,是Application的英文简称。

（2）报警管理

设定报警管理，超限后向指定的手机上或者监测平台上发送信息，及时预警，提高实时监测的有效性。

（3）系统对接

提供决策依据，可直接接入环保局、建委、城管局等单位的监管平台，实现数据存储管理，对监测点的数据进行图形展示、曲线分析、超限超标报警统计等，为监管部门提供依据。同时，现场环境监测信息可与智能喷淋除尘系统（图4-21）等形成联动，系统内设置扬尘阈值，超过阈值后可自动触发电磁阀启动喷淋装置，系统App可远程控制喷雾启动与关闭，并能实时统计用水量和累计用水量。

图4-21　智能喷淋除尘系统

4.2 自动化数据采集

4.2.1 概述

传统的数据采集需要花费大量的人力、物力，并且准确性和实效性难以保证。为减少人为干预，自动化数据收集手段显得尤为重要。

运用无线通信技术、传感器技术、地理信息技术、计算机网络技术与信息化管理平台深度融合，对工程项目生产管理全过程的数据进行自动化采集。

智慧工地建设方案主要通过手机、Pad 等移动终端，摄像头、物联网等智能传感设备，海事、气象、公安等数据库共享形式的数据服务，进行数据的自动化采集，实现对现场人员、材料、机械设备的“穿透式”管理，如图 4-22 所示。

4.2.2 人员数据自动化采集

人员管理是工程项目现场管理的核心。通过自动采集施工现场人员的活动、状态、位置等基础数据，实现施工现场人员的“穿透式”管理。主要从实名制、考勤、薪酬、教育培训、交底活动、技能提升、评价激励等方面对现场作业人员从进场、过程监督到退场全过程的数据采集、智能分析、智能预警、智能管控，在解决现场人员“管理难”各项痛点的同时，形成用工大数据储备，为项目生产、经营和管理提供大数据支撑。

人员数据自动化采集方法有：

(1)智能手环

定位手环运动监测功能通过重力加速传感器实现。传感器通过判断人运动的动作得到一些基础数据，再结合用户之前输入的个人身体体征的基本信息，根据一些特定算法，得到针对个人的个性化监测数据，诸如运动步数、距离以及消耗的卡路里等。定位手环中的全球定位系统(Global Position System，简称 GPS)会与手机、平台连接，定位具体位置。

(2)GPS + 手机人脸识别

现场人员通过手机 App，用摄像头对准自己，平台将对比摄像头中的人脸和身份证库中的照片，并对比手机 GPS 位置和项目预设地理位置。现场作业人员没有智能手机时，班组长通过手机 App 对其所属现场作业人员进行人脸考勤(图 4-23)。

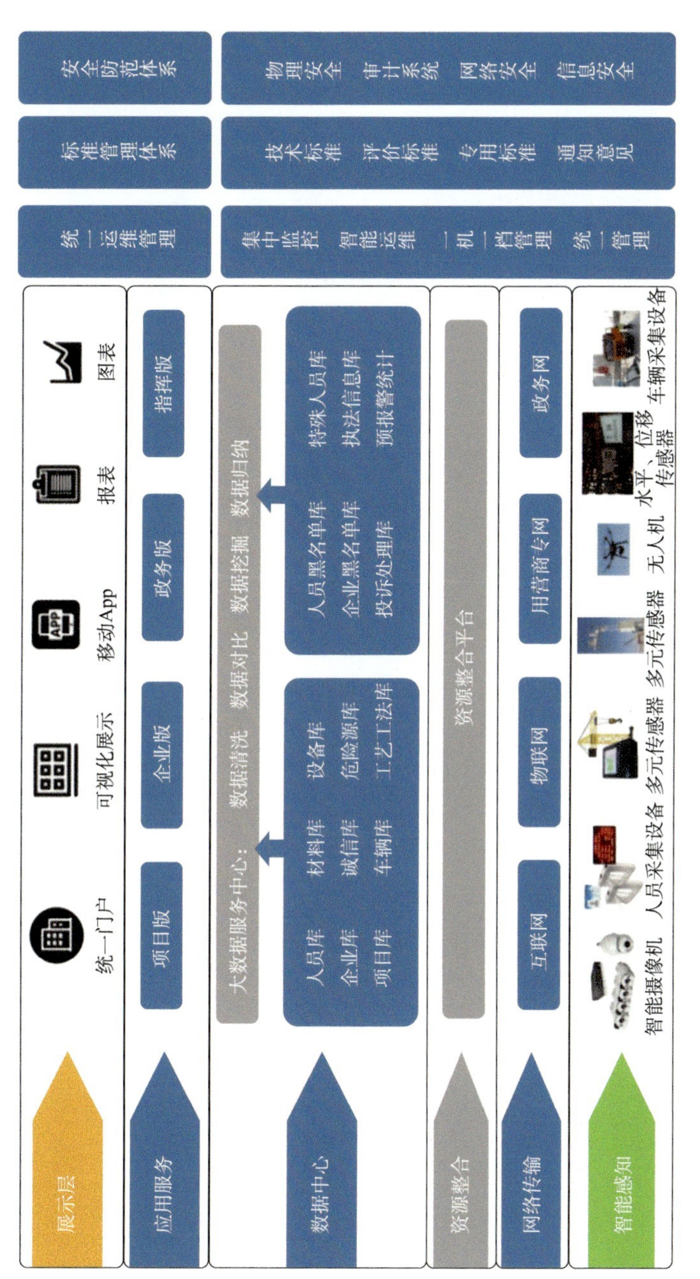

图4-22　智慧工地建设方案的逻辑架构

图 4-23　人脸识别及考勤管理

(3)电子围栏＋芯片

施工区域部署位置标签,工人佩戴低功耗芯片的安全帽或手环,实时显示现场人员的地理位置变化;当采用内置芯片的安全帽进行定位考勤时,分为低配置与高配置两种。低配置安全帽只具备定位功能,高配置安全帽除定位外还具有脱帽监测、语音通告、一键求救等功能。

(4)安全帽型 GPS/北斗定位终端

安全帽定位通过无线通信技术、传感器技术、地理信息技术、计算机网络技术等物联网相关技术,实现对佩戴者实时数据采集,智能统计分析,将人员位置信息上传至平台,管理人员可在中心操作计算机,实现对现场人员的调度和定位。同时结合电子地图系统(基于 GIS 系统)显示所有用户的实时定位信息及其当前状态情况,并将信息保存到数据库,供日后查询。

高精度人员定位系统示意如图 4-24 所示。

(5)指纹识别

指纹识别是把现场采集到的指纹同指纹数据库中的指纹逐一进行对比,从中找出与现场相匹配的指纹,实现每个施工现场人员的个人身份证明、个人工作业绩、个人劳动合同或聘用合同、个人历史录用情况等依法登记的其他有关个人身份基本信息情况人证相符、身份确凿、信息真实。

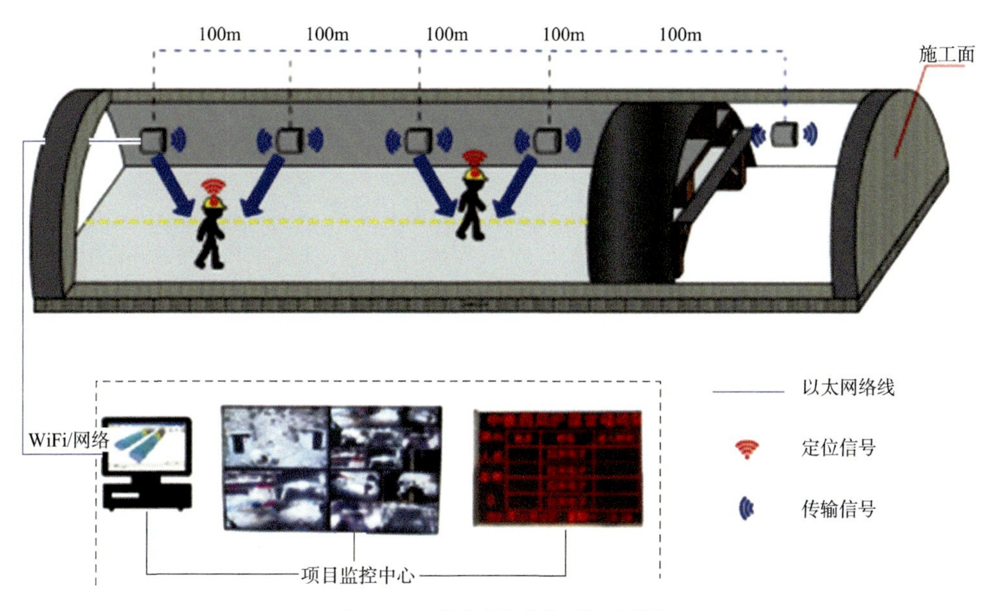

图4-24 高精度人员定位系统示意图

4.2.3 材料数据自动化采集

材料管理是工程项目施工现场管理的重要部分,“穿透式”工程管理对材料数据的自动化采集尤为重要。通过无人值守智能称重系统、自动点数仪、自动复检仪、二维码、射频识别技术(Radio Frequency Identification,简称RFID)、基于人工智能(Artificial Intelligent,简称AI)的图像识别、数据服务等采集手段,实现对材料的质量、重量、数量、规格型号、运行状态等方面数据的自动化采集。

(1)无人值守智能称重系统

无人值守智能称重系统(图4-25),将原来粗犷、繁杂的人工称重管理工作变得高效、简单、便捷。该系统采用开放型接口协议设计,实现国内外各种电子地磅汽车衡仪表和信息化管理平台系统的无缝集成,不但可以完成物料收发的称重防作弊功能,而且实现了对生产、合同管理、港口管理、运费结算、财务统计、进销存、资产、设备、化验等的集成化管理。

采用长距离蓝牙自动识别子系统,电子车牌识别距离达15m以上,可自动识别过衡车辆的车牌号、车型、车主、运输单位等各项信息,并判断其过衡合法性。同时采用智能化的防皮重作弊手段,对车辆皮重采用智能化判断,有效防止在皮重环节作弊的可能。在称重的整个过程中,做到计量数据自动可靠采集、自动判别、自动指挥、自动处理、自动控制,最大限度地降低人工操作所带来的弊端和工作强度,提高了系统的信息化、自动化程度。无人值守智能称重系统主要用于对钢筋、混凝土原材料等物资数据采集。

图 4-25　无人值守智能称重系统

(2)自动点数仪

自动点数仪通过基于 AI 的图像识别技术，主要对产品数量控制(自由数点数、定量点数、快速点数、分组点数等)、对产品投放控制(自由投放、定量投放、限时投放、信号控制投放、多页投放)的数据进行自动采集，并且与信息化管理平台互联，告别传统的人工现场点数、投放的时代。自动点数仪主要用于钢筋端部点数(图 4-26)。

(3)二维码

作为智慧工地的一部分，通过二维码追溯质量系统严格把控管理，对进出场的每一批原材料、每一件产品都可以通过扫码二维码，追溯全程追踪生产信息和原料信息，做到精益化生产管理。

图4-26　钢筋自动点数

从原材料入库开始,根据原料名称、物料类型、炉批号、批次等相关信息生成二维码,提前在产品标识卡上在线印刷好二维码,也可生成空白二维码。使用手机扫码功能办理原材料入库,录入原料编码、原料名称、原料批次、重量、入库时间、质量状况等信息。扫码后录入的数据自动上传到信息化管理系统数据库,将与物料档案表自动建立关联,自动生成入库台账和来料检验记录表。二维码主要用于物料追踪溯源、管理数据采集。

现场二维码信息栏如图4-27所示。

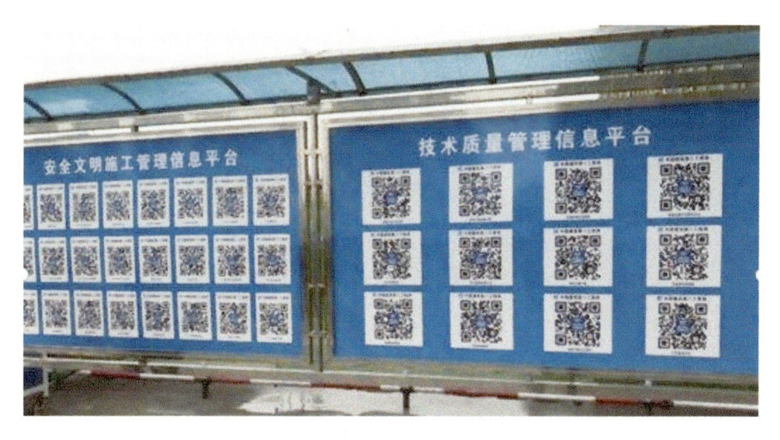

图4-27　现场二维码信息栏

(4)射频识别系统(RFID)

射频识别系统(RFID)是一种非接触式的自动识别系统,通过射频无线信号自动识别目标对象,并获取相关数据,主要由电子标签、读写器和计算机网络构成。

射频识别系统(RFID)以电子标签来标识物体,电子标签通过无线电波与读写器进行数据交换，读写器可将主机的读写命令传送到电子标签，再把电子标签返回的数据传送到主机，主机的数据交换与信息化管理系统负责完成电子标签数据信息的存储、管理和控制。主要用于物料运输物流信息追踪、仓库物料信息管理应用。

射频识别系统(RFID)如图4-28所示。

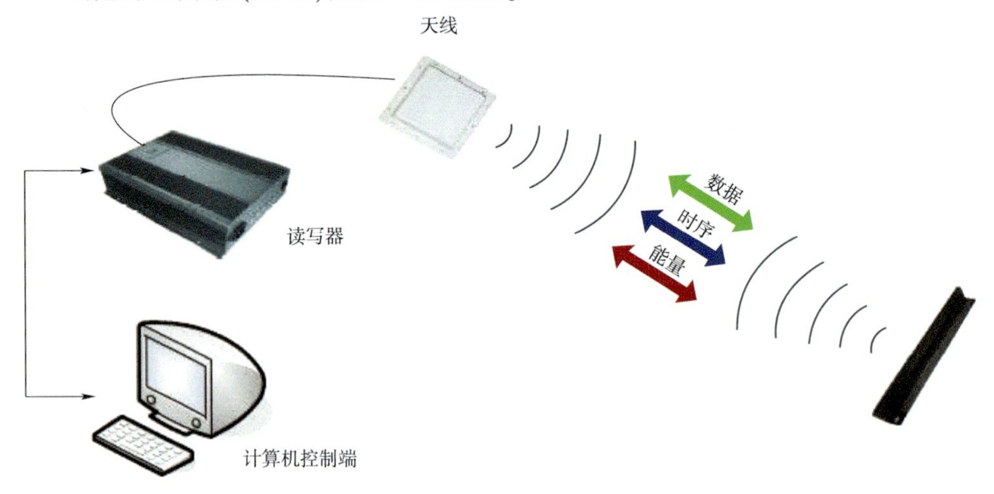

图4-28 射频识别系统(RFID)

(5)移动应用程序

施工现场管理人员，通过移动手机端App和Pad端程序，现场填报或自动采集文字、图像、影像等信息数据，并且通过网络实时传输至信息化管理系统(图4-29)。

平台App

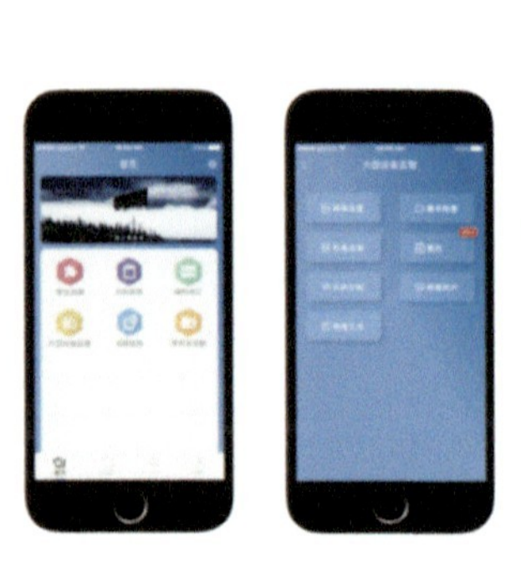

打开App即可在线查看项目基本概况，形象进度

大型设备档案、实时运行、实名上岗、工作循环一目了然

劳务实名、工人档案、安全教育、所属分包、清清楚楚

安全质量小问题，一键建群，极速通知解决

材料采购入场，材料入账单据样样清晰

绿色施工实时监测，超标预警，报警抓图，联动降尘

图4-29 App应用

(6)基于AI的图像识别

基于网络AI摄像头,对图像中的物体的特征、特性等进行捕捉和识别,通过辨识图像中的有效信息,来判断图像中的事物内容和性质。主要用于人脸信息获取、物料种类的远程识别等。

基于AI的图像识别及分析如图4-30所示。

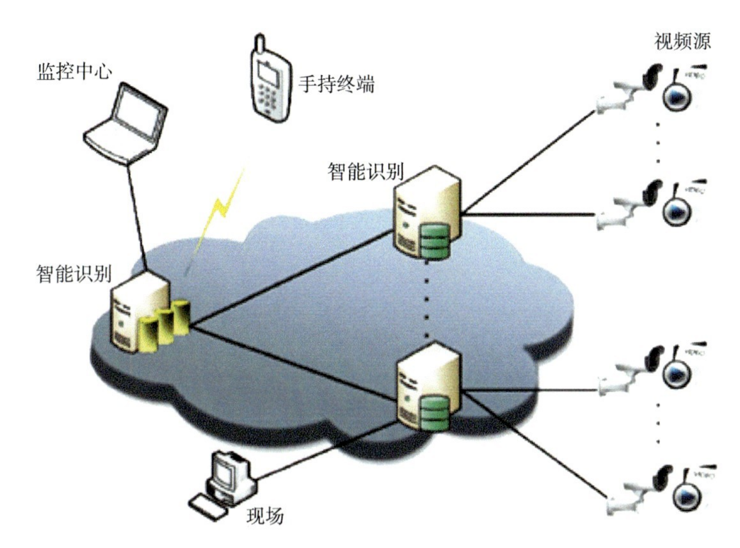

a)离散式前端解析点

b)中心视频云分析

图4-30　基于AI的图像识别及分析

(7)数据服务

①试验检测系统。

通过试验检测系统,对进场原材料抽取样品的物理特性、合格性等进行工地试验室检测,将试验检测数据通过数据服务形式,传输至信息化管理平台,同时在试验现场自动生成采样、化验原始记录、检测报告等证明文件,完成物料进场的检验与验收,为“穿透式”质量管理提供数据源。

雷达料位计如图 4-31 所示。

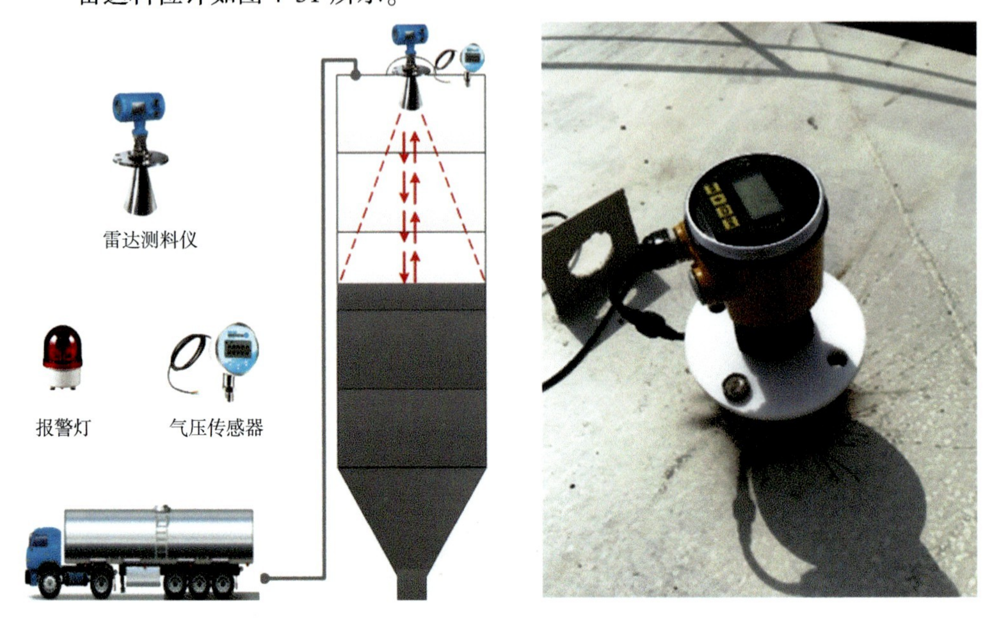

图 4-31　雷达料位计

②物流技术。

物流系统(Logistic system)是指由两个或两个以上的物流功能单元构成,以完成物流服务为目的的有机集合体。在物流系统中,通过“输入”其采购、运输、储存、流通加工、装卸、搬运、包装、销售、物流信息处理等物流环节所需的劳务、设备、材料、资源等要素信息。对于项目采购的物资,可通过数据服务方式,将物流信息自动传输至信息化管理平台,实现工程项目物资设备的“穿透式”跟踪管理。

4.2.4　机械设备数据自动化采集

作为生产力要素的主要工具,机械设备在工程施工现场扮演着不可或缺的角色。通过二维码、物联网、采集终端等方式自动获取设备的规格型号、位置坐标、油耗及运行状态等信息数据。

(1)设备规格型号采集

将机械设备规格型号,集成形成二维码或 RFID 标识码,设备进场后,工程项目设备管理人员通过扫描二维码或 RFID 标识码,自动采集机械设备规格型号等信息数据。主要包含设备规格、生产日期、生产厂家、重量等基本参数信息。

(2)设备位置坐标采集

室外机械设备定位方式一般采用移动GPS、北斗卫星、基站等多种定位模式，可单线定位，双线定位或多线定位，实时获取机械设备的实时位置坐标信息。其中：

基站定位：通过上报设备周边基站信息，服务器查表、解析并返回定位结果，可采用单基站定位和多基站定位。

GPS定位：将GPS接收机接收到的信号经过误差处理后解算得到位置信息，再将位置信息传给所连接的设备，连接设备对该信息进行一定的计算和变换(如地图投影变换、坐标系统的变换等)后传递给移动终端。

北斗定位：将北斗定位终端(用户接收机)安装的机械设备上，通过测量出已知位置的卫星到用户接收机之间的距离，综合多颗卫星的数据就可确定接收机的具体位置(图4-32)。

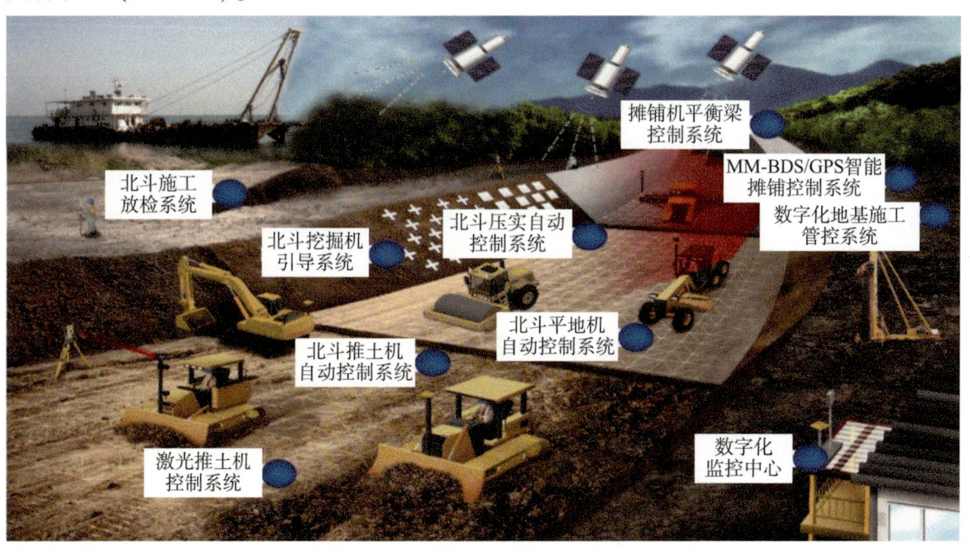

图4-32　基于北斗的定位技术

差分定位：应用卫星+结合基准站的数据进行定位的一种方式，一般为多星定位。

(3)设备油耗监测

机械设备油耗监测，一般通过油位传感器、液面传感器等物联传感器，利用油进入容器后引起传感器壳体和感应电极之间电容量的变化，并将此变化转变为电流变化而检测油在容器内位置(高度)，反算出油量实时变化，从而自动采集获取油耗信息数据。

车辆油耗统计曲线如图 4-33 所示。

图 4-33　车辆油耗统计曲线图

(4)设备状态监测

基于位移(电涡流)传感器、加速度(压电式)传感器、转速(磁电式)传感器、温度(热电阻/热电偶)传感器等多种物联网传感器，实时监测机械设备的位移、加速度/速度、转速、温度等信息数据，从而对机械设备的状态进行分析与判断；或通过监测机械设备开关的开合情况，实时采集设备运行与停止状态信息。

车辆状态监测如图 4-34 所示。

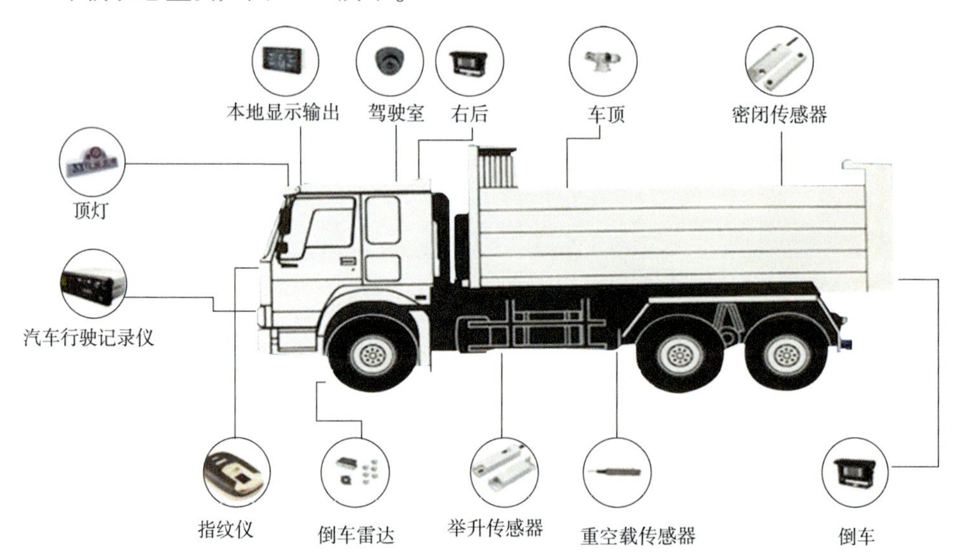

图 4-34　车辆状态监测

4.3　数据传递与共享

数据传递应基于统一的信息共享和传递方式,应保证数据传递的准确性、完整性和有效性。数据传递的准确性是指数据在传递过程中不发生歧义,完整性是指数据在传递过程中不发生丢失,有效性是指数据在传递过程中不发生失效。

(1)BIM 技术

BIM 技术作为一种描述工程设施的数字化技术,为工程信息集成及共享提供了条件,借助 BIM 工具及方法论,可实现与构筑物关联的信息集成、共享及传递,施工信息模型承载了工程产品设计信息、施工过程信息。

模型数据传递必须基于统一的数据存储要求及模型数据要求。为了保证数据传递的准确性、完整性和有效性,数据的存储及访问需要有统一的数据存储标准、信息语义标准及信息传输途径。

(2)项目级数据标准

数据库主要用于存放施工过程中的非工程产品信息,如人员管理、监控监测、周边环境、机械设备等施工过程信息。工程建设过程中,随着项目推进,产出数据的来源纷繁芜杂,数据在孤岛式的存储库中各自为政、难以管理。为杂乱无章的数据营造数据海洋、简化文件复制过程、消除无用数据副本,显得尤为重要。通过建立项目级数据标准,实现单一数据来源,增加数据共享范围,提高信息利用率。

数据标准是项目建立的一套符合自身实际,涵盖定义、操作、应用多层次数据的标准化体系。它包括基础标准和指标标准(或称为应用标准)。与数据治理的其他核心领域有一定的交叉,比如元数据标准、数据交换和传输标准、数据质量标准等。项目级数据标准一般以企业级数据标准为基础,结合项目本身实际情况对数据进行规范化,一般包括格式、编码规则、字典值等内容。良好的数据标准体系有助于商业银行数据的共享、交互和应用,可以减少不同系统间数据转换的工作。数据标准主要由业务定义、技术定义和管理信息三部分构成。

①业务定义。

业务定义主要是明确标准所属的业务主题以及标准的业务概念,包括业务使用上的规则以及标准的相关来源等。对于代码类标准,还会进一步明确编码规则以及相关的代码内容,以达到定义统一、口径统一、名称统一、参照统一以及来源统一的目的,进而形成一套一致、规范、开放和共享的业务标准数据。

②技术定义。

技术定义是指描述数据类型、数据格式、数据长度以及来源系统等技术属性,从而能够对信息系统的建设和使用提供指导和约束。

③管理信息。

管理信息是指明确标准的所有者、管理人员、使用部门等内容,从而使数据标准的管理和维护工作有明确的责任主体,以保障数据标准能够持续地更新和改进。

4.3.1 数据存储标准

数据存储标准是数据的存储格式以及存取规范,其目的是解决如何共享信息。数据存储标准基于 IFC、STEP、XML、Web 服务等制定。

数据格式分为两类,一类是以存储工程实体数据的 BIM 方法论。BIM 数据的逻辑及物理组织方式。数据存储标准采用 IFC 和 ifcXML 作为数据格式。IFC 使用 EXPESS 语言描述数据模型,以 STEP Part21 作为文件编码方式,以扩展名 *.ifc 格式保存;ifcXML 以 XML Schema 描述数据模型,ifcXML 作为文件编码格式,以扩展名 *.xml 格式文件保存。第二类是以数据库为存储中心的关系数据库管理系统(RDBMS)。在关系型数据库中,通过制定数据表,结构化地存放工程数据,将各种表之间的关系定义关系模型,能够检索不同表间的相关信息。结合结构化查询语言(SQL)的检索、插入、修改、删除功能,可有效搭建项目级数据中心。

4.3.2 信息语义标准

(1)元数据管理

通过数据标准的管理,可以提升数据的合法性、合规性,进一步提升数据质量,减少数据生产问题;在元数据管理的基础上,可进行数据生命周期管理,有效控制在线数据规模,提高生产数据访问效率,减少系统资源浪费;通过元数据和数据模型管理,将表、文件等数据资源按主题进行分类,可明确相关数据的主数据源归属、数据分布情况,有效实施数据分布的规划和治理。

元数据分为业务元数据、技术元数据和操作元数据,三者之间关系紧密。业务元数据指导技术元数据,技术元数据以业务元数据为参考进行设计,操作元数据为两者的管理提供支撑。

①业务元数据。业务元数据是定义和业务相关数据的信息,用于辅助定位、理

解及访问业务信息。业务元数据的范围主要包括:业务指标、业务规则、数据质量规则、专业术语、数据标准、概念数据模型、实体/属性、逻辑数据模型等。

②技术元数据。它可以分成结构性技术元数据和关联性技术元数据。结构性技术元数据提供了在信息技术的基础架构中对数据的说明,如数据的存放位置、数据的存储类型、数据的血缘关系等。关联性技术元数据描述了数据之间的关联和数据在信息技术环境之中的流转情况。技术元数据的范围主要包括:技术规则(计算/统计/转换/汇总)、数据质量规则技术描述、字段、衍生字段、事实/维度、统计指标、表/视图/文件/接口、报表/多维分析、数据库/视图组/文件组/接口组、源代码/程序、系统、软件、硬件等。技术元数据一般以已有的业务元数据作为参考而设计的。

③操作元数据。主要指与元数据管理相关的组织、岗位、职责、流程,以及系统日常运行产生的操作数据。操作元数据管理的内容主要包括:与元数据管理相关的组织、岗位、职责、流程、项目、版本,以及系统生产运行中的操作记录,如运行记录、应用程序、运行作业。

(2)信息语义标准(BIM)

信息语义标准即BIM所引用的信息数据字典及其分类编码体系,其目的是解决语义的共享问题。只有对信息的语义进行一致的定义与分类,才能将符合数据存储标准的数据映射为信息。信息语义的规范与分类编码是建筑信息标准化的基础工作,它不仅可被BIM系统使用,同样也可在人员、文档图形等形式的信息交换过程中所应用,使得相关信息能一致、无歧义地理解。

4.3.3　信息传输途径

信息传输途径所涉及的技术包含数据库技术、中间件技术、微服务技术。①数据库技术:数据库AI能够对文件具有共享性、并发性、安全性,并允许有分布式的、异构的应用系统方位和修改,从而成为BIM系统操作的重要技术支撑。②中间件技术:实现不同技术平台、不同领域的BIM软件之间的互操作,以及BIM与其他软件如ERP、BLM、电子商务系统间集成。③微服务技术:将应用程序内的功能尽可能细分,并将每个细小的功能作为一个独立的服务。每个服务进行协调与配合,实现同一平台内模块间的信息传递。

(1)微服务概念

所谓微服务,就是将应用程序内的功能尽可能细分,并将每个细小的功能作为一个独立的服务。每个微小的服务间通常使用HTTP/API的方式进行通信,而且它们都专注于具体的业务功能,拥有完善的模块边界,可以独立部署。每个服务进行协调与配合,最终为用户提供相应的功能。

(2)微服务架构的特点

复杂度可控:微服务让应用被分解为多个可管理的分支或服务,通过微服务架构模式,让复杂的功能通过模块化的方式呈现出来,每个服务只关注一个业务功能,让服务更容易开发和维护。

灵活可扩展:微服务架构是松耦合的架构模式,是每个服务独立扩展,每个服务可以实现单独的增减功能,使整体变得非常灵活。

独立部署:微服务有独立的运行过程,每个微服务可以独立部署。使用相同的部署环境可以实现批量、快速地部署微服务。

(3)关键技术

RESTful API:可以通过统一的接口为不同的客户端例如 Web、App 提供统一的服务接口。

Spring Boot:目前广泛应用于微服务,实现简洁地开发某个庞大系统中的某个单个服务。

4.4 智能化管理决策

通过自动化数据的采集、传递与共享,信息化管理平台对数据进行分析和集成,“穿透式”管理技术基本上能够辅助人工进行智能决策。随着科技的不断发展和更新,智能化管理决策将有望实现。

(1)智能决策大脑

智能决策的工程项目大脑是实现项目智能化管理的“神经中枢”,它以数据流动自动化,化解复杂系统的不确定性,实现工程项目资源优化配置,支撑工程项目的智能决策与服务。具体而言,它通过部署物联网设备和现场作业各类应用系统实现对项目生产对象全过程、全要素进行感知与识别;它通过数据、算法和算力赋能,可以描述项目发生什么,诊断为什么会发生,预测将会发生什么,决策该怎么办;它以优化资源、优化配置效率为目的,提供模拟推演、智能调度、风险防控、智能决策等智能化服务。

智能决策大脑的建设需要经历感知、控制、优化、自治 4 个阶段。在感知阶段,通过物联设备可以自动感知工程项目各类信息,需要人为干预做出决策控制;在控制阶段,对感知的数据设置一定的执行规范和运行逻辑,可以实现对项目关键环节的有效控制,能够完成预警、控制等管理;在优化阶段,随着对业务的深入理解、数据的海量积累、计算能力的提升,对获取的感知数据进行快速分析,形成结合目前现状的优化方案,提供管理决策选择;当数据、算法、算力积累到一定临界点以后,将进入自治阶段,这个阶段项目大脑能够实时依据现场采集的数据做出智能决策。

(2)智能调度

通过云端的项目管理大脑能够推演出最优化的施工方案和生产计划,并智能调度工厂生产和施工现场的人员、机械、设备进行高效作业。将建造方案、工艺工法标准、建造条件等数据输入工程项目大脑,依据这些数据将智能生成项目建造方案。依据生成的工序及任务流程,实现向工厂下达生产任务,对物流配送、资源调度、生产调配进行实时智能指导,通过对各资源组织的实时感知,持续优化项目调度组织。

第5章　“穿透式”管理的组织与实施

5.1　“穿透式”技术质量管理

由于项目管理的程序越来越多，链条越来越长，项目部与公司各部门之间、项目部与作业队伍之间，即管理层与操作层之间，总会存在一道有形无形的“墙”和“门”，如果这道“墙”和“门”不打通，就无法做到“穿透式”管理，工程项目便会存在技术、质量、安全等风险。“穿透式”管理就是要打破管理和操作之间的壁垒，让操作和管理之间高度融合。

作业队伍是工程项目的直接实施者，通过信息化手段将作业队伍的技术质量管理工作一并纳入公司各级总部和项目部的技术管理工作内容之中，加强项目全过程全层级的技术质量管控，才能实现真正意义上的工程项目提质增效。

通过质量管理信息化系统建立起全过程监控、由点到面、从下至上的一体化管理平台，通过系统的数据采集、分析和结果信息推送的功能，真实记录项目部施工质量管控信息，促进各级管理人员有效落实质量责任，认真履行工序三检制，为工程质量提供有力保障，有效提升质量风险管控能力。

5.1.1　“穿透式”技术质量管理体系

(1)“穿透式”技术管理体系

“穿透式”技术管理工作实行公司、分(子)公司、项目部和作业队伍四级技术管理，公司、分(子)公司和项目部的技术管理体系建设主要包括总工程师设置及职责、技术管理机构设置、技术管理人员配备、技术管理规章制度建设等。作业队伍的技术管理内容主要包括专项施工方案、施工技术交底及技术交流与培训等。将作业队伍的技术管理工作纳入项目部的技术管理工作中，要求作业队伍在施工现场须配备技术负责人，全程参与项目专项方案的编制和讨论、施工技术交底及现场作业人员的教育培训工作。

(2)质量监督管理体系

公司实行“公司总部监督、分(子)公司管理、项目部控制”三级质量监督管理体系。公司负责制订质量管理制度及工作标准，并指导督促分(子)公司、项目部执行;分(子)公司负责执行公司质量管理制度及工作标准,制订本单位质量管理制度,并指导督促项目部执行;项目部执行公司和分(子)公司质量管理制度。建立覆盖公司和分(子)公司两级总部(简称“两级总部”)领导、职能部门和项目层级领导、职能部门、工区、关键岗位、施工班组和作业人员的质量责任制。公司、分(子)公司和项目部三级机构开展的质量管理工作主要包括:质量策划、质量验收、质量改进、质量统计、质量评定和质量创优等六个方面的业务内容,分别按照相应的职能分工及业务流程要求进行。

5.1.2 “穿透式”技术质量管理措施

为加强对项目的过程管控,通过信息化、制度化及标准化等手段,对项目的技术质量管理工作进行全过程的动态跟踪管控,实现公司、分(子)公司、项目经理部及作业队伍的“穿透式”管理,确保项目的技术质量管理工作处于可控状态。主要通过以下措施实现“穿透式”过程管控。

(1)科技质量知识库管理系统

科技质量知识库管理系统(以下简称知识库)是知识的集中统一和共享学习的平台,解决了公司、分(子)公司和项目部信息孤岛的现状。收集的知识主要包括管理文件、技术资料、质量资料、科研资料和教育培训等。

知识库实行内容全生命周期管理,按标准流程划分为五个阶段,分别为知识收集、知识分析、知识审查、知识发布和知识使用管理。

知识库管理流程如图 5-1 所示。知识库权限管理流程如图 5-2 所示。

从公司和分(子)公司,到项目部和作业队伍均可查看和学习知识库内的资料,知识库实现了“统筹、集约、高效、创新、共享”的管理目标。

(2)云会议系统

云会议系统实现了远程协同办公,提高会议效率的目的,同时也起到了降低异地会议差旅成本的作用。利用云会议系统定期组织召开项目视频例会,加强对项目技术质量管理工作的过程管控,提高技术策划、施工组织设计及专项方案编制和审批的及时性、有效性,重点管控方案执行落实情况,防范项目技术风险。同时,也可以利用云会议系统开展技术质量管理制度宣贯、专家在线答疑、专家讲座、技术质量总结交流、专项方案评审、技术专题研讨会以及技术交流与教育培训等,为项目部和作业队伍提供技术支撑,实现总部、项目部和作业队伍的“穿透式”管理与服务。

(3)方案信息化管理系统

通过方案信息化管理系统,实现从方案的策划、编制和讨论,到方案的线上审批一体化管理。

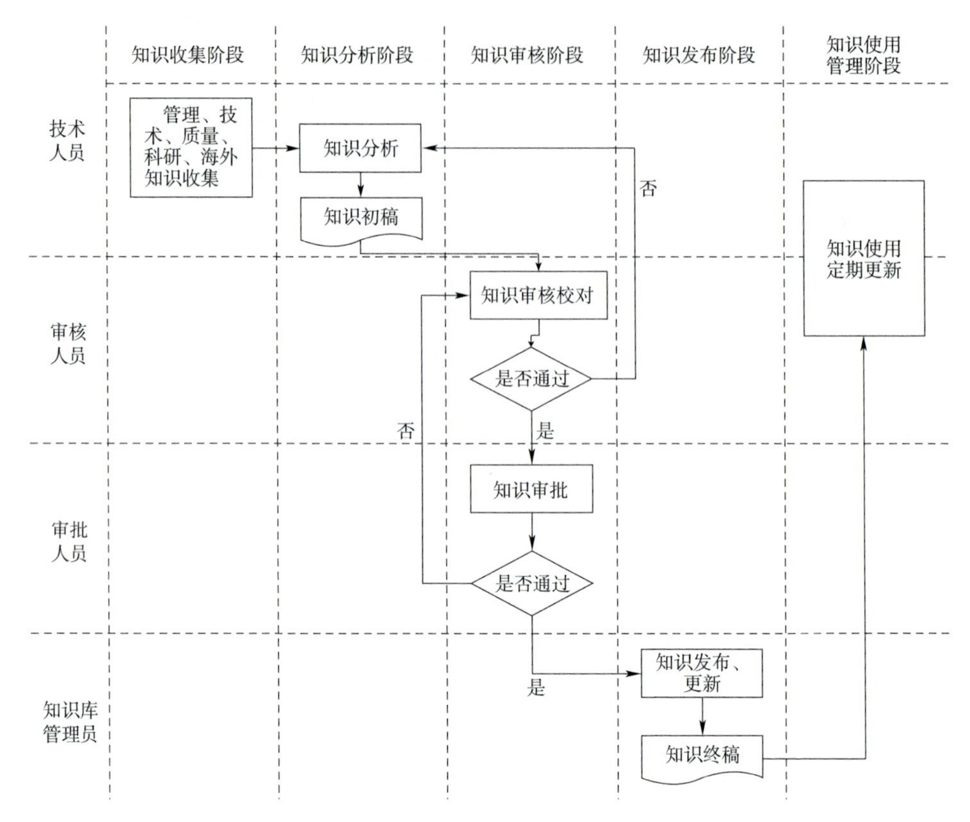

图 5-1 知识库管理流程图

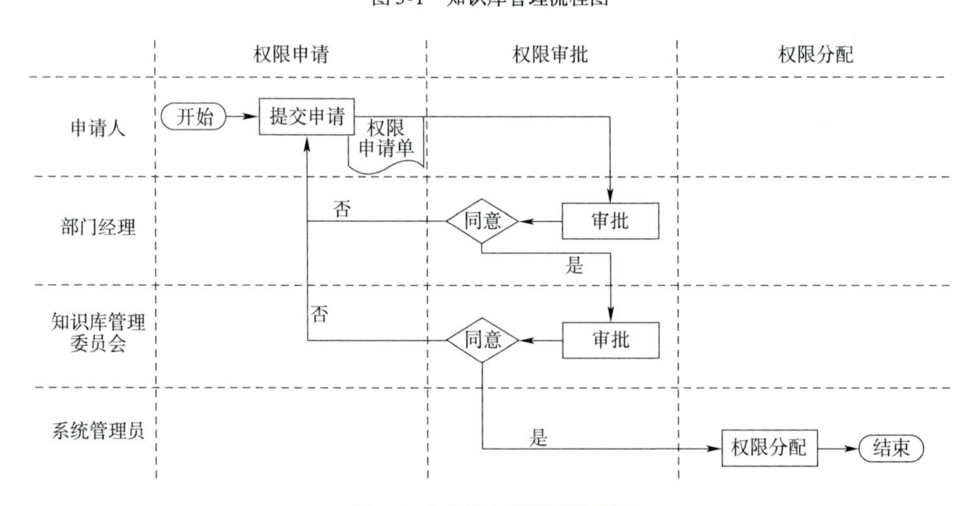

图 5-2 知识库权限管理流程图

方案的编制工作,根据项目类型和规模,公司成立方案集中编制工作小组,派驻项目所在地为项目部提供方案编制技术服务,进一步提高方案的编制质量和工作效率。方案讨论可以利用云会议系统,让作业队伍主要管理人员也参与到方案的策划、编制和讨论过程当中,充分考虑作业队伍实际作业人员、设备等资源的投入,提高方案的针对性。方案编制完成后由项目部通过方案信息化管理系统进行报审,根据方案的专业类别,公司技术方案专家库内的专家对方案提出优化建议,最后根据专家优化建议由公司技术管理部门对方案进行审批。

(4)现场信息反馈

建立由公司总部、分(子)公司、项目部和作业队伍管理人员组成的施工过程管理群,施工过程中,由技术主管对现场存在的技术质量问题和拟采取的解决措施及时反馈到施工过程管理群,各级管理部门和相关管理人员根据实际情况及时采取应对措施,实现了对项目的全过程跟踪管控和支撑。

(5)施工技术交底标准化和可视化

施工技术交底尤其是三级技术交底是决定工序施工质量的关键工作,根据项目类型,分专业实现对各关键施工工序交底书的标准化,同时利用BIM、VR等三维可视化技术将书面的交底书转化为更为生动和接受性更强的动画。通过交底标准化和可视化,提高三级技术交底的针对性和交底效果。

(6)生产全过程监控信息系统

生产全过程监控信息系统通过采集原材料、配合比、生产过程数据,运用传输、存储、统计、分析等手段,达到生产全过程监控及质量追溯的目的,确保生产和施工质量。生产全过程监控信息系统主要功能包括:原材料管理、配合比管理、生产管理、强度管理和混凝土生产数据超标报警及问题处理。原材料管理可查询不同混凝土原材料进场数量和检测结果,自动统计不同原材料进场批次、检测次数、检测频率和不合格率等;配合比管理可查询不同强度等级混凝土配合比情况,自动统计不同强度等级混凝土水胶比、胶材用量和砂率范围;生产管理可查询每盘混凝土生产数据,包括搅拌时间、方量、原材料计量偏差等。自动统计混凝土生产数量、超标数量、超标比率和处置比率等;强度管理可查询每组混凝土留样试件抗压强度试验结果。自动统计混凝土留样试件抗压强度试验次数和强度试验不合格率;生产数据超标报警和问题处理的规定如下:计量误差在±2% 至±5%以内(含5%),属于初级超标;计量误差在±5%至±10%以内(含10%),属于中级超标;计量误差在10%以上,属于高级超标。初级和中级超标报警短信应实时发送到拌和站或前场负责人、项目质检负责人和项目总工手机;高级超标报警短信应实时发送到前场负责人、项目质检负责人、项目总工程师和项目经理手机。可根据项目管理需要,增加短信报警人员。超标问题需确定处理意见,相关处理记录应输入监控系统备查;高级超标混凝土或其他原材料不得用于工程实体。公司和分(子)公司两级总部可通过系统实时监控项目部混凝土生产情况,及时督促项目部对混凝土生产异常情况的处理。

通过该系统,两级总部可实时监控项目部生产情况,并根据系统推送的生产数据超标报警信息,及时督促项目部处理混凝土生产异常情况,实现工程项目施工质量控制的“穿透式”管理。

(7)质量检查及工序检验信息系统

应用质量检查及工序检验信息系统,规范和促进工程质量“三检制”的落实和质量问题及时整改闭合,达到施工过程质量追溯及监督质量责任制落实的目的。通过该系统,两级总部可实时监控项目部工序三检及质量检查情况,掌握项目部关键工序检验状态和质量问题整改结果情况,及时督促项目部处理质量问题,实现工序检验和质量问题整改的“穿透式”管理。

质量检查及工序检验信息系统主要功能包括工序检验、数据分析及应用管理。工序检验要求施工班组、技术员、质检员按照三检制要求,分别负责工序自检、交接检和专检;按要求填报检验数据,现场拍摄工序验收照片并上传;形成检验结论,并推送和反馈;根据反馈结果进入下一流程。数据分析及应用包括查看工程进度、工序质量统计、工序检验照片整理、工序审核率、查看整个项目的分项工程完成情况等。

5.2 “穿透式”工程进度管理

进度管理总思路是以生产计划管理为主线,贯穿项目全周期计划管理,动态匹配全资源要素(工、料、机、技术、资金等)计划,动态匹配全周期管理要素(安全、质量、环保等)计划,做好目标制定、过程管控、结果分析,实现全员、全周期、全面预算管理,达到进度满足合同要求,工期履约目标。因此,项目进度计划的管理贯穿企业各层级及项目基层班组、各周期及各资源要素部门的管理活动。进度计划管理内容如图5-3所示。

5.2.1 “穿透式”进度管理机构体系

建立完善的组织机构是掌握施工管理主动权、控制施工生产局面,保证工程进度的关键一环。项目进度管理是以项目为对象,贯穿企业、项目及工段(班组)的管理工作,各级相应建立了进度管理组织机构,各级组织目标统一,职责明确。

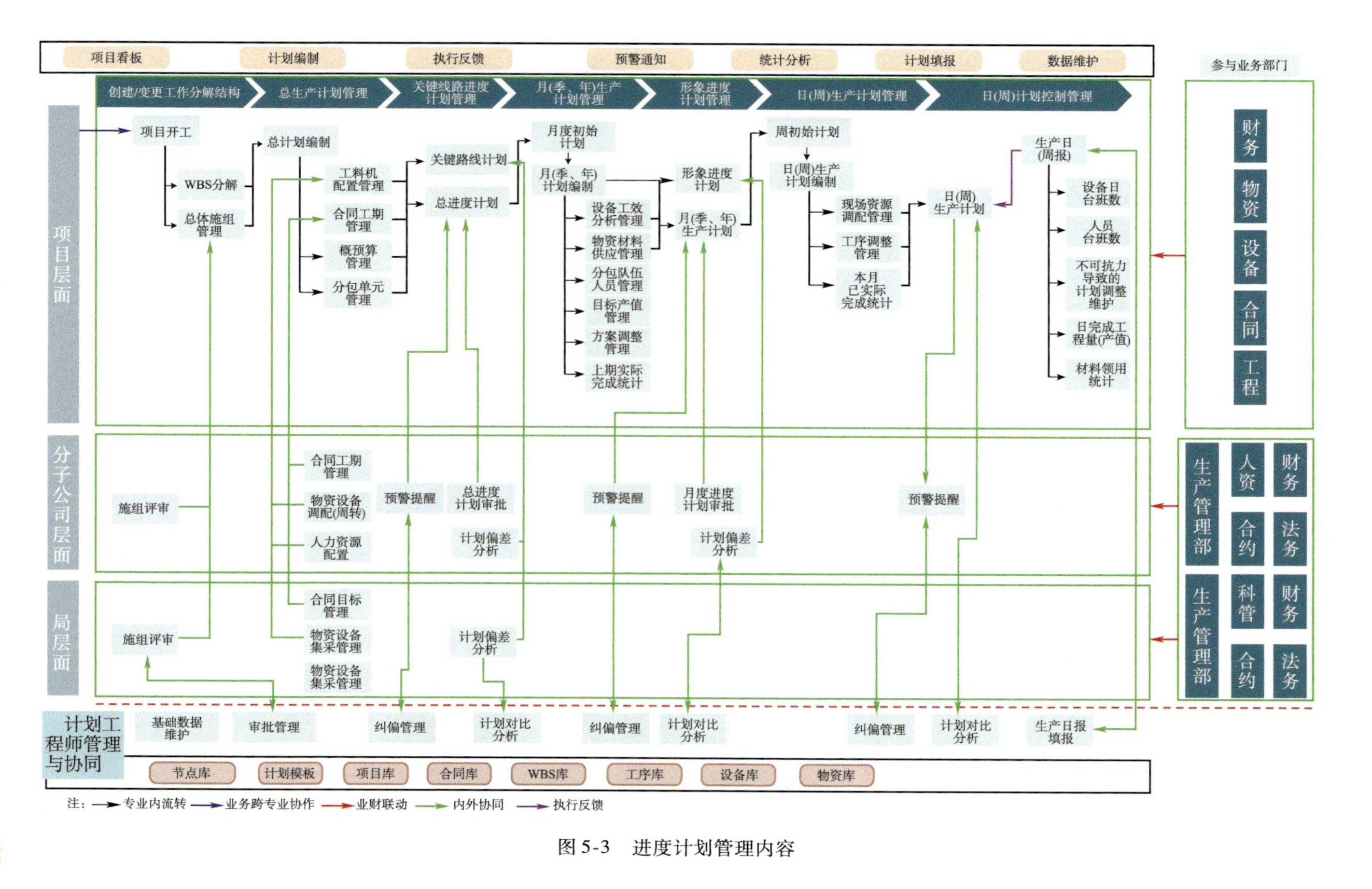

图5-3 进度计划管理内容

(1)企业设置进度管理组织机构。

企业[公司总部、分(子)公司]由主管生产副总经理具体负责,由生产管理部统筹进度计划管理工作,并配置计划工程师专人负责项目进度计划、进度统计、偏差分析等相关管理工作,动态监控项目进度情况。

(2)项目组建进度管控小组,现场作业班组纳入项目部统一管理。

项目部成立贯穿于作业班组的进度控制管理小组。小组以项目经理为组长,以项目副经理为常务副组长,以各职能部门负责人为副组长,以各单元工作负责人、各班组长等为组员的控制管理小组。小组成员分工明确,责任清晰。组建现场专业作业班组,专业组长纳入项目部统一管理,与传统分包单位管理不一样,服从项目部安排,统一工资发放和进度绩效考核,负责履行项目进度具体实施职责。通过定期不定期召开会议,严格执行讨论、分析、制定对策、执行、反馈的工作制度。

进度计划管理组织机构如图5-4所示。

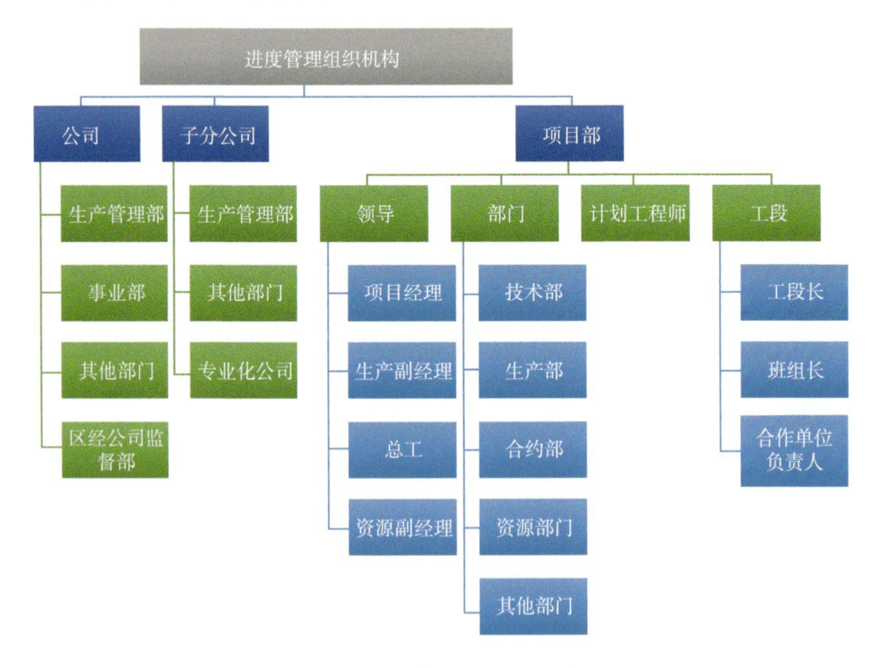

图5-4 进度计划管理组织机构

(3)配置项目现场总监、计划工程师人员专门负责现场班组进度计划的执行管理。

项目部设置计划工程师负责项目进度管理,具体编制项目部进度计划并分解至工段(班组)计划,计划完成采集、汇总及分析等工作。同时,配置具有现场管理经验的现场总监，负责班组计划交底、实施管理及资源组织协调工作。

例如：京雄城际铁路项目第三合同段进度控制小组设置项目经理1名、副经理5名、总工程师1名；项目部下设工程管理部、安全质量部、物资设备部、计划财务部、综合管理部、征拆协调部、中心试验室。其下组建了四个架子队，各架子队下设各专业化施工队伍。

京雄城际铁路项目进度控制小组设置如图5-5所示。

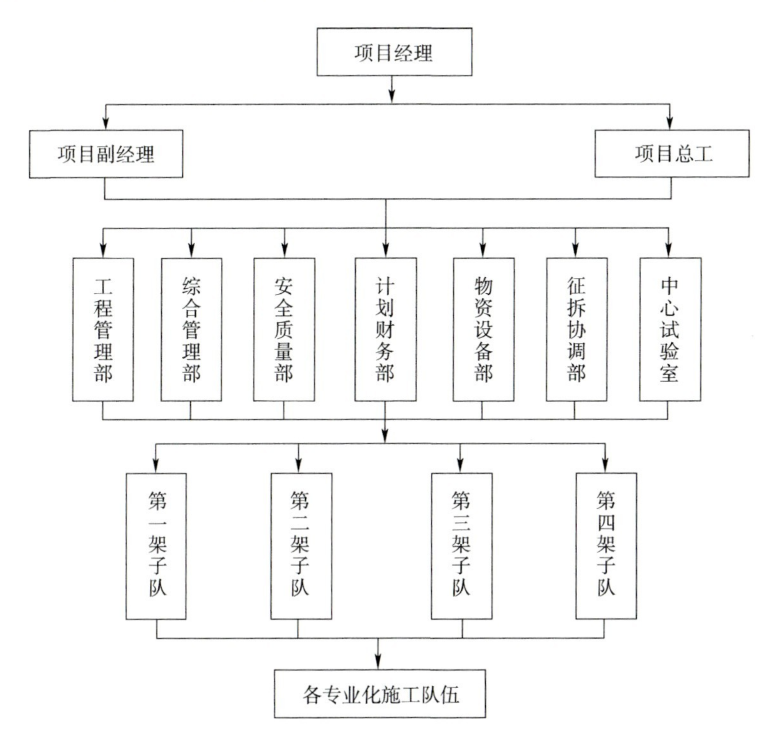

图5-5 京雄城际铁路项目进度控制小组设置

组织保证特点：项目成立进度控制小组，设置计划工程师和现场总监负责进度执行管理；并且组建现场实施的作业专业班组，并把专业班组长纳入项目部统一管理，而非由分包单位管理，具体履行现场进度计划的实施职责。同时，企业成立项目进度管理的机构部门，负责对项目进度情况进行监控，形成企业—项目—作业班组的进度管理组织体系机构。

5.2.2 进度管理信息与数据“穿透”

对于大型项目管理，没有软件支撑，手工完成项目任务制定、跟踪项目进度、资源管理、成本预算的难度是相当大的。在项目管理软件中,必须具备制定项目时间表的能力,包括能够基于 WBS 的信息建立项目活动清单,建立项目活动之间的多种依赖关系,能够从企业资源库中选择资源分配到项目活动中,能够为每个项目活动制定工期,并为各项目活动建立时间方面的限制条件,能指定项目里程碑,当调整项目中某项活动的时间(起止时间或工期)时,后续项目都可以随着自动更新其时间安排,各资源在项目中的时间安排也会随之更新。同时,还需要一定的辅助检查功能,包括查看项目中各资源的任务分配情况,各资源的工作量分配情况,识别项目的关键路径,查看非关键路径上的项目活动的可移动的时间范围等。这些都是制定项目时间表所需要的基本功能。制定完项目计划后,通常情况下会将项目计划的内容保存为项目基线,作为对项目进行跟踪比较的基准。

传统的管理方法不利于规范化和精细化管理,二维设计图形象差,网络计划抽象,往往难以理解和执行,更不方便各专业之间的协调沟通。利用信息化管理平台可以改变上述现状,基于 BIM,对永久工程、临时工程、项目全周期主要工程及工作进行分解,创建 WBS,将 WBS 工作包与工区责任人、分包责任人、场站责任人等组织分解结构(Organization Breakdown Structure,简称 OBS)对接,与工程量清单、资源计划、施工任务单、生产日志等有效关联,系统自动生成生产计划信息,系统自动采集生产计划执行结果信息,系统自动进行生产计划完成统计与对比偏差分析,定时推送生产运行情况和预警信息,实现自动对比、自动分析、自动推送预警提醒。

通过制订合理的施工计划,精确掌握施工进度、缩短工期、降低成本、提高品质,实现"穿透式"进度管理,具体包括:①根据项目生产实际情况,制定合理的年、季、月进度计划,生成计划进度信息模型:采用自动关联规则(即自动匹配 WBS 编码与模型 EBS 编码),将施工计划赋予模型,使模型构件具有计划施工时间属性,从而生成计划进度信息模型;②自动化采集现场生产实际进度和形象进度数据;③自动将实际进度和计划进度进行对比分析;④对产生的进度偏差进行可视化提醒,进度超前出现绿色标识、进度落后则出现红色预警;⑤通过"穿透式"追踪查询,对超前的进度进行生产及资源配置经验总结,对落后的进度进行偏差分析和进度计划调整;⑥执行新进度计划,同时对过程数据和完成产值自动归档。

进度信息化"穿透式"管理优点:

(1)实现进度与资源(工料机)、收入与成本数据和业务关联穿透。

工程将工作结构 WBS 分解至分项工程、检验批、工序等工作单元细度,进度计划与 WBS 结构一一对应;同时,WBS 与工程量清单、材料清单、设备等挂接,实现进度与产值、资源的有效匹配。

总进度计划编制按照WBS划分结构,按照施工顺序和逻辑关系、施工时间进行安排规划,细分到周甚至每天计划。年、季、月等阶段计划按照时间自动提取形成各阶段计划,进度计划编制的同时,WBS挂接的各资源计划、产值计划也相应编制完成,系统自动推送给资源部门进行资源采购和供应保证。

(2)实现进度实时对比分析,自动预警,提醒纠偏智能化管理。

利用进度采集App配合项目进度系统,逐日进行进度采集,及时自动进行进度、产值、资源消耗等汇总分析,系统自动形成报表。进度与产值匹配、资源与进度匹配,数据“穿透”同源。

系统按照总进度计划及关键线路计划为基准,实时将完成情况与计划进行对比,形成偏差值。当偏差值大于预警值时,系统自动向相关责任单位推送预警信息。相关责任单位制定措施纠偏后消除警报;当预警未得到完全消除时,下次将再次预警,直至预计完全纠偏消除为止,达到自动管理。

进度计划管理信息“穿透”如图5-6所示。

(3)实现数据同源共享:横向上,跨业务部门数据自动流转共享,避免重复录入等工作,提高数据准确性和工作功效;纵向上,从现场班组数据采集到项目部、企业自动数据汇集生成相关报告(报表),大量降低人为工作。

京雄城际铁路项目采用“铁路建设项目管理信息系统”。通过互联网(Internet),接入甲方的管理系统,上报工程项目的各种数据,实现信息交换。对验工计价、工程调度、计划、安全质量等专项单机版管理软件,采用中国国家铁路集团有限公司针对铁路项目统一开发的、满足建设单位要求的软件,通过这些软件对工程项目进行管理,做到与“铁路项目管理信息系统”的连接和信息交换。对于铁路总公司后续开发、针对施工的管理信息系统,按照要求积极引进和使用。

5.2.3 进度计划全过程动态管控

(1)进度计划编制

进度计划编制的主要依据是项目目标范围;工期的要求;项目特点;项目的内外部条件;项目结构分解单元;项目对各项工作的时间估计;项目的资源供应状况等。进度计划编制要与费用、质量、安全等目标相协调,充分考虑客观条件和风险预计,确保项目目标的实现。项目进度计划包括总进度计划、年(季、月)进度计划及匹配资源计划等,总进度计划经监理单位、业主审批后报备公司,是编制年(季、月)计划的依据,年(季、月)计划是根据实际完成情况和总计划安排实时调整滚动编制,需报企业生产部门审批。

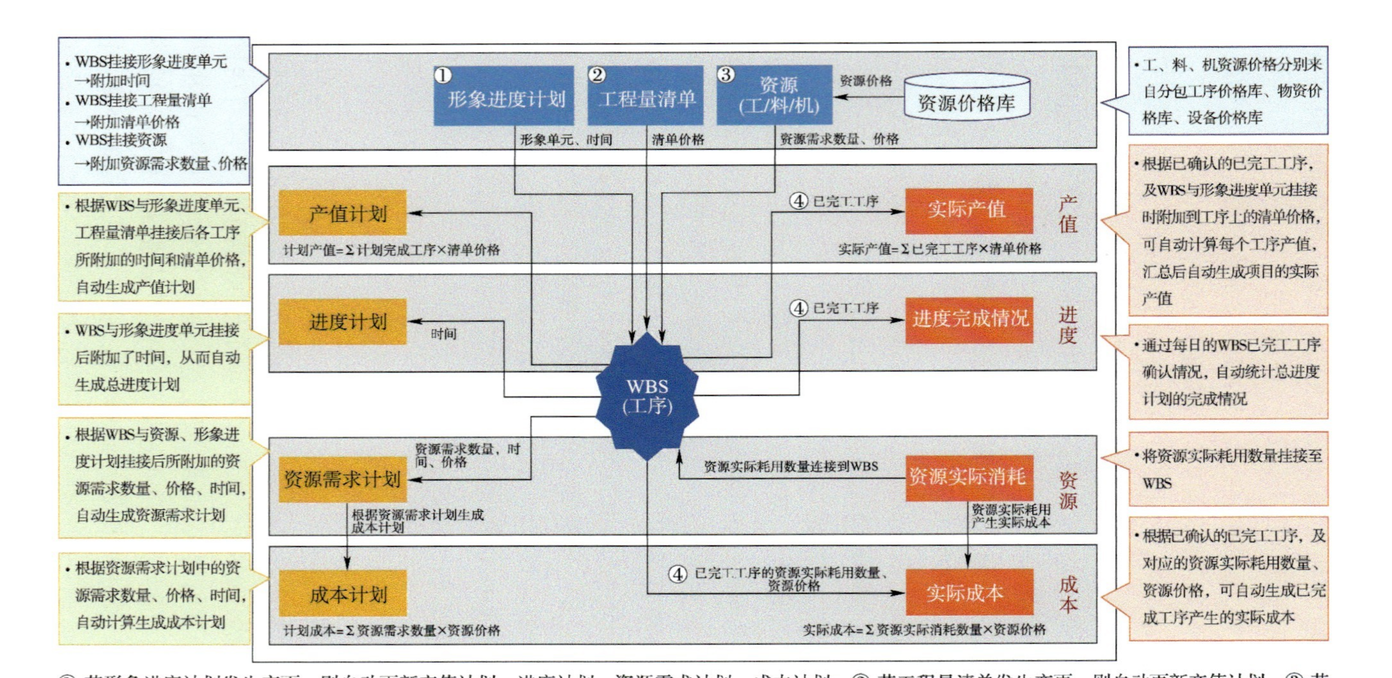

①-若形象进度计划发生变更，则自动更新产值计划、进度计划、资源需求计划、成本计划；②-若工程量清单发生变更，则自动更新产值计划；③-若资源需求数量或价格发生变更，则自动更新资源需求计划、成本计划；④-当WBS已完工工序完成确认后，则自动更新实际产值、进度完成情况，实际成本

图 5-6　进度计划管理信息“穿透”

计划实行以天保周（或旬）、以旬（或周）保月的多级进度计划管理体系；网络滚动计划定期调整，以确保工期目标顺利完成。通过逐级分解控制编制计划，事先预测总进度目标偏离的可能，进而采取预防性纠偏措施，从而达到有效控制的目标。

进度计划编制流程如图5-7所示。

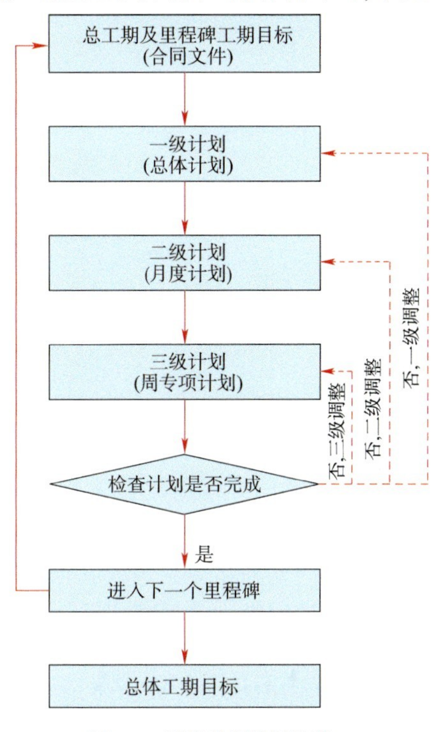

图5-7　进度计划编制流程

严格落实班组逐日计划排查。根据项目进度计划安排，项目按照日（周）计划分解编制工段（或班组）逐日生产计划，由分管领导审批实施，每日（周）进行计划检查和计划安排。安排进度计划同时安排资源供应保障计划，由资源部门负责制订每天的保障计划并进行跟踪。

例如：京雄城际铁路项目根据合同工期目标，制定施工进度计划（包括施工总进度计划、年度进度计划、季度进度计划、月度进度计划等分级进度计划），以确定工作内容、工作顺序、起止时间和衔接关系，为实施进度控制提供依据。制订关键线路上控制工程和重难点工程关键节点施工进度计划，将其确定为架子队进度重点考核对象。

（2）进度计划控制

在进度控制中，其实质是通过跟踪的办法，去发现目标的偏离，然后采取纠偏措施，力求使计划总目标得以实现。

工程项目的进度，受多种因素的影响。进度管理人员必须对各种因素进行调查、分析、预测，并在进度计划中予以体现。在施工阶段实施进度计划时要不断检查，将工作的实际情况与原计划进行对比，判断是否发生偏离，并查找原因，然后采取相应措施，调整进度计划。这种不断的计划、执行、检查、分析、调整的循环过程就是PDCA动态控制（图5-8）。控制流程运用了系统原理、动态控制原理、封闭循环原理、信息原理、弹性原理等。编制计划的对象由大到小，计划的内容从粗到细，形成了项目计划系统；控制是随着项目的进行而不断进行的，是个动态过程；由计划编制到计划实施、计划调整再到计划编制这么一个不断循环过程，直到目标的实现；计划实施与控制过程需要不断地进行信息的传递与反馈，也是信息的传递与反馈过程；同时，计划编制时也考虑到各种风险的存在，使进度留有余地，具有一定的

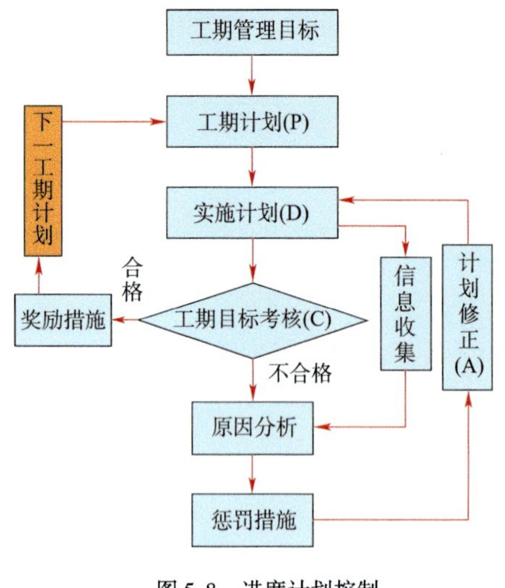

图 5-8 进度计划控制

弹性，进度控制时，可利用这些弹性，缩短工作持续时间，或改变工作之间的搭接关系，确保项目工期目标的实现。

例如：京雄城际铁路项目根据经审批的施工进度计划，组织落实施工需要的资源，做好施工进度的跟踪以掌握施工实际情况，做到日掌握、周检查、月总结；同时加强调度工作，达到进度的动态平衡，从而使进度计划的实施取得成效。检查对比实际进度与计划进度的偏差，采取措施纠正偏差，保证实现总的工期目标。总结分析项目及阶段进度节点目标的完成情况、进度控制中的经验和问题，积累进度控制信息，不断提高进度控制水平。

(3)进度计划检查与偏差管理

建立企业—项目—作业班组的三级进度组织。同时，制订了进度计划编制、实施、检查、纠偏调整等全过程管理流程；以计划为主线，动态匹配资源保障计划。项目对班组进度管理主要落实日、周计划检查，每天对班组进度检查、考核和偏差预警纠偏，由项目副经理组织落实，项目经理负责纠偏督办，以日计划保周计划，周保月计划，从而保障总计划完成；企业对项目的进度计划管理主要针对项目关键线路进度、每月进度情况进行监控，出现偏差及时发现、预警提醒和帮助项目纠偏。当进度偏差达到企业介入管理时，项目管理总监介入管理进行进度偏差纠正。

①落实班组逐日(周)计划检查与纠偏管理机制，做好计划基本保障。

日生产计划由班组根据周计划安排每日循环滚动编制，班组长审批后实施。班组严格按照日生产计划组织实施，资源部门按班组资源计划及时供应保障。每天下班前，由班组统计当日生产计划完成情况，班组长组织偏差分析，制定纠偏措施和次日滚动计划，将当日完成情况及次日生产计划发布计划管理群。项目经理根据日生产计划完成情况，实时组织生产副经理、资源副经理、资源部门、班组相关负责人召开碰头会，及时对督办事项、关键计划偏差组织纠偏处置。

在月度生产计划的基础上，结合当月完成情况由班组编制周生产计划，生产副经理审批后实施。至每周计划结束，班组及时对周计划完成情况统计、分析。每周末，由生产副经理组织召开周生产例会，项目经理参加进行偏差分析，制定纠偏措施，形成督办清单和下周调整计划。

进度计划偏差管理如图 5-9 所示。

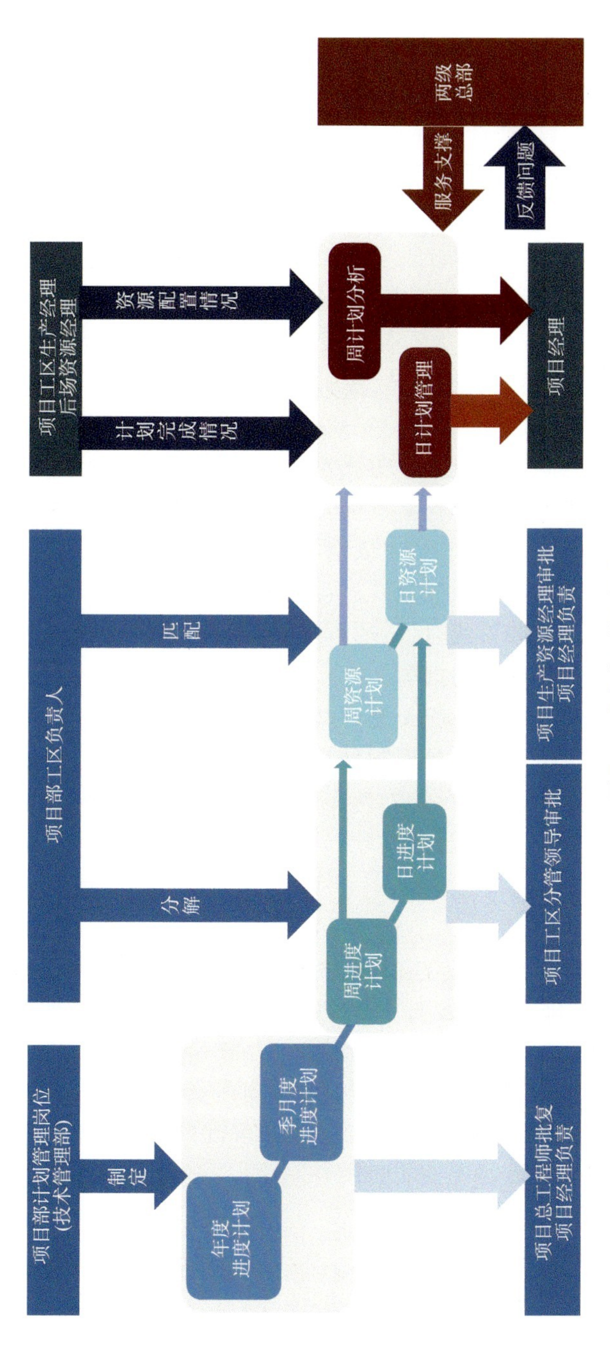

图5-9 进度计划偏差管理

②建立月计划检查机制,逐级预警纠偏保障。

以总生产计划、年生产计划为依据,项目经理组织分解编制月度滚动生产计划。月度滚动生产计划滚动预测至当季末,月度生产计划完成情况与统计分析采用挣值法进行分析,月生产计划完成情况与当月滚动生产计划及总生产计划进行对比,形成总计划基线、阶段控制线、实际完成线挣值法分析图,展示产值偏差、工期偏差。

企业与项目均需建立月度计划完成台账,每月进度偏差分析,分级预警纠偏。当月进度发生偏差时,项目经理要组织副经理、工段、班组等相关人员进行分析,制定和落实措施进行纠偏处置;达到企业级偏差管理时,企业生产部门需要提前介入,组织资源及时帮助项目纠正偏差,及时防范工期履约风险。

③年计划检查与纠偏。

总进度计划以合同工期及工艺功效为依据编制,是项目(年、季、月等)阶段计划的依据,由项目经理组织编制,上报相关单位审批执行。年度生产计划完成情况与统计分析采用挣值法进行分析,完成情况与当年滚动生产计划及总生产计划进行对比,形成总计划基线、阶段控制线、实际完成线挣值法分析图,展示产值偏差、工期偏差。当年计划偏差较大时,需要调整总计划或者资源,以保障总目标实现,年计划调整须报企业生产部门批准。

④重点把控项目关键工序与关键节点计划检查控制。

关键工序与关键节点计划是控制项目总进度的主要项目,项目部和企业生产部门要分别建立台账,定期进行计划与完成对比,及时发现偏差,及时组织纠偏处置,保障总进度实现。

5.2.4 “穿透式”进度管理的保障体系

(1)打通上下层级管理

根据企业大生产制度体系,规范进度计划管理需要,制定完善的进度计划管理制度办法。如在企业层面制定《生产计划管理办法》,对企业[公司总部、分(子)公司]及项目部进度计划管理职责、管理内容、管理程序及要求进行明确规定,规范各级围绕项目进度计划管理的行为。《工期计划审批调整制度》明确了企业对项目进度计划和调整需要审批;《工期实时预警制度》明确企业级与项目级分级预警纠偏控制机制。

(2)建立生产例会和班前会制度

生产例会制度是有效落实计划管理的保障。企业(公司、分公司)建立季度生产调度会和月度生产工作会制度,分析企业计划完成情况,下达各个项目计划,分析项目存在问题,协调资源帮助项目部进度纠偏等。

项目部建立周例会制度,由生产副经理组织进度管理相关组织人员,项目经理参加,重点对计划完成偏差情况进行分析,组织协调资源纠偏处置;同时,对下周计划进行交底布置。建立班组日碰头会和班前会,作业班组上班前由现场总监和班组长对上一班工作完成情况进行总结,布置工作任务;当日工作结束时,由分管领导组织项目总监、班组长碰头会,通报完成情况,分析偏差问题,布置下期计划等。

(3)建立进度考核奖惩机制

进度考核奖惩机制是加快进度的催化剂。企业建立了对项目部进度考核绩效指标,每年计划完成情况与考核绩效挂钩;项目部制定班组进度考核办法,每月组织对班组计划完成情况考核,结合日、周计划完成情况作为班组进度绩效,与工资绩效挂钩。同时,负责班组管理项目部技术人员、现场总监等对班组进度负责,其考核绩效与班组进度完成情况相关联。

例如:京雄城际铁路项目第三合同段为规范工程进度管理,制定了《架子队检查考核管理办法》,加强对作业层的管理。同时,项目部成立架子队考核领导小组,全面负责架子队检查考核的安排部署、督导协调和检查考核。考核得分与各架子队工资总额系数直接挂钩,每月由考核领导小组根据项目情况确定最高工资总额系数,架子队工资总额系数同时作为队长考核系数。对有突出贡献的架子队实行加分奖励,对造成重大不良影响和损失的架子队实行扣分处罚,安全事故一票否决制。

各架子队根据项目部《架子队检查考核管理办法》,制定对本架子队员工的考核细则,依据考核领导小组给出的考核结果,对各员工进行考核,考核结果报项目部考核领导小组审核、备案;架子队考核施行末位淘汰制,对得分后两名的人员,进行批评教育,连续得分后两名的调离岗位,直至退场。

(4)强化法人企业管项目责任

针对项目数量多、分布广等特点和委托分公司管理不到位的现状,为了有效管控项目风险,强化公司对在建工程项目的进度、安全、质量、环保等方面管理,公司组建了项目管理总监办,按照主要业务类别,分别设置了公路桥梁工程、公路隧道工程、铁路桥梁工程、铁路隧道工程、轨道交通工程、水运(水利)工程、房屋建筑工程、市政工程、船舶及机电等专业的项目管理总监多名。当项目进度偏差达到企业介入管理时,企业安排项目管理总监“一对一”介入项目管理,协调全企业资源帮助项目进行进度偏差纠正。

(5)强化培训,打造项目产业工人作业班组

产业工人作业班组是承接进度计划的有效组织,培训是提高个人技能、生产效

率的有效措施。根据专业组建起重、电工、模板、混凝土、预应力等作业班组，将班组纳入项目部直接管理，并进行知识、能力培训上岗考核；企业按照三年轮训原则，组织项目进度计划管理相关人员进行计划管理专业培训；项目部针对班组人员落实进场三级教育，每项工序实施前培训交底，班前会交底等，提高作业人员知识和能力，确保项目进度、安全、质量有效实施。

(6)加强企业对项目技术与资源支撑服务

技术方案企业集中资源编制，重大技术方案集中攻关，保障项目进度有效实施。公司集中技术人员资源，分专业负责项目技术方案编制，提高编制质量和功效，现场总监、班组长充分参与方案编制工作，融入操作人员的智慧，方案更能实施接地气。同时，推行首件验证制度，即技术方案编制人员负责首件实施技术指导，培训作业班组实施。实施过程中，对工艺、工序充分检验，对计划功效进行验证，及时发现和优化方案，保障进度的实施。

在“穿透式”进度管理过程中强化企业资源采购供应保障也非常重要。“工料机”等资源由项目部计划，公司统一组织，减少由分包单位组织的多余环节；通过企业平台进行材料等资源的采购，可确保资源供应保障能力。利用进度管理信息化，将进度计划和资源需求有效挂接关联，安排计划的同时对资源及时准确进行了安排，可以落实到每个工段、班组进度计划需求。

5.3 “穿透式”安全管理

随着工程企业生产经营规模不断扩大，管理流程及链条越来越长，管理层与作业层之间不同程度存在着无形的“墙”，如果打不通一堵堵“墙”，就会造成管理力度和责任层层衰减。分析近年来建筑施工领域典型重特大生产安全事故，事故直接原因多源于作业层违章指挥、违章操作。“穿透式”管理，就是在体系化、程序化的安全管理流程基础上，结合当前安全生产形势，打破管理层和操作层之间的壁垒墙，压扁管理层级，缩短管理链条，让作业层和管理层之间高度融合。

5.3.1 安全生产管理存在的问题及解决思路

我国现有体制下，工程企业管理层级多，有公司(集团)、分(子)公司等。对工程项目管理来说，可以归纳为两个管理层级，即两级总部、项目部。两级总部包括公司(集团)和分(子)公司；项目部层级包括具体工程项目部及其职能部门，以及项目分部(工区或架子队、作业班组)。目前工程施工企业在工程项目实施过程中存在着安全生产管理问题,从两级总部和项目部两个层级分析安全管理存在的问题和解决的思路。

(1)两级总部层面

问题1:工程项目领导班子、部门负责人等关键岗位对安全理论知识和管理能力参差不齐,很难落实“管业务必须管安全”的要求。

解决思路:两级总部安全部门负责对新任工程项目领导班子、部门负责人等关键岗位人员进行安全考核,考核合格后方能上岗。

问题2:项目部安全总监由项目部负责考核,很难充分有效发挥其监督项目部特别是监督领导班子安全履职的作用;项目部存在安全风险管控能力有限、经验不足的情况。

解决思路:执行安全总监委派制,由两级总部直接委派、考核,直接接受两级总部安全部门管理;两级总部设立项目管理总监,开展安全检查和风险偏差管理,直接帮助项目部解决问题,必要时进行介入管理。

问题3:项目部安全教育培训形式单一、师资力量有限、教育培训资源不足。

解决思路:两级总部通过信息化手段,推广应用“技术咨询服务在线平台”,建立安全教育培训在线平台,研发应用视频化工具包,研发共享式安全教育培训综合体验馆,组织开展专项教育培训,直接服务基层项目部全体员工和作业人员。

问题4:项目部风险管控能力不足,对项目总体安全风险辨识和规划不足,对危险性较大的工程(简称危大工程)专项施工方案管控不到位。

解决思路:在项目前期阶段,两级总部组织开展安全策划,明确建设周期安全目标、计划和重大风险管控措施等具体安全工作,每月动态掌握项目危大工程实施情况,并通过生产指挥中心、特种设备安全监控系统等信息化手段实施掌握项目各具体点上的风险管控情况,有效控制风险。

问题5:项目部安全检查存在检查流于形式、隐患整改不彻底、问题隐患司空见惯、隐患排查能力不足等问题。

解决思路:两级总部通过采取包保检查、带班检查、专项整治、系统性隐患研究、阶段性重点监管等手段,及时、直接发现项目基层存在的问题,制定系统性整治措施,有效消除事故隐患。

问题6:项目部存在应急体系不完善、应急演练不系统流于形式、应急响应不科学、事故上报不及时等问题。

解决思路:通过两级总部统筹建立网格化应急管理体系、统筹开展应急演练、统一发布应急响应及应急值守、应用事故快报平台等，系统解决基层应急管理问题。

问题 7：项目部普遍存在安全重大处罚、以罚代管等现象，与“以人为本”相悖，安全管理效果不佳。

解决思路：两级总部研究正向激励机制，实时跟踪基层项目执行情况，加大各级人员安全奖励力度，提高全员主动管理积极性。

问题 8：随着工程进一步深入开展，项目部安全管理体系有效运转不能得到很好保证，安全生产形势严峻。

解决思路：两级总部通过报表机制，对项目部安全问题及时进行纠偏，研究制定适应新形势的改革举措，推进安全生产责任落实，通过有感领导，激励全员重视安全、主管管安全。

（2）项目部层面

问题 1：工程项目施工战线长、施工作人员多、人员流动性大，很难及时正确掌握施工人员进出场情况。

解决思路：通过开展建筑工人实名制、移动考勤机清点人员、发放劳保用品、设置门禁系统等手段及时准确掌握施工人员进出场信息。

问题 2：项目部存在安全管理人员不足，导致安全监管很难做到全天候、全覆盖；安全示范作用很难有效发挥等问题。

解决思路：明确项目部专职安全员配备标准及分工，配备兼职安全员，开展党员安全示范岗和青年安全示范岗，充分调动全员积极性。

问题 3：项目部安全教育培训形式单一，很难做到全覆盖。

解决思路：项目部通过开展形式多样的培训，有效应用安全体验，开展班前安全会和现场设置广播及视频监控等，确保全覆盖。

问题 4：风险管控不到位，危大工程专项施工方案执行不力。

解决思路：项目部严格管控，实施危险作业许可和关键工序验收，规范监控量测，有效管控风险。

问题 5：项目部安全检查存在检查流于形式、隐患排查能力不足等问题。

解决思路：项目负责人带班生产，直接监督现场安全作业，开展安全联动检查，进行夜间巡查，尽可能及时消除现场隐患。

问题 6：项目部存在应急体系不完善、应急演练不系统且流于形式、应急响应不科学、事故上报不及时等问题。

解决思路：建立标准化应急管理机制。

问题 7：项目部普遍存在安全重大处罚、以罚代管等现象，与“以人为本”相悖，安全管理效果不佳。

解决思路:有效开展“知安全、行安全、奖安全”积分制管控活动。

问题8:随着工程进一步深入开展,项目部安全管理体系有效运转不能得到很好保证,安全生产形势严峻。

解决思路:通过定期开展安全会议、互相观摩学习等,取长补短,及时发现问题并加以纠正。

5.3.2 “穿透式”安全管理体系

根据上述的工程施工企业在工程项目实施过程中存在的安全生产管理问题以及解决问题的思路,以安全管理理论和“穿透式”管理理论为指导,针对工程项目安全管理的实际,解决安全管理中的关键问题,从项目主要管理人员进出场管理、安全管理队伍建设、教育培训管理、风险分级管控、隐患排查治理、应急管理、安全生产正向激励、持续改进等方面建立两级总部和项目部两个层级的“穿透式”工程项目安全管理体系(图5-10、图5-11),按此管理体系组织开展工程项目安全管理工作。

5.3.3 两级总部层级“穿透式”安全管理

(1)项目主要管理人员进出场管理

公司组织对新开工项目的领导班子成员、工程部门、设备部门、安全部门负责人等关键岗位人员进行岗前安全考核,推行“考试合格上岗,考试不合格离岗”制度,直接督促项目关键岗位人员掌握职责范围内的安全基本知识,从源头上提升项目管理团队的“管业务必须管安全”的意识和业务能力。

(2)安全管理队伍建设

①试点推行实施安全总监委派制。

为进一步强化公司总部、分(子)公司对在建项目安全生产工作的监督管理力度,加大对长大及地质条件复杂隧道、地铁(车站及区间明、暗挖)、深基坑、特殊结构桥梁(深水、超高墩、大跨度)、超高层建筑、爆破工程以及涉及客运专线、高速铁路的营业线(上跨、下穿或长距离临近)工程项目等重大安全风险项目的管控,试点推行实施了安全总监委派制。

委派的安全总监在公司总部、分(子)公司安全总监和安全管理部门的垂直领导下,督促、协助或组织项目部全面履行安全生产监督管理工作,特别是监督项目领导班子落实安全生产职责。此举措充分发挥其监督、管理职能,提高了安全总监的话语权,确保了项目安全管理处于受控状态。

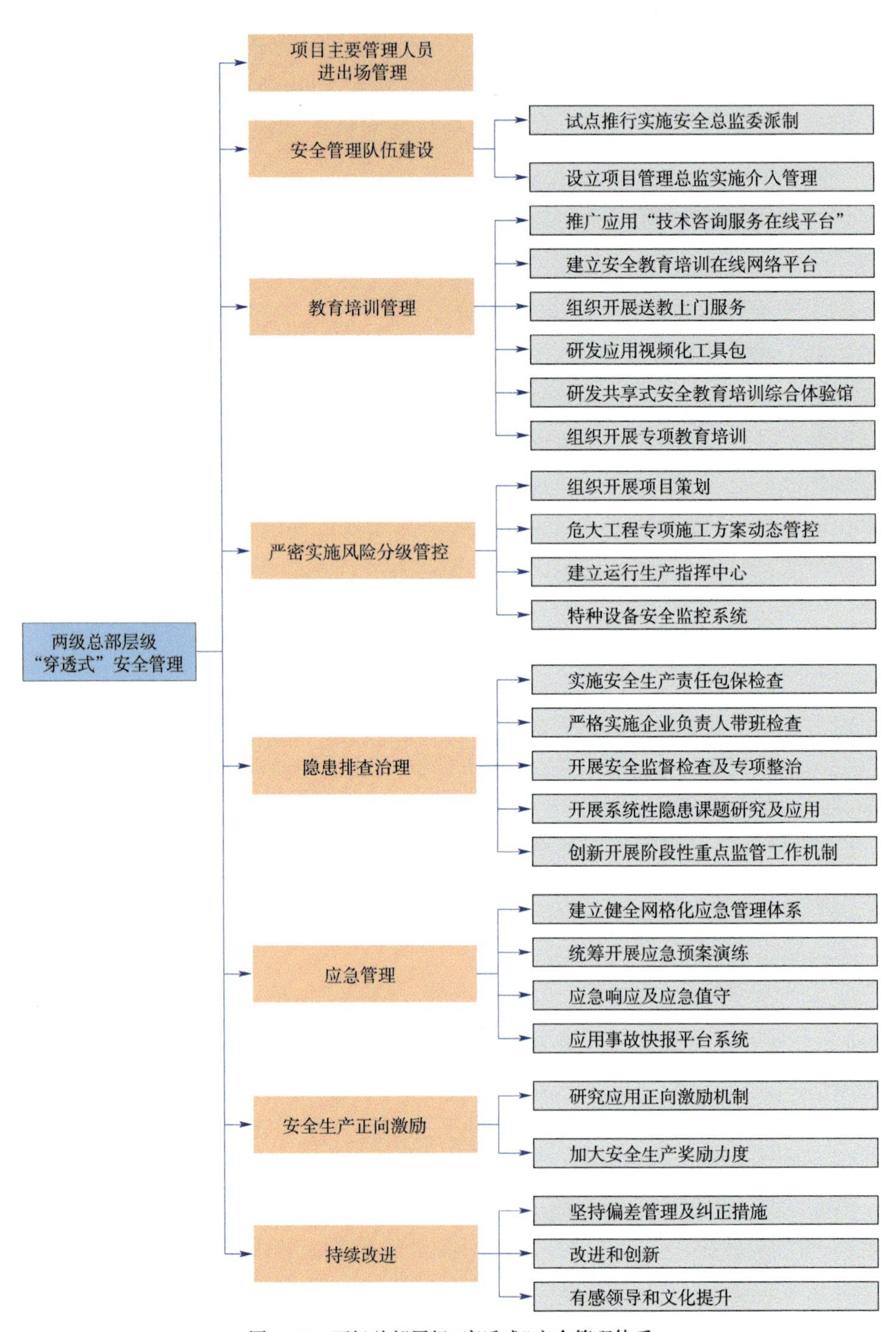

图 5-10　两级总部层级“穿透式”安全管理体系

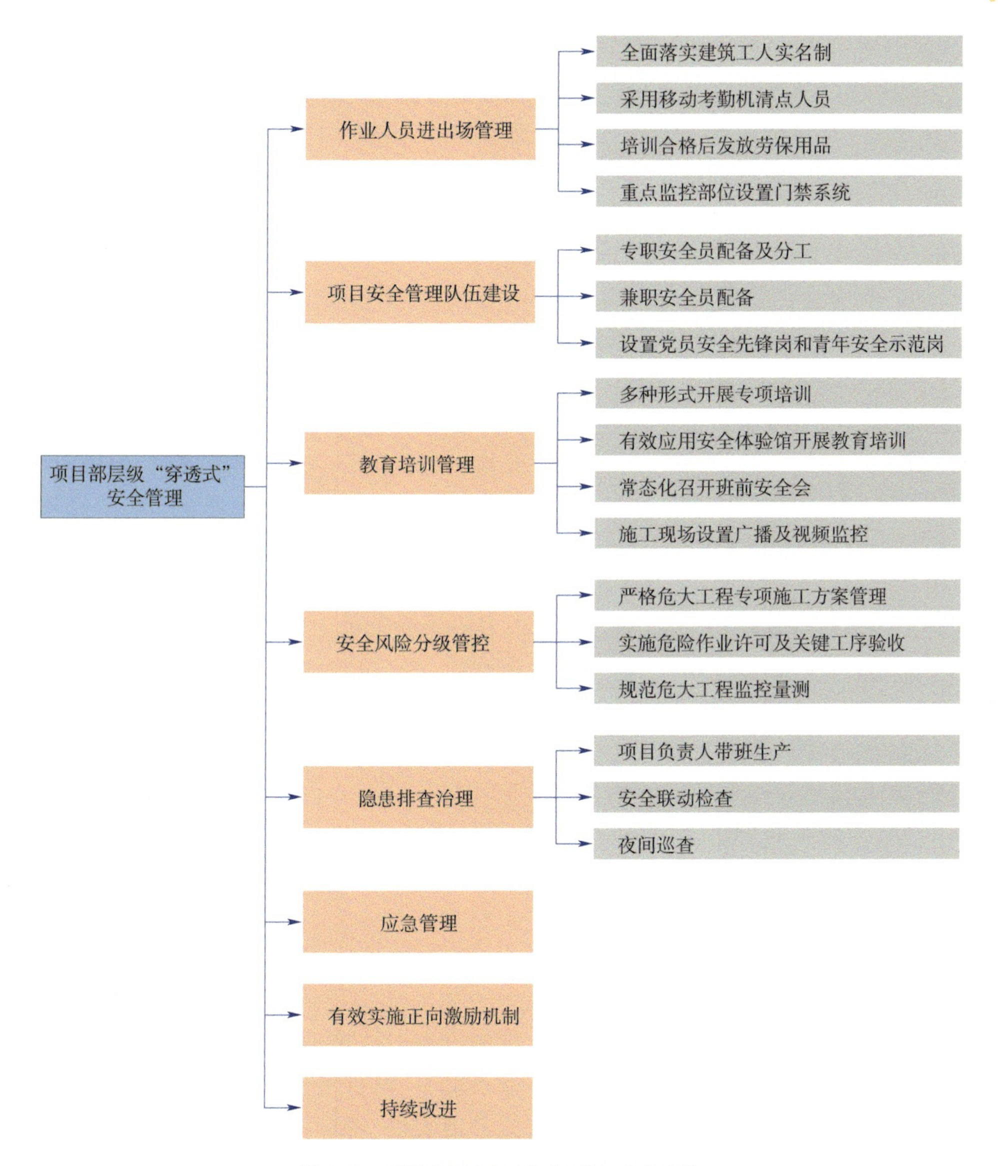

图5-11 项目部层级“穿透式”安全管理体系

②设立项目管理总监实施介入管理。

为了有效管控项目风险，强化公司对在建工程项目的安全、质量、环保管理等方面的具体指导和监督工作，研究设立了项目管理总监。公司层面设立项目管理总监办，按照主要业务类别，设置了公路桥梁工程、公路隧道工程、铁路桥梁工程、铁路隧道工程、轨道交通工程、水运（水利）工程、房屋建筑工程、市政工程、船舶及机电等专业的项目管理总监各至少1名，分工负责不同专业项目的安全风险识别及巡查工作。通过持续开展暗查暗访，及时掌握项目基层真实的安全管理现状，识别安全风险及管理偏差，并制定管控措施，必要时直接介入管理。

为充分发挥项目管理总监的积极性和创造性，落实“价值创造”理念，研究制定项目管理总监绩效管理实施细则，进一步推进了项目管理总监对在建项目安全、质量、环保等方面的风险管理和偏差管理。

(3)教育培训管理

①推广应用“技术咨询服务在线平台”。

开发技术咨询服务在线平台，以充分发挥公司总部强大的后台技术和管理的支撑能力。平台主要具备三个功能：“在线咨询”功能，分为“普通咨询”“专家咨询”和“专家会审”三种形式，可用于一般技术咨询服务，进行在线答疑，也可以根据项目需要，组织专家面对面交流，还可以针对重难点问题，邀请专家集中会审；“专题讲座”功能，可利用平台进行标准化宣贯，也可以邀请行业专家、高校学者、公司首席专家及其团队等开展专题技术交流；“视频点播”功能，可通过平台点播观看工程技术视频资料，也可根据项目需要组织技术培训教育活动。

随着公司规模不断扩大，项目分布地域广，涉及专业多，该平台可以及时提供“点到点”的咨询和技术服务，既能促进项目间技术、管理等先进经验的交流与推广，又能增强技术管理的穿透性，强化项目实施过程中公司总部对项目一线的技术指导，实现公司管理水平的提升。

②建立安全教育培训在线网络平台。

在企业管理网络框架的基础上，搭建安全教育培训的工具和载体，建立安全教育培训在线网络平台，平台中能够实现面向企业全体员工的安全生产教育培训的信息化和网络化。

按照安全生产法律法规明确的安全生产教育培训的学时、内容、考核标准等要求，公司总部对人力资源系统内所有人员的安全教育培训角色进行分类、标记，形成培训任务矩阵，将人员角色划分为企业负责人、项目负责人、专职安全生产管理人员、技术管理人员、设备管理人员、其他管理人员、特种作业人员、劳务人员等共八类，并组织编制了各类教育培训课程。列明每类人员应该参加的安全生产教育培训课程、学时及培训流程，编制教育培训计划，发布教育培训任务，并自动进行培训效果积分考核和提示，极大提升了安全教育培训合规性和时效性。

③组织开展送教上门服务。

以工程项目一线需求为出发点，通过设计针对性课程，配备专业化师资力量，以单个工程项目或者相对集中的片区为单位，组织开展暗挖隧道施工安全技术管理、盾构隧道施工安全技术管理、设备安全管理等主题送教上门服务，并充分运用“好视通”远程教育平台实时共享，补齐覆盖面“短板”，进一步提升一线一般人员的业务能力与综合素质，提高基层岗位履职能力，促进项目安全管控水平提升。

④研发应用视频化工具包。

开展科研立项，与安全科技公司合作进行工程施工高风险施工工序安全操作视频课件的开发与制作，包括路基路面工程、桥梁工程、隧道工程、地下空间作业、港口工程和海洋工程等业务领域，目前基本形成覆盖公司业务板块的视频课件体系。

工具包根据人、机、物和环境变化，以视频化的方式对工程施工中常见工序安全操作技术进行规范和演示，呈现安全管理程序、安全防护要点、安全注意事项、相关事故案例警示等。工具包可根据不同的培训对象，科学合理地进行课程设计，应用受场地、时间限制较小，培训记录只需指纹识别，确保培训学时满足法定要求。视频化工具包指纹识别仪、答题仪、试题库能自动完成签到、考核和档案储存功能，极大地减少了安全教育培训工作量。

此外，视频化工具包可实现课件远程适时更新和现场安全教育培训动态监控，利用计算机、手机等工具，可准确把握现场安全教育培训频次、内容、培训对象等相关信息。例如：信息平台可以依据人员姓名和身份证号码，生成唯一的二维码(可以贴在安全帽上)，管理人员通过专用手机 App 软件扫描，可快速查看工人档案信息，培训情况，违章记录等。

公司总部、分(子)公司管理后台通过定期登录信息管理平台，及时掌握项目视频化工具包应用动态。视频化工具包及多媒体安全培训管理系统界面见图5-12。

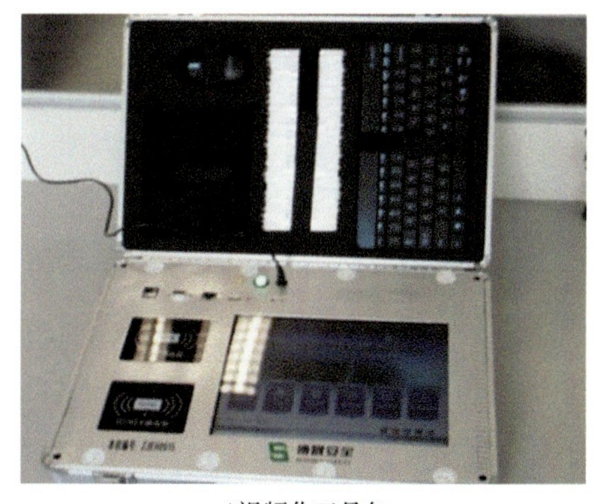

a)视频化工具包

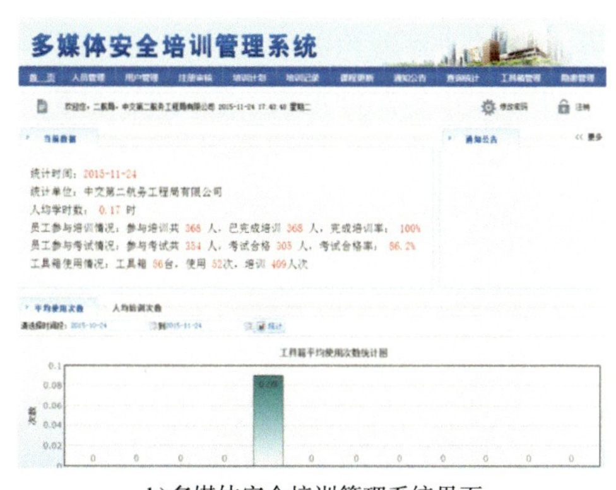

b)多媒体安全培训管理系统界面

图5-12 视频化工具包及多媒体安全培训管理系统界面图

⑤研发共享式安全教育培训综合体验馆。

在建筑施工市场现有安全体验馆的基础上创新安全教育培训手段和方式，研发“共享式安全教育培训综合体验馆”，充分有效组合资源，开发砂轮机加工作业机械伤害、吊物滑落起重伤害、临电破损触电、挂篮施工高处坠落、挖掘机侧翻、临边栏杆损坏高空坠落、脚手架坍塌事故、高支模坍塌、基坑土方坍塌、生活区电气火灾事故等 10 个体验模块，先试点应用，完善后全面推行。

⑥组织开展专项教育培训。

针对京雄铁路、玉磨铁路、沪通铁路、福厦铁路等重点铁路工程建设项目，在项目建设初期，由公司组织安全、生产、设备、物资、技术质量、商务、试验检测等专业师资力量到项目进行“铁路十一大员”内部取证培训。

在铁路联调联试、运行试验前，公司组织专班开展安全教育培训和安全技术交底，确保联调联试施工负责人、带班员、安全员、防护员及驻站联络员等具备上岗作业安全知识，掌握安全施工管理实施细则、工作流程和管控办法，严格遵守作业流程。

(4)严密实施风险分级管控

①组织开展项目策划。

为加强项目策划管理，提高项目策划的及时性和有效性，防范各类风险，公司在预中标项目公示期间启动项目策划工作，主要包括项目管理策划、项目专项策划及项目实施方案三个阶段，公司总部、分(子)公司重点组织实施项目管理策划和项目专项策划，履行主体责任。

项目管理策划是企业管理层对项目的管理定位、施工总体目标、管理模式、组织架构、施工总平面布置、主要风险情况及对策等进行的战略性规划，主要体现的是企业对项目履约的管理预期和管理导向，涵盖工程安全控制要点、待解决的危大工程施工安全保证措施、安全风险分析识别及对策。

项目安全专项策划是以项目管理策划为指引单独进行的专业策划。由公司总部、分(子)公司安全管理部门牵头，针对高风险项目，从安全生产方针目标、管理体系、组织机构及人员、风险管理、隐患排查、教育培训、应急管理等体系管理要素制定详细策划书，指导项目安全生产管理，从源头上管控风险。

②危大工程专项施工方案动态管控。

科技管理部门定期公布公司技术管理重点项目清单，直接负责组织公司技术管理重点项目及超一定规模的危险性较大分部分项工程专项施工方案评审，对专项施工方案执行落实情况进行监督和检查；公司安全管理部审定并每季度下发超一定规模的危险性较大分部分项工程专项施工方案类别清单，识别、分析专项施工方案审核审批论证审查情况;其他有关部门参与方案评审和执行情况监督检查。

各分(子)公司按照分级原则审查专项施工方案类别清单并上报,审定一般规模的危险性较大分部分项工程专项施工方案类别并下发清单;对由公司评审的专项施工方案进行审查,对除公司评审外的其他专项施工方案评审;对专项施工方案执行落实情况进行监督和检查。

通过公司总部、分(子)公司层面直接管控项目危险性较大分部分项工程专项施工方案,加大管控力度,确保本质安全。

③建立运行生产指挥中心。

在公司总部大楼建立生产指挥中心,与中国交建“矿山法隧道安全监控系统”和“盾构隧道安全监控系统”(简称“两个中心”)实施数据接入,实现安全生产管理决策分析、风险与管理偏差预警推送、突发事件应急管理、远程指挥等功能。公司生产指挥中心第一期已建设完成并投入使用,103 座隧道按照要求全部接入隧道安全生产监控中心、盾构安全生产监控中心。

依托生产指挥中心,着重制定系统应用的原则和方法,制定对系统所反映出来的异常数据的报告、处理机制。公司层面严格控制隧道施工掌子面作业人员不得超过 9 人,每月对公司所有在建矿山法隧道施工仰拱、二次衬砌施工安全步距及拱顶沉降值进行监控、统计管理;对盾构隧道盾构机水平和垂直姿态偏离、沉降监测数据进行监控、跟踪;对安全步距超标、拱顶沉降超限、姿态偏离超限的项目实施重大隐患挂牌督办,并进行跟踪管理。

公司正依托生产指挥中心,加快推进危大工程实施状态监控、项目风险源分布图、应急资源分布图、远程安全监督检查等功能的应用。

④特种设备安全监控系统。

研发应用大型特种起重设备安全监控系统,对在建项目大型特种起重设备安装、使用、维保、拆除、转场等全过程关键环节进行安全监控。

在管理后台,能有效掌控特种设备的合规性、设备信息及状态、操作人员、维修保养等安全使用流程;对特种设备使用环境、使用状态、安全数据等进行监控,建立全流程中的安全预警机制,包括合规性预警、使用过程违章操作预警、环境条件因素预警、安全检查预警等,设定公司总部、分(子)公司、项目部、班组等层级的分级预警阈值,分级辨识和管控,最终实现安全风险的预警、预报、控制和消除。

以方案为龙头、以现场作业为关键环节、以专业化资源配置为抓手,对架桥机、龙门吊、塔吊、履带吊、汽车吊安装安全监控系统,实现在线数据管理,提升起重设备安全管理水平。目前,福厦铁路、伍家岗大桥等多个项目已试点应用塔吊监测系统。

(5)隐患排查治理

①实施安全生产责任包保检查。

研究制定《安全生产责任包保实施管理办法》,制定领导包保项目检查参考表单,明确包保领导的安全生产管理责任。公司总部党委书记、董事长、总经理是安全生产责任包保的第一责任人,全面负责监督下属单位的安全生产责任包保工作;公司总部业务分管领导对所负责领域内安全生产负责,负责监督检查领域内分(子)公司的安全生产责任包保工作;分(子)公司的联系领导对联系的分(子)公司进行包保督导检查;分(子)公司包保项目的划分原则自行研究确定,主要领导包保重大项目(如施工风险大、技术难度大、社会影响大的项目)。

结合暗查暗访和现场调研检查方式,对项目部安全生产工作落实情况进行督导检查;分(子)公司保责任人通过现场检查、远程视频检查、建信息群动态监督等多种方式对包保项目安全生产工作进行督导检查,每个季度对包保项目现场进行全覆盖检查,每季度至少参与一次包保项目组织的周或月度安全生产检查,检查发现的重大安全问题事项提交总经理办公会研究解决。

②严格实施企业负责人带班检查。

公司总部、分(子)公司领导班子成员(含安全总监)带队对工程项目安全生产状况及项目负责人带班生产情况进行检查,并如实记录《企业负责人带班检查记录表》。企业法定代表人、总经理、分管生产安全及质量的副总经理和总工程师,每月检查天数不少于其工作日的25%。

企业负责人带班检查工作的内容及职责有:检查分管业务的安全生产工作、检查分(子)公司负责人带班检查及项目负责人带班生产情况、检查公司和分(子)公司相关职能部门服务项目情况、开展"六查"工作以及组织对项目重点部位、关键环节、高风险作业点进行检查巡视,发现生产安全事故隐患及时督促消除,协调组织解决项目实施过程中产生的安全生产问题。当出现急难险重安全问题或事故险情等情况时,分管相关业务工作的企业负责人应到施工现场进行带班检查。

③开展安全监督检查及专项整治。

每年年初统筹编制并发布安全生产年度监督检查计划,各部门、分(子)公司结合检查计划,按照管理职能分工和业务流程管控要求深入施工项目开展安全生产检查,分(子)公司采取季度检查方式,每季度组织一次,每半年对管辖的项目进行全覆盖监督检查。持续开展施工机械设备、水上作业和交通、隧道爆破和民用爆破、防坍塌防高坠等专项整治,持续巩固高风险板块施工安全管理。

按照"隐患就是事故"理念开展事故隐患的治理,做到"五落实",即整改的措施落实、资金落实、期限落实、责任落实、应急预案落实,明确隐患治理责任单位及责任人。一般事故隐患由责任单位自行组织整改、验证,并在整改期限内向监督检查组织部门上报事故隐患整改资料;重大事故隐患实施分级挂牌督办。

针对重大事故隐患,挂牌督办部门应及时下达《生产安全隐患治理挂牌督办通知书》,并登记建档,同时跟踪隐患治理进展情况;被督办单位接到挂牌督办通知书后,立即组织制定重大事故隐患治理方案,并报挂牌督办部门备案;治理完成后,责任单位应向挂牌督办部门申请验收、销号;挂牌督办部门接到生产安全隐患治理销号申请后,组织验收;挂牌督办的重大事故隐患完成内部结案程序后,办理销号手续;重大事故隐患治理完成后,公司总部、分(子)公司按照“四不放过”的原则,组织隐患分析会,对隐患产生原因进行深入分析,对负有责任的人员提出处理建议,制定避免同样隐患重复出现的措施。

④开展系统性隐患课题研究及应用。

强化检查结果应用,在每季度安委会上对典型事故隐患进行解读和分析,制定《生产安全系统性隐患治理工作办法》。针对习惯性违章和多发隐患,公司总部、分(子)公司认真分析原因,通过修改制度、闭合流程,从源头上寻找对策措施,着力从系统上解决,先后开展了“桥梁高处作业人行爬梯附墙标准化”“T梁湿接缝悬吊作业平台”“小型机具设备进场验收管理办法”“龙门吊起重天车制动片的检查、更换要求”“箱梁/T梁架设、过孔前施工现场应具备的安全生产条件”“桥梁墩旁检修平台安装风险辨识及控制措施”“周转材料存放及周转使用安全要求”等十余项系统性隐患治理课题研究,并进行了推广应用。

此外,结合行业典型事故案例及企业内部事故隐患分析,每年发布企业质量安全红线清单,梳理制定年度重点整治的“十项安全禁令行为”,并在检查活动中进行重点检查。

⑤创新开展阶段性重点监管工作机制。

为切实增强两级总部对基层单位的服务、监管效果,及时、高效掌握基层单位相关重点工作执行落实情况及存在的问题,需创新开展阶段性重点工作监管工作机制。

总部安全管理部门结合定期选取重点监管工作,以班前安全喊话、安全风险源动态辨识、领导带班及定期检查三项工作为重点,通过定期抽查抽检,帮扶指导项目做好相关工作,公司在总经理办公会、安委会上对执行情况进行定期通报,适时组织经验交流。

比如,督促各单位按要求开展好班前会活动,KPI指标为:公司总部、分(子)公司抽查点评项目部班前安全喊话(班前会)分别不少于5个班组/周、10个班组/月。工作方式为:公司总部层面,设定视频或现场参加项目部班前安全喊话(班前会)、调取视频等管理动作,点评并掌握一线班前安全喊话(班前会)实际开展情况;设定抽查分(子)公司参与安全喊话(班前会)工作效果管理动作,每月不少于2

个分(子)公司。分(子)公司层面,监督项目部加强班组建设,班前活动组织者须实时录存班前活动视频;设定视频或现场参加项目部安全喊话(班前会)、调取视频等管理动作,点评并掌握一线班前安全喊话(班前会)实际开展情况。

(6)应急管理

①建立健全网格化应急管理体系。

制定《自然灾害和事故灾难应急预案管理规定》,修订完善《自然灾害和事故灾难综合应急预案》,并组织外部专家评审,完成向地方应急管理部门备案及发布实施。自然灾害和事故灾难专项应急预案体系框架见图5-13,自然灾害和事故灾难应急救援组织体系框架见图5-14,事故报告程序见图5-15。

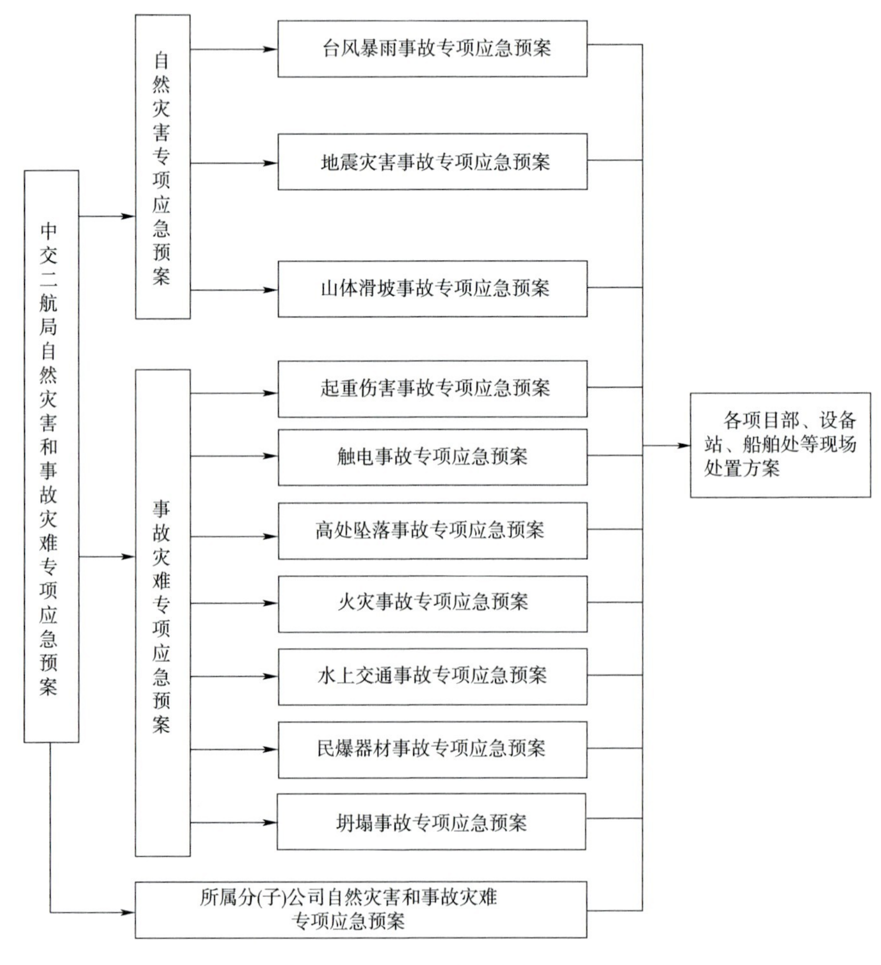

图5-13　自然灾害和事故灾难专项应急预案体系框架图

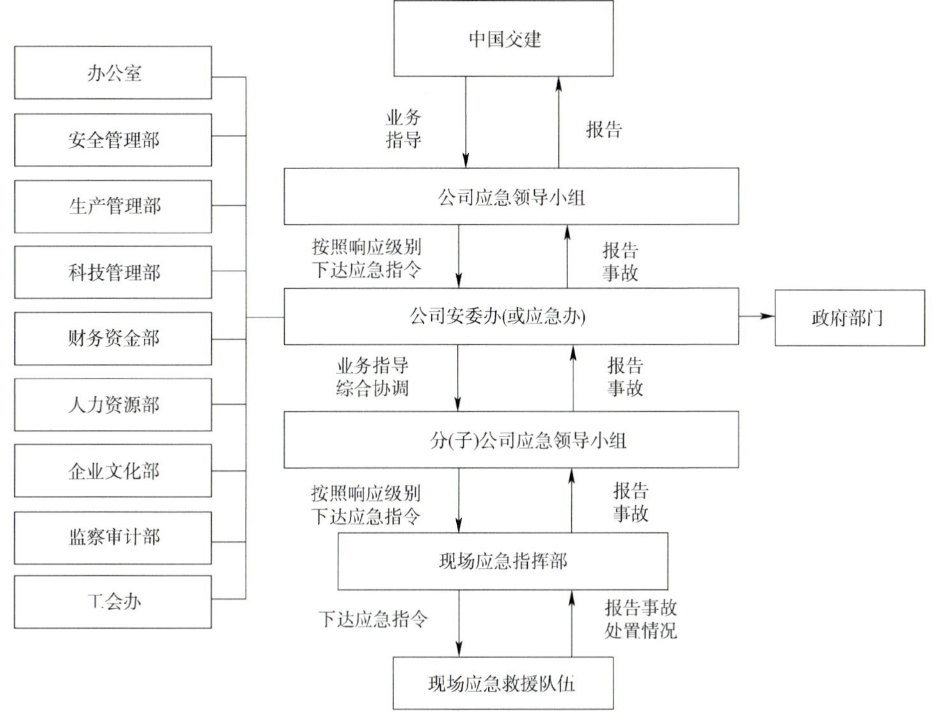

图5-14 自然灾害和事故灾难应急救援组织体系框架图

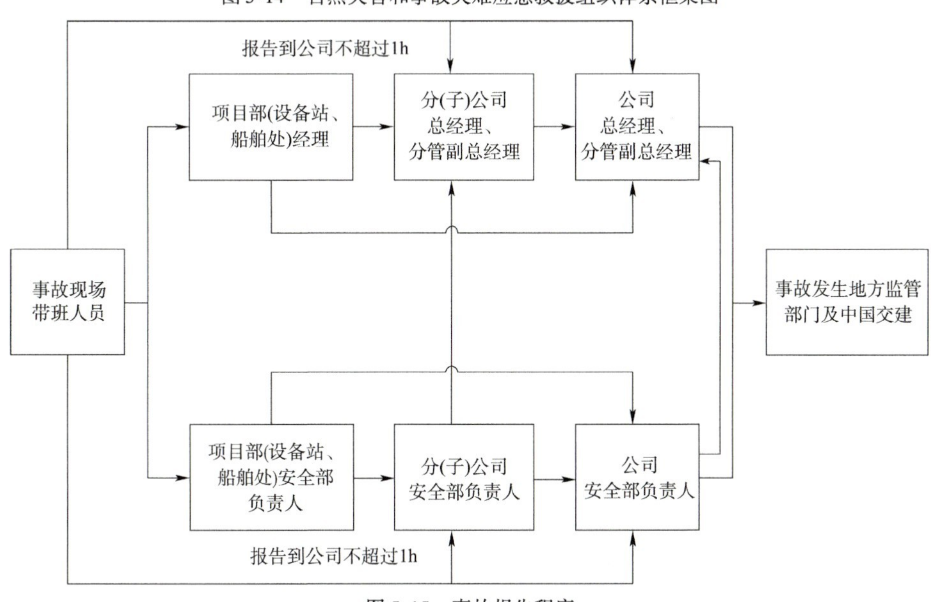

图5-15 事故报告程序

②统筹开展应急预案演练。

制作突发事件应急管理宣传片，组织开展应急管理培训，举办大型综合应急演练，为基层应急管理工作打下基础。如依托杭黄铁路项目组织开展了群体性事件应急演练，依托哈尔滨地铁项目举办了隧道坍塌事故应急演练，依托湛江东雷大桥项目承办了广东省海上防台风应急疏散演练，依托“深中通道项目”举办了水上交通及防台风综合桌面演练，并形成了桌面应急演练范本。通过有效开展各种形式的应急演练，锻炼队伍，明确各级各部门各岗位应急管理职责和应急响应流程。

③应急响应及应急值守。

总部主要负责人亲自部署、专题研究防台防汛防地质灾害工作，对相关工作进行科学部署，公司有关部门安排专人值班值守，直接与项目部联络，负责各类自然灾害的灾害预警、信息动态发布、灾害跟踪、项目防御信息收集和分析、应急指导和监督、应急总结评价等工作，确保各项应急工作有序开展，有效应对多次超强台风、洪涝灾害的侵袭。

④应用事故快报平台系统。

启用事故快报平台，并组织宣贯培训。通过平台强化信息报送时效，促进事故得到及时的处理，在平台上通过事故案例学习，分享经验教训，达到安全警示作用，做到举一反三，预防同类性质事故的再发生。

(7)安全生产正向激励

在对业内标杆企业深入调研的基础上，创新安全管理手段，制定《“知安全、行安全、奖安全”积分制管理工作方案》。“知安全、行安全、奖安全”积分制管理活动是在安全生产正向激励、反向约束机制上的积极探索，以安全行为观察为手段，对作业人员安全行为表现进行观察，对“知安全”“行安全”的行为进行奖分，对违规违章行为进行扣分，对积分优异的人员进行物质、精神奖励，对积分不足的人员进行安全教育、清退出场等处罚。把刚性的制度转化为企业温情的关怀，充分调动广大作业人员安全生产积极性和主动性，减少人的不安全行为。修订《安全生产奖惩办法》，进一步完善安全生产激励约束机制，加大对安全生产先进单位和先进个人的奖励力度。

(8)持续改进

①坚持偏差管理及纠正措施。

按月收集、分析安全生产综合月报、在建隧道施工步距控制清单、民用爆破器材使用清单、大型特种设备安拆清单等，技术中心按月发布技术服务项目技术安全风险清单，分析在建项目的危大工程、隧道施工、民用爆破器材、特种设备等管理偏差和安全风险，在月度总经理办公会、月度安全例会、季度安委会上进行通报，并协调相关部门共同解决基层一线的施工风险，提出纠正措施。

②改进和创新。

结合国家安全生产形势和全面深化改革指导思想，研究制定平安工程专项改革方案，结合基层工程项目实际，从深化建立健全安全生产责任体系、深化建立健全安全生产组织体系、深化建立健全安全生产制度体系、深化完善安全生产风险管控体系、深化完善隐患排查治理体系等方面着手进行安全生产改革创新，明确改革任务，全面细化改革工作的时间表和路线图。

③有感领导和文化提升。

各级领导充分发挥安全生产“党政同责、一岗双责”理念，率先垂范，通过以身作则的个人安全履职行为，使员工真正感知到安全生产的重要性和必要性。公司总部、分(子)公司党委中心组开展安全理论知识学习、党委会研究安全生产重大事项、总经理办公会上通报安全生产形势、党支部开展“三会一课”组织生活中必须包含安全理论知识学习、领导班子按要求频次开展带班检查、主要负责人带头讲安全课，已形成企业良好的安全文化。

此外，定期征集温情安全标语并进行发布，督促张贴项目现场，形成温暖的安全氛围，把刚性、冰冷的制度变成温情关怀。

5.3.4 项目部层级“穿透式”安全管理

(1)作业人员进出场管理

①全面落实建筑工人实名制。

按照《建筑工人实名制管理办法(试行)》，为加强建筑工人管理，维护建筑工人和建筑企业合法权益，保障工程质量和安全生产，培育专业型、技能型建筑产业工人队伍，项目部对所招用建筑工人的从业、培训、技能和权益保障等以真实身份信息认证方式进行综合管理。配备专职建筑工人实名制管理人员，通过信息化手段将相关数据实时、准确上传至实名制管理平台。

项目部全面实行建筑业农民工实名制管理制度，与招用的建筑工人依法签订劳动合同，对其进行基本安全培训，并在实名制管理平台上登记，方可允许其进入施工现场从事施工作业。建筑工人实名制基本管理流程见图5-16。

②采用移动考勤机清点人员。

项目部购置移动考勤机，分发到每个工点，由现场管理人员召开班前会的同时进行人员考勤工作，形成人员考勤台账，由各架子队(工区)安全员进行人员教育培训情况的核查，确保作业人员教育培训全覆盖。

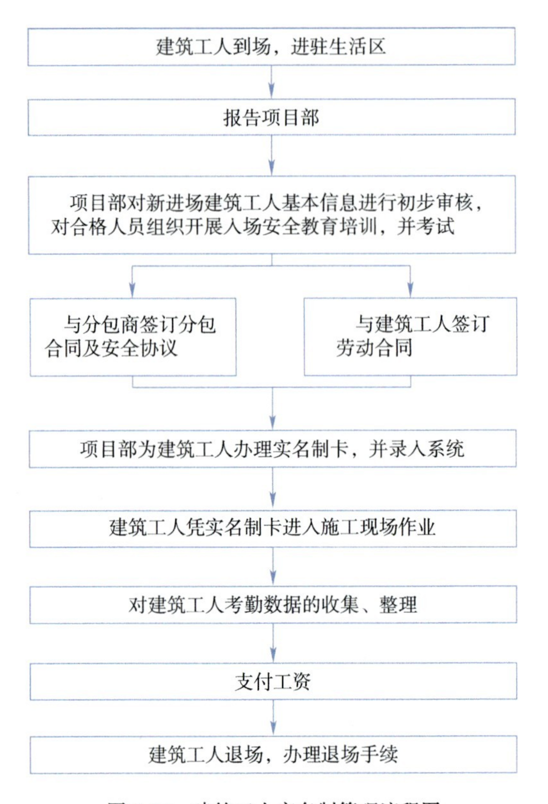

图5-16　建筑工人实名制管理流程图

③培训合格后发放劳保用品。

项目部所有进场人员第一时间到安全部门进行岗前安全培训，考核通过后方可领取安全帽、防护鞋、工作服等劳动防护用品。项目部安全部门建立培训台账，与计财部人员进行信息核对、与架子队每日班前会签字名单核对，多方联动。

④重点监控部位设置门禁系统。

针对矿山法隧道、盾构隧道、特大桥主墩塔柱、大型深基坑、水上作业平台等重点施工部位，项目部设置门禁系统，所有进出施工区域的人员必须通过门禁系统，监控室能准确掌握监控区域内人员数量、姓名、工种等信息。公司北口大桥水上栈桥入口处设置门禁系统见图5-17。如佛山地铁等项目推广完善了施工人员信息监控系统：建立施工场地→下井→进入隧道三级门禁系统，分作业区域对进入的人员实施分级管控；除原有下井处视频监控外，在进入施工场地门禁处、进入隧道门禁处增设了视频监控，并调整了视频监控安装位置，确保实时采集进入作业区域内人员影像信息；所有参建人员均需佩戴芯片卡作业，芯片卡中除常规的工种信息外,增加了身份信息、教育培训情况等信息,以掌握进入作业区域内人员的完整信息。

图5-17 北口大桥水上栈桥入口处设置门禁系统

(2)项目安全管理队伍建设

①专职安全员配备及分工。

按照法规要求,项目策划阶段,明确项目专职安全管理人员配备,按要求配备专职安全总监,作为项目部安全分管领导,全面负责项目安全管理工作;结合施工现场危险作业实际,现场配置专职跟班作业的安全员,配置人员按照项目工程量调整,原则上10亿元以上的项目不得少于7名安全管理人员;各分包队伍按照分包合同要求,明确专职安全管理人员配备,纳入项目部安全管理部门统一管理,协助项目部做好分包人安全管理工作;项目部施工员、质检员、设备管理员等按照业务职能履行业务范围内的安全监管工作。

②兼职安全员配备。

为抓好班组安全建设,协助项目专职安全员做好一线安全管理工作,项目部需将班组长纳入项目安全管理体系中,明确责任区域,班组长与项目专职安全员联动,直接对班组内部食品安全、用电安全、消防安全、施工安全等进行监督检查。项目部制定考核奖励措施,激发班组长从事班组安全监督工作的积极性。项目部安全管理部门建立作业班组安全管理交流群,各级人员每天发布各项安全动态信息及安全工作情况,及时了解一线管理动态,反馈渠道畅通。项目部将现场管理总监、电工等关键岗位的经验丰富人员聘任为兼职安全员,负责管段内安全生产工作,按照中国交建安全监管人员津贴予以补助,调动兼职安全员积极性,同时项目积极调动全体管理人员和参建人员安全自纠自查,查摆自己身边的安全问题,早发现、早解决。

③设置党员安全先锋岗和青年安全示范岗。

为充分发挥基层党支部、广大青年员工在安全生产工作中的积极作用，展现党员干部和青年职工的先进性，在项目部开展创建党员安全先锋岗和青年安全示范岗活动，并颁发徽章，徽章佩戴在安全帽上。通过党员安全先锋岗和青年安全示范岗活动的开展，让项目党员干部和青年员工在岗位上发挥模范带头作用，与作业人员沟通，了解作业人员认为区域内的安全隐患，协助解决作业人员担心的问题，让项目安全关怀伸展到作业层面，共同维护施工安全。

(3)教育培训管理

①多种形式开展专项培训。

项目部除开展必要的入职三级安全教育培训，还根据施工进度和地方气候变化适时组织各类专项安全教育培训，邀请地方安监、消防、公安等部门专家进行授课，丰富培训知识面，让单一的施工安全，转变为全方位的过程安全。

②有效应用安全体验馆开展教育培训。

安全教育培训采用常规安全教育和安全体验两个部分，常规部分采用授课和观看视频工具包视频形式，安全体验部分主要依托实体体验馆和VR虚拟体验馆，实体体验馆内设置安全帽体验、触电体验、心肺复苏急救体验、平衡木体验、钢丝绳展示、劳动防护用品展示、消防设施展示等与施工相关模块，VR体验区内安装触摸屏的体验馆展示平板电脑，让作业人员了解体验馆设计的信息，亦可以将视频工具包与投影相连，等待体验的人员可以观看警示宣传片。

如京雄城际铁路项目结合现场实际情况，选择24个事故模块类型进行体验，目的是让作业人员能够在班前接受安全教育培训，能够通过视频、实景模拟、实物等形式再次提升安全意识，警醒作业人员安全的重要性，京雄城际铁路项目安全体验馆培训如图5-18所示；日常工作中，项目部不定期组织现场作业人员进行安全体验工作，效果显著，让作业人员亲身体验伤害后果，让“我要安全深入人心”。

③常态化召开班前安全会。

项目工程技术人员、安全员根据各自负责工点情况，与作业班组带班人员联合组织班前会(检查劳动防护用品配备情况、检查和问询当班人员精神面貌、布置当班工作任务、提醒安全注意事项、组织宣誓仪式、影像资料记录、作业人员签名等)，项目部管理人员做好班前会记录，并将班前会召开情况上传至声像资料群中，安全部专人负责收集图片资料，并每日早晚规定时间通报白夜班班前会开展情况。

图5-18 京雄城际铁路项目安全体验馆培训

如京雄城际铁路项目部根据班前会召开质量情况,对当班主持人予以6~13元/次的经济奖励,以经济奖励促进安全意识提升,激发现场人员积极性。

④施工现场设置广播及视频监控。

施工现场布置广播及视频监控系统,通过视频记录每日施工过程人员,设备情况。利用广播系统每日循环播报上级来文、项目部安全管理要求、安全注意事项、安全卡控表及安全知识宣传手册等内容。架子队(工区)有专人负责视频广播管理工作,发现现场隐患,直接向作业人员喊话,达到"一处有违章,全员受教育;一处有隐患,全员受警示"的效果。关键入口位置设置安全文化长廊,通过宣传标语、显示屏、宣传栏、公示栏等向作业人员进行安全宣教工作。

(4)安全风险分级管控

①严格危大工程专项施工方案管理。

项目部执行国家部委、公司有关危险性较大分部分项工程专项施工方案管理的规定,严格编制、报审报批及组织专家论证审查手续。专项施工方案实施前,编制人员或项目技术负责人向现场管理人员进行专项方案交底,现场管理人员向施工作业人员进行安全技术交底,并由双方和项目专职安全生产管理人员共同签字确认。因设计变更、方案变更、作业环境条件改变等原因对专项施工方案进行调整的,必须重新履行内外部审查和专家论证程序。

②实施危险作业许可及关键工序验收。

按照危险作业施工许可管理办法,项目部对危险性较大的分部分项工程、首件、首次、典型施工实施一定时限的危险作业许可管理,进行作业条件确认,确保各项安全施工措施到位后方可开工作业;针对受限空间作业、起重吊装、施工用电等作业,项目部实施每日安全许可;针对挂篮施工、液压爬模施工、支架现浇作业等危险作业,项目部实施关键工序验收制度,及时消除事故隐患。

如京雄城际铁路项目为加强对不同施工内容的安全管理,将安全要求穿透到各施工环节。项目部根据每一道工序存在风险,下发工序安全管理红头文件,并分发至各作业班组,各作业班组负责人签收后交安全部门存档。项目部施工期间共计下发21项工序安全管控文件,覆盖内容全面,具有一定针对性,各项文件也成为班前安全会重要宣讲内容及作业人员掌握安全知识重要途径。

③规范危大工程监控量测。

针对深基坑开挖、矿山法隧道施工等超一定规模的危险性较大分部分项工程施工,项目部制定监控量测方案,严格规范施工监测,健全预警机制。

如京雄城际铁路项目针对明挖隧道深基坑特点,设立专班对基坑监测数据进行管理,依托铁路建设管理平台,项目部各级管理人员能够及时了解各类数据变化情况,监控量测数据每日提报至项目总工和安全总监,及时处置预警情况。

根据规定,黄(橙)色预警,施工单位与监理共同分析原因,制定消除措施并留取影像资料,填写“监控量测报警关闭处置表”,由监理工程师签字确认后进行关闭或上报建设单位;红色预警,作业面停止施工,撤离作业人员及施工机械并设置警戒线,由雄安指挥部组织设计、监理、施工单位共同分析原因,制订消除措施并留取影像资料。

(5)隐患排查治理

①项目负责人带班生产。

项目部执行领导带班制度,每日在进出办公楼口公示当班人员信息,带班人员持续至凌晨00:00时,带班人员填写带班记录本中,并做好交接班。带班情况由综合部负责监督并在项目日报群(项目领导群)中公布,安全部负责监督领导带班记录填写质量。每天早上由安全部专人负责传递领导带班记录簿,同时检查记录簿填写质量,针对漏填、未填内容进行提醒补填,确认后方可转交至当日值班人员处。针对填写发现的问题立即反馈至安全部,安全部负责盯控问题的整改,问题闭环管理。

②安全联动检查。

项目主要负责人每月组织现场平推检查;安全总监每周组织对现场进行专项检查,且由安全总监提名现场较差工点,由项目经理带队进行专项整治;生产经理与安全总监每日对关键施工区段及高风险施工点进行盯控,并对现场潜在风险进行督查、整改,架子队安全员跟班作业,纠察施工过程中的各类违章现象,班组安全员与作业人员同进出,发现问题及时反馈,专职安全员针对性协调解决,安全总监跟踪隐患处置情况。班组安全管理人员除了自己纠察安全隐患外,还可以向项目部安管员报告,协助其整改,加大整改的力度。安全管理要学会“扯虎皮”,各级安全管理人员借助于上一级或者监理、建设单位等的影响力,解决本层级不好解决的问题,无论采取什么样的方式,能消除安全隐患的方式都是好方式。通过多方联动,将安全监督、管理、治理的渠道打通,真正解决现场问题。

③夜间巡查。

项目部安排成立专班(2 名人员、1 辆应急车辆)负责对全标段下半夜(每日00:00—早06:00)巡查,与项目领导夜巡进行无缝对接,确保24h时段现场均有管理人员。巡查人员与值夜班的技术干部对接,告知技术干部当晚值班人员联络方式,巡查人员重点排查现场工作进展情况、当班现场管理人员在岗情况、现场突发问题处置等,巡查情况在项目部群内公布(主要公示现场巡查的记录,技术干部值班的照片,作为餐补、奖励的依据)。

④应急管理。

项目部在施工现场、民工驻地以及作业人员的安全帽内张贴绿色通道(项目开工建设1个月内,与地方的两家单位签订绿色通道协议,此协议的签订须于地方医院的医务科负责人或分管副院长沟通解决)和应急救援联络人的电话号码(必须是负责施工应急处置人员,如现场副经理、安全总监、工会主席等的电话号码),在遇突发情况时可直接给应急联络人打电话。安全帽贴必须在安全帽领取前张贴到位,在进行人员入场培训时,交代清楚安全帽贴的作用,让每一名参建人员清楚安全帽贴的作用,杜绝“病急乱投医”现象,让应急处置按照项目要求进行,减小负面影响。同时为作业人员提供畅通的反馈渠道,作业人员工作、生活上遇到的任何问题都可以按照安全帽贴的电话进行反映,项目部主动解决作业人员关注的问题,让项目关怀深入一线,做好互动、沟通,关键时刻解决关键问题。

项目部配置的应急车辆(应急车辆必须由项目部以红头文件形式进行下发,明确人员和职责,也便于列入安全生产费用)随时待命,应急车辆最好选用空间大、座椅可拆卸的车辆,车上配置一副担架、一个应急医药箱,日常过程中,应急车轮驾驶人员加强人员受伤的简易救护、心肺复苏的培训,遇紧急突发情况,可以进行简易救治伤者,应急车辆必须高度服从项目安全总监调度。

(6)有效实施正向激励机制

结合项目部实际情况,决定在全标段范围内开展“知安全、行安全、奖安全”积分制管理活动,结合建筑施工实名制管理手段,根据施工现场安全教育培训人员,对所有参加入场安全教育培训并经考核合格的管理人员、作业人员进行建档,并给每名人员设定12分基础分值。

项目部以自然月为周期，统计所有管理人员、作业人员的积分情况，并进行排名。按照超出基础分值的积分给予10元/分的奖励标准，对积分值超过12分的人员进行统计，给予现金奖励[比如张某5月份积分为15分，则应奖励10×(15－12)=30元]，奖励结束后，积分恢复为基础分值12分；积分为7～12(含7分和12分)分的人员不奖不罚，积分值继续沿用；对积分为1～6(含1分和6分)分的人员必须重新组织进行入场教育培训，经考核合格后方可上岗作业，积分恢复为基础分值12分；累计出现3次月度积分为1～6分，清退出场；对存在积分值为0分的，立即清退出场。

对月度积分排名前5名的人员分别给予200元、150元、100元、50元、50元的额外现金奖励，并授予月度“知安全、行安全”先锋个人荣誉。对架子队的奖励，按各管理人员及作业班组人员人素进行加权平均计算积分，对加权平均积分值排名前3名的架子队分别给予500元、300元、200元的现金奖励，并授予月度“知安全、行安全”先锋架子队荣誉，排名最后的架子队需全体管理人员书写反思材料，并纳入绩效考核。对施工班组的奖励，按班组人数进行加权平均计算积分，对加权平均积分值排名前3名的班组分别给予300元、200元、100元的现金奖励，并授予月度“知安全、行安全”先锋班组荣誉。

如京雄城际铁路项目部设立安全奖励基金(奖励金来源为日常安全检查违规作业的罚款、项目部安全经费)，由项目部和架子队联合对表现突出的班组进行现场现金奖励，提高作业人员参与安全管理工作积极性；对落实不到位的班组进行处罚，并在作业队伍中进行公示，通报直接下发到其他作业班组，引以为戒。同时积极开展中交二航局积分制活动，以积分考核作业人员安全工作情况，按积分数进行奖励和惩处，让安全工作深入人心，提升安全管理水平。

(7)持续改进

每月定期召开安全生产月度例会，通报当月安全生产情况、传达上级安全管理要求、部署下个月安全工作重点、点评作业班组存在问题等，准确给作业班组“把脉扎针”，促进班组安全管理，不定去组织专题安全工作会议，主要针对高风险工点、突发性安全问题、班组安全建设等，定向分析解决安全问题，提升安全生产水平。

会议不拘泥于在会议室中召开，现场分析会也可适时组织。针对标准化水平高的工点，可以组织观摩学习，取长补短；针对安全问题较多的工作，可以现场帮助班组负责人整改，指出问题该如何整改，现场按照指令当场整改，强力扭转现场问题，这既是现场整改会，也是警示教育会。

5.4 "穿透式"成本管理

怎样有效规避传统工程成本管理短板,解决工程成本管理过程中的痛点、难点、关键点,实现工程成本管理全员、全过程、全要素有效覆盖,由被动、事后成本核算管理到事先预防、过程管控,落实成本管理全面监督,降本增效,实行工程成本有效"穿透"是每个建筑施工企业迫在眉睫需要解决的课题。

5.4.1 "穿透式"成本管理架构

工程项目成本管理信息化系统平台是"穿透式"工程项目成本管理的载体,公司总部、分(子)公司通过此载体可对工程成本管理健康指标、数据进行动态监控,掌握公司单个项目、整个公司成本管理健康状态,对出现偏差项目,及时通过成本数据统计、分析,找出问题症结,以问题为导向及时采取有效措施进行管控和纠偏。在企业内部制定统一的工程成本管理办法制度,并借助现代管理技术和信息化技术实现办法制度流程化、流程表单化、流程信息化和数字化,从而建立"穿透式"工程成本管理架构体系,包括成本管理机构和监督机构。同时,在成本管理体系内部赋予不同层级、同层级不同部门工程成本管理职责,实现上下层级以及不同部门间工程成本管理管理要素贯通、无缝衔接,使整个工程项目成本管理形成横向到边、纵向到底。具体可按三个层级管理架构设置,即企业(公司)总部、分(子)公司、项目部,各层级下设工程管理、商务管理等职能部门,具体架构见图5-19。

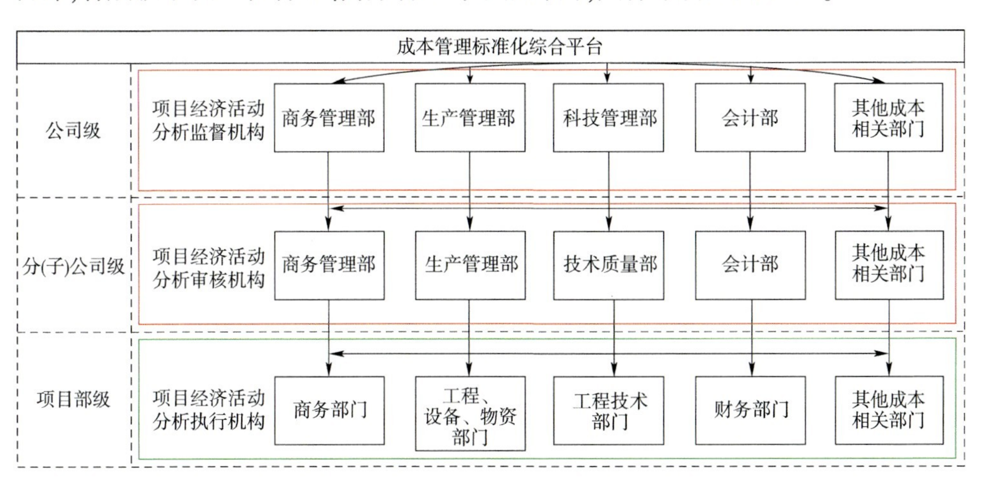

图5-19 成本管理架构体系

(1)公司总部层级

公司总部层级是工程项目成本管理体系的决策层,根据“穿透式”工程项目管理需要设立对应的职能部门,统一制定工程成本管理办法以及规范相应的流程、标准。主要职责包括:

①平台建设。

打造整体工程成本管理体系信息化平台,实现业务财务、业务之间对接,实现工程成本管理一体化。设立工程成本管理多维度健康指标,实行实时预警提示。统一建立采购交易平台,线上进行采购交易。负责统一建立和管理物资、设备、工程分包采购供应商资源库和评标专家资源库。负责权限内物资、设备、工程分包采购的审批及其采购工作。

②项目总体管理。

规范项目管理模式,分包模式,按工程类别、分区域等收集、整理、发布公司物资、设备、分包采购指导价,并根据市场以及执行等情况对采购指导价定期进行动态调整、增补、更新。收集整理工程成本管控有关资料,推广项目成本管控成功经验。编制培训宣贯材料,组织管理人员系统地对公司工程成本管理办法、流程、表单等进行宣贯。

③项目成本总体管控。

负责整个公司市场营销和分(子)公司经营项目审批工作,负责大型工程、重点工程的投标方案、报价、标书编制工作;组织开展施工项目标前成本测算和分析、决策工作;负责经营项目的风险评估及经营决策工作;负责公司所有工程成本管理全过程监督,负责对分(子)公司、项目部工程成本管理工作质量、成本管控工作成效进行监督,纪委监察、审计部门对公司各级在工程成本管理办法、流程等执行情况进行动态监督,确保工程成本管理、流程落地。负责公司工程成本管理数据的动态监控、统计、分析,视工程成本管理健康指标情况主动介入合同额大、技术难度较大、高风险具体项目的成本管控工作,督导、协调、帮扶分(子)公司、项目部及时解决工程成本管理过程中遇到的问题。整合调剂公司、分(子)公司内部闲置资源,发挥公司整体集约功能,突出整体成本管控能力。

(2)分(子)公司层级

分(子)公司层级是“穿透式”项目管理体系的承接层,执行总公司层级制定的工程成本管理办法、流程,根据自身特点制定相应实施细则,及时向公司总部反馈执行过程中发现的缺陷。并对分(子)公司成立项目部施工的项目,组织进行项目标后成本测算,确定施工项目目标成本并及时对项目部下达,签订经济责任书。实施对项目部过程绩效考核、项目完工考核和项目完责考核。主要职责包括:

①实施项目总体管理与招投标。

负责项目总体管理策划、施工策划、商务策划的制定工作。指导监督项目部制定经济、合理、可行的施工方案，优化项目“工、料、机”等资源配置，实时监督、调整，保障项目顺利履约。负责分(子)公司市场营销和经营项目报批工作，工程的投标方案、报价、标书编制工作；组织开展施工项目标前成本测算和分析、决策工作；负责经营项目的风险评估及经营决策工作；项目建设合同签订后，对成立的项目部就合同、招标文件、投标文件、补遗书、澄清函及招投标期间的成本预算等进行交底。按总公司所有对外合同进行详细分类及职责，明确各类合同主管和协管部门责任。对项目分包合同履行过程中计量、结算、支付线上进行形式审查，对变更、索赔进行审核、审批。

②落实项目成本总体管控。

负责分(子)公司工程成本管理数据的动态监控、统计、分析，视情况主动介入具体项目的成本管控工作，督导、协调、帮扶项目部及时解决工程成本管理过程中遇到的问题。负责权限内和公司总部授权范围内分(子)公司物资、设备、工程分包采购的审批及其采购工作；负责公司总部职权内物资、设备、工程分包采购的报批。整合、调剂分(子)公司内部资源，发挥集约功能，突出整体成本管控能力。审批项目部的成本动态调整资料。负责分(子)公司所有工程成本管理全过程监督，负责对项目部工程成本管理工作质量、成本管控工作成效进行监督，纪委监察、审计部门对分(子)公司、项目部各级在工程成本管理办法、流程等执行情况进行动态监督，确保工程成本管理、流程落地。

收集整理工程成本控制有关资料，推广工程成本控制成功经验；收集整理分析分(子)公司物资、设备、分包市场信息，并向公司申报进行调整、增补、更新；负责项目部采购价超出公司采购指导价项目的核批。

(3)项目部层级

项目部层级是“穿透式”工程项目成本管理的执行层，在推进工程项目施工建设的同时严格执行公司的工程成本管理办法、流程和分(子)公司制定的相应实施细则。主要职责包括：

负责按总体管理策划与中期策划、商务策划制定经济、合理、可行的施工方案，优化项目工料机资源配置，实时调整保障项目顺利履约。按公司所有对外合同进行分类及职责，明确各类合同主管和协管责任分类管理，确保各类合同的评估、谈判、签订、履约和管控。及时反映项目资源状况，负责项目物资、设备、分包等合同履行过程中计量、结算、支付、变更、索赔等的线上办理。

接受项目建设合同、招标文件、投标文件、补遗书、澄清函及招投标期间的成本测算等交底。同时与公司总部、分(子)公司签订经济责任书,接受过程绩效考核、项目完工考核和项目完责考核。执行公司物资、设备、分包采购指导价,收集整理分析物资、设备、分包市场信息,并通过分(子)公司汇总向公司申报进行调整、增补、更新。对项目部拟采购价超出公司采购指导价部分向分(子)公司进行申报,待批复后执行。负责权限内项目部物资、设备、工程分包采购报审工作、采购工作。

接受公司总部、分(子)公司所有工程成本管理全过程监督。接受纪委监察、审计部门对项目部各级在工程成本管理办法、流程等执行情况进行动态监督。负责定期开展经济活动分析工作,将工程目标成本细化、分解,下达到项目部职能部门、班组,责任人,根据工程进度实行有效管控,核算、对比分析、考核,实现成本目标。在规定时间、真实、准确、完整将项目经济活动成本数据、资料录入信息化平台。

5.4.2 工程项目成本管理实施

(1)打造公司统一工程成本管理信息化平台,推倒“部门墙”

实现业务财务、业务之间对接,实现工程成本管理信息、数据全部系统上运行。对原有的点状、线状、面状的工程成本管理实现了有效串联,实现整个项目全方位立体成本管控体系,通过多维度关键工程成本管理数据的汇总分析,公司总部、分(子)公司、项目部均能全面了解各自权限范围的工程成本管理整体运行状态。通过对单独项目工程成本管理关键数据、指数、项目进度情况设立健康指标,对工程成本管理偏离健康指标的实行警示,实施实时有效监管,项目部及时采取纠偏措施,公司总部、分(子)公司及时采取监督、帮扶。

统一制定公司项目管理模式、分包采购模式,统一制定公司物资、设备、固定资产折旧、摊销、回收标准。从项目市场经营标前成本测算、项目承接标后成本测算、确定目标成本、到实施阶段成本经济活动分析和完工成本清算做到公司表单、数据填写等标准、口径统一,便于前后成本变更对比分析,有利于成本大数据分类采集,指导公司经营生产。有效解决经营、生产、绩效考核等前后脱节问题,有利于全生命周期工程成本管控。

(2)打造采购交易平台,降低公司整体成本

项目的采购支出占工程项目成本的80%以上,采购成本的节约是工程项目效益的最主要来源。必须建立健全“大采购”管理体系,推动项目成本管理由粗放式管理向精细化管理转变。借助电子化信息系统,将竞价过程放到电子化平台,确保采购过程的公开、透明,促进采购的充分竞争,有利于采购成本的降低。通过对大宗、通用、重要物资全面实施集中采购,集合了不同时间、不同区间的产品需求,使供方获得了稳定的供应份额,降低了供方生产成本,进而使公司获得大幅的价格优

惠。通过信息化系统实施记录采购价格，及时发布历史成交均价、最高价、最低价等数据，不但为定标决策提供数据支撑，更为项目成本分析、公司指导价（公司定额）的制定提供了大数据的参考依据。

建立采购交易平台，统筹整合外部市场资源，充分发挥公司集约、规模、集中采购优势，实行物资、设备、工程分包等网上采购交易，体现公开、公平、公正原则，降低工程采购成本，有效规避不正当利益输送。同时整合盘活公司内部各分（子）公司现有资源，网上建立公司内部物资、设备资源库，动态更新物资、设备配置状态信息，协调和整合分（子）公司之间资源配置，形成内部市场，深挖公司内部潜力，形成集约效益，降低公司整体成本。具体从以下几个方面着手：

①完善采购规章制度，打造公司网上采购交易平台。

制定《物资采购招标文件范本》《设备采购招标文件范本》《工程分包采购招标文件示范文本》《招标采购评标办法示范文本》。同时规范各类工程分包模式，制订工程劳务分包、工程专业分包、物资和设备购置、租赁格式合同范本，制订公司《分包采购交易管理实施细则》等，明确公司各级职能部门责任权利，按标的额大小实行分级管理，实现公司所有采购的申报、批准、招标、评标、定标以及评标过程监督均在网上进行，保证采购公平、公正、公开进行，同时有效降低采购成本，杜绝采购环节的腐败发生。

②优化供方网络，实现供方动态管理和资源共享。

公司对供方实行分级管理，各类供方分为A级（战略供方）、B级（优质供方）、C级（合格供方）、D级（不合格供方）、E级（黑名单供方）五个等级，通过新增入库、优晋劣汰、黑名单制等措施对供方实施动态管理。规定合格供方应具备的基本条件，严格供方准入审查，依据供方的行业、区域布局以及与现有供方的比较，择优选用，选择标准是在本行业和本区域技术领先、有规模、有实力、有信誉等。供方选定后，由公司通知该供方登录信息平台填报完整基本资料，经审批通过后，供需求单位选用。进入到黑名单的供方，全公司范围内予以通报，公司各单位立即禁止与该供方合作。评定D级不合格供方的，取消供方网络成员资格，禁止合作，两年后才能重新申请注册。合同履行过程中，实行对供方进行考评，根据考评结果对供应商分级，招标采购时在同等条件下应优先选择高级别供方，上一年度评定为A级的供方，在招标采购时给予其降低履约保证金、投标报价、提高支付比例等方面政策优惠。通过采取以上方法，达到吸引优质供方合作，实现供求双方双赢的目的。根据供方履约过程评价结果动态调整供方等级。

③采取集中统一招标和采购，形成规模采购效益。

公司内常用物资、设备、周转材料的租赁和购买等采取集中统一招标，公司统一与供方签订框架协议,确定采购期价格,采购期内公司总部及分(子)公司、项目部根据需要另根据框架协议采购价格与供方分签采购合同,形成规模采购效益。同时,逐步建立公司标准化分包模式和打造专业分包队伍,实行工程分包统招分签模式,这样一方面减少采购工作成本和分包单位投标成本,另一方面有利于打造公司专业分包供方资源库。

5.4.3 工程项目成本管理流程化与信息化

工程项目成本管理流程如图5-20所示。

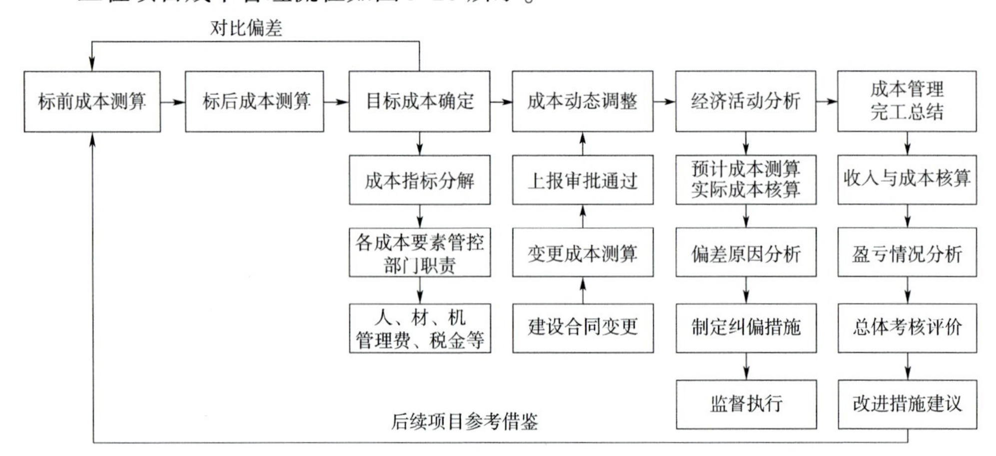

图5-20 工程项目成本管理流程图

(1)落实标前成本测算,实现高质量经营

从源头控制,提前介入经营项目,有效前移市场开发,针对重点项目成立专项工作组,为客户提供优质技术、经济咨询服务,通过超前介入、深度参与,加大对项目的技术、限价掌控能力。做好前期市场环境,市场信息调研,认真研究招标文件,按规定格式、表单准确测算标前成本,确保最终的投标报价不得低于标前成本(战略项目除外)。

设立投标红线、底线标准,重视经营决策及决策监督,投标前对建设单位的资信调查,对项目招标的技术、进度、商务、外界环境等条款深入研究分析,并提交评估分析和建议供领导决策,并对决策全过程监督,确保不投亏损标的管理要求得到有效落实执行,从源头上对工程成本进行管理。

(2)标后成本测算及目标成本确定

根据建设合同、工程项目策划等对项目商务管理进行策划,对项目工、料、机、资金等资源进行详细分析,根据相关成本管理办法要求完成标后成本测算,由分

(子)公司研究讨论并确定目标成本。项目部可自行测算项目标后成本,并与分(子)公司进行对接、磋商,反映,差异部分未达成一致意见,以分(子)公司意见为准,项目目标成本确定后,公司总部、分(子)公司及时根据目标成本与所属项目部签订项目经济责任书,对项目管理层实施绩效考核。针对投资项目或图纸不全的特殊项目,可根据已确认的施工图纸或暂定的施工方案分阶段进行成本测算,待后期正式图纸或方案批复后再进行系统调整。

项目目标成本确定后,及时与标前成本测算数据进行对照分析,查找两者差异并分析原因,对偏差较大的测算内容应将相关情况及时反馈市场开发部门,以利于市场开发部门更为准确地进行标前成本测算。

(3)强化成本动态调整,重点管控合同变更

工程项目管理涉及工程质量、进度、安全、成本、文明环境保护等各方面管理,是一个管理的集合,单独强调其中任何一项管理都有失偏颇,项目管理中工程质量、进度、安全、文明环境保护任何一项管理或多项管理缺失或不到位都会对工程成本造成影响,反过来讲,工程成本管控效果好坏,间接反映项目质量、进度、安全、文明环境保护等综合管理水平。我们说的以成本为核心,并非片面重视成本管理而忽视其他方面的管理,而是在实现建设合同约定的进度、质量、安全、文明环保等目标基础上,强化工程项目成本动态调整,从而实现成本效益最大化。所以项目投标、项目策划、编制施工方案、施工组织、经济活动分析等各阶段应进行多维度、多方案技术经济比较,在满足合同工期、质量、安全、文明环保要求时,选择最优工程成本方案,达到实现成本效益最大化目的。

合同生效后,项目部与分包单位均应全面有效履行合同义务,不得随意变更合同。合同工程数量或单价的调整、新增工作内容等所有合同变更,均需经项目部内部评审、审核后,报所属分(子)公司审查审批,审批通过后,及时与合同对方单位办理书面确认手续,必要时签订补充协议。

合同变更增加金额在200万元及以内的,由项目部审核通过后,经分(子)公司相关主管部门对变更事项审核,报分(子)公司分管领导审批;变更增加金额在300万元及以内的,在履行前述审查审批程序后,还需报分公司执行总经理或子公司总经理批准;变更增加金额超过300万元的,在履行前述审查审批程序后,由分公司执行总经理或子公司总经理提出处理意见后,还需报请分公司总经理或子公司董事长批准。上述变更如各单位有会议决策程序的,按会议决策程序审批办理。任何人均无权单独批准分包合同变更。变更未获批复前,不得对合同对方单位办理变更部分的计量、支付手续。

因建设合同变更导致的合同变更(纯劳务分包除外),原则上需得到建设单位

变更计量支付确认后,方可办理对对方单位的变更计量支付,且分包变更工程量、单价、总价等均不得超过建设单位批复结果(原建设合同单价低于市场价格的除外)。未获建设单位批复前,确因现场需要,需提前支付合同对方单位部分资金的,应报经所属分(子)公司审批同意后,采取暂定控制单价或暂定控制计量等方式解决,待获得建设单位批复后再据实调整。

成本动态调整的条件为建设合同变更造成的收入变化,相应成本费用也发生变化的情况,方可进行成本动态调整。成本动态调整应按照标后成本测算方法,调增或调减目标成本。项目部将目标成本中需调增或调减的成本汇总后上报分(子)公司,由分(子)公司审核,经审核同意后由分(子)公司商务管理部门下发调整后的目标成本。项目部根据调整后的目标成本分解到对应职能部门及其分管领导。成本动态调整原则上每年调整一次。

(4)定期开展经济活动分析,确保目标成本实现

项目经济活动分析的核心在于对项目总收入与总支出的核算与测算,并与目标值对比分析,及时掌握项目经营现状,分析存在的问题,提出解决的措施,为项目管理者提供决策依据。定期开展经济活动分析是项目实现成本管理、方案调整、风险防范、生产组织、资源配置等管理目标可控的主要手段之一。

工程项目的利润重心与成本重心均在项目部,管理好项目部的施工成本,定期开展项目经济活动分析是工程成本管理一项重要工作。项目部主要从成本计划、成本控制、成本核算、成本分析几个方面来开展经济活动分析,公司总部与分(子)公司主要从成本指标计划与成本指标考核方面来进行督促指导与帮扶,公司总部出台核算实施细则,统一成本过程核算时间,明确核算要素、机构与职责、分析流程、工程实体进度盘点界定、成本效益偏差分析、成本效益纠偏措施。

成本计划是根据项目全生命周期的工程生产费用支出计划,计算出对应目标成本,项目部将对应目标成本分解细化,按成本费用属性将目标成本分解到职能部门、班组以及责任人。

成本控制指经济活动分析周期内,在满足进度、质量、安全等要求情形下,职能部门、班组以及责任人通过对价格、消耗量、工效等进行管控,使工程实际发生成本控制在目标成本范围内。项目部定期(不得少于每季度一次)开展经济活动分析,项目经理是项目经济活动分析的第一责任人,负责协调督促项目各职能部门协同配合,深入开展各项工程成本管控具体工作。

成本核算,应对实际已发生成本汇总核算,并与已完成工程量及已确认收入进行匹配分析。

成本测算,应对项目预计未来收入情况和成本开支情况进行测算,汇总生成项

目总收入和总成本数据。目预计总收入及预计总成本数据，应与目标成本测算数据对比分析，及时发现查找项目成本节超情况及管控异常信息，有针对性地采取相应纠偏管控整治措施，进一步提升过程管控的及时性、针对性、有效性，达到项目成本动态分析核算和纠偏处置的目的。

项目成本考核，项目目标成本管控应纳入项目年度考核，对于成本出现严重偏差时，由分（子）公司对成本偏差原因进行核查，因项目部自身管理不善造成的成本超支，将根据绩效考核规定予以处理。公司总部、分（子）公司对所属管理项目部进行考核，项目部对项目施工班组进行考核，达到项目部的各项成本均能得到有效控制的目的。

项目经济活动分析流程如图5-21所示。

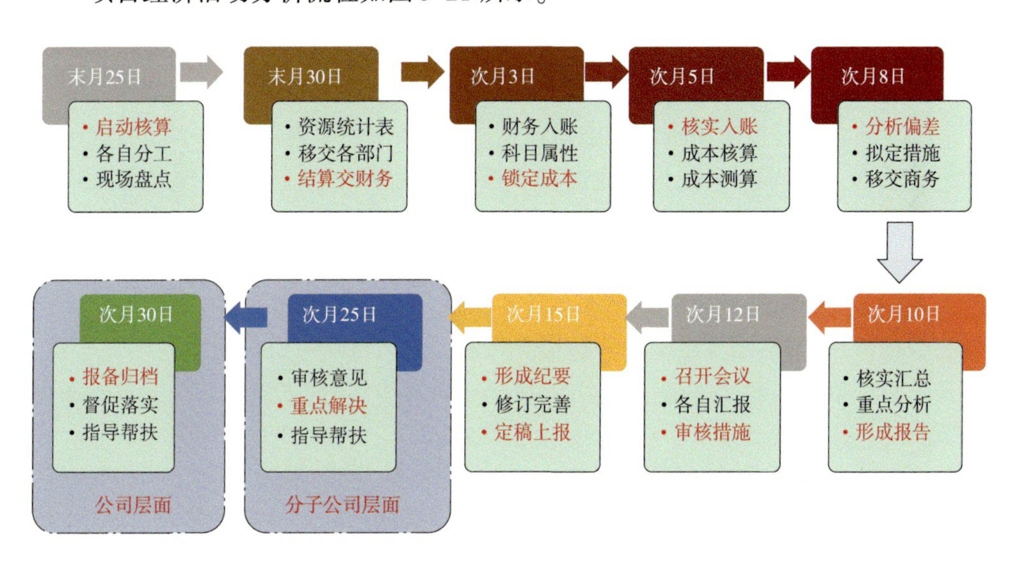

图5-21 项目经济活动分析流程图

（5）重视完工成本清算，做好项目工程成本总结

项目完工后，项目部应限期内完成项目资产财产清点移交及让售处置，清理核算项目债权债务，及时锁定项目总成本，开展关键分部、分项、工序工程工效分析，形成工程成本数据，补充工程分包指导价，指导公司市场经营决策。具体成本核算流程见图5-22。

①对建设合同已计量金额、预计剩余计量金额、预计变更索赔批复金额等合同收入情况进行清理测算，清理核对建设单位开累计量金额及其他与建设单位相关的经济往来后，按统一格式建立《项目完工总收入及债权明细表》。

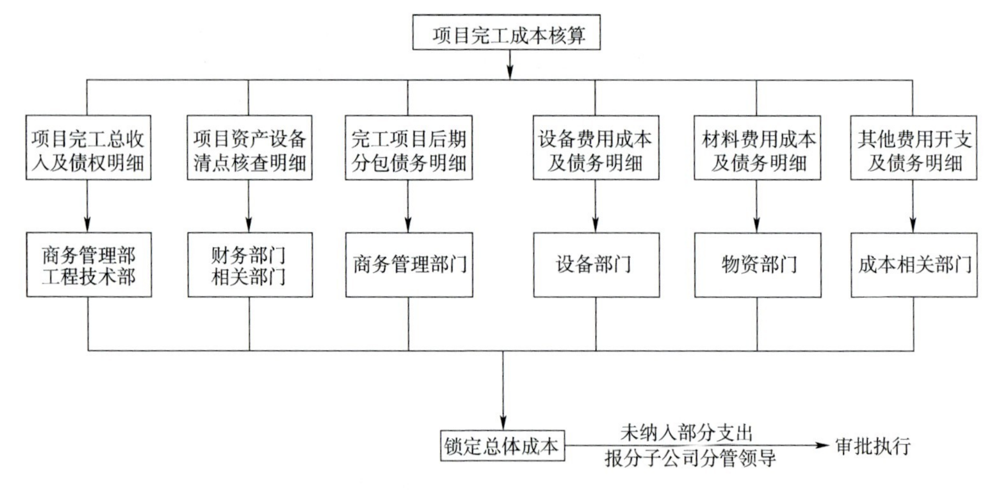

图 5-22　成本核算流程图

②对项目办公及生活资产设施清点核查后，办理公司内部移交手续和费用摊销确认手续，对采取对外让售处置的资产按相关规定处置后所得款项交财务部门冲抵项目成本开支，按统一格式建立《项目资产设施清点核查明细表》。

③及时完成项目所有分包合同结算数据和债务余额清理核查，具备条件的及时办理完工结算手续锁定分包成本和债务金额，不具备结算条件的，也应完成内部资料数据清点，预估结算金额和分包债务金额。对项目每一份分包合同结算金额、债务信息与票据金额逐一清单核实后，按统一格式建立《完工项目后期分包债务明细表》。

④对本项目所有材料租赁、材料采购、设备租赁、设备采购等内外部物资和内外部设备相关经济合同的结算金额、债务信息与票据金额进行清理核查，按统一格式建立《完工项目后期债务明细表》。

⑤对本部门办理的各类内外部经济合同结算金额及债权债务金额清理核查，并按要求建立相应台账及表格，交由项目财务部门汇总后报上级单位审核。项目后续费用开支以上述清理核查结果为依据，采取预算报批制，由对应职能部门按公司规定办理相应支付手续后付款。对未纳入清理核查统计范围的付款申请，实施提级管理、从严控制，项目部除正常办理支付手续外还需对未纳入完工成本清理核查原因进行解释说明，报上级单位对应职能部门审核，并经所属分管领导审批同意后方可付款。

项目完工后，两个月之内按照统一格式，编制项目完工成本管理总结初稿，项目部开展各项成本偏差分析、总结工作。与建设单位办理完毕建设合同结算手续与后续成本结算后及时调整项目总收入、总成本核算确认，形成最终的项目完工成本管理总结，根据项目所属报公司总部或分(子)公司，供后续项目参考借鉴。公司总部或分(子)公司及时组织开展项目完工绩效考核兑现工作。项目未提交项目完工成本管理总结的，不得启动项目完工绩效考核兑现工作。

(6)成本管理信息化

将上述成本管控全过程植入于系统，从投标时的标前成本测算、中标后的标后成本测算、目标成本指标下达、工料机需求计划、日常经济往来单位办理计量与结算、物资盘点库存、经济活动分析、目标成本调整、项目完工成本总结等，全过程实现网上办理。一键生成多维度的成本过程管理报表，避免数据重复录入，规避手动填报造成的漏填错填。更重要的是从各个层级所反映的数据均是唯一性。

通过信息化手段实现工程成本管理线上运行，有效保证工程成本风险。设立工程成本管理风险健康指标，实时工程成本风险全过程监控。全面升级合同履约管控模块和采购交易模块，优化审批流程，实现项目建设施工合同全面上线，项目全面实现线上办理物资、设备、分包采购合同招标申请审批、计量、支付、变更、结算等工作，从分包合同招标到结算实现全过程监管，对采购合同招议标、变更、结算实行严格申报、审批制度，实现业财对接，未批准的变更不得办理计量、支付，同时对分包合同计量、支付实行合规性审查，未签订合同或签订合同未上线的将得不到计量、支付，以信息系统的刚性约束，确保管理过程工程成本受控。过程定期开展经济活动分析，及时反映工程项目经营收入和工程成本等各项数据、指标的真实状态，设立建设合同履约关键管控和工程成本管控健康指标，设置预警提示，及时采取有效措施进行纠偏，立行立改，形成闭环。

5.4.4 工程成本管理的案例分析

某长江大桥由某工程局承建，具体实施由某工程局下属A子公司实施，由A子公司负责组建项目经理部。该项目位于长江中下游河段，为感潮河段，水深在0~3m，基础施工辅助措施方案为在桥位处设置上、下游双线钢栈桥作为主要施工通道(上、下游钢栈桥长度2.5km)，上、下游钢栈桥间设置80t跨线龙门吊用于水中区基础施工，龙门吊跨越上游栈桥，便于钢筋笼及钻机设备等装卸。桥墩基础施工采用先平台后围堰施工方法。钻孔平台为打入桩式钻孔钢平台，钻孔施工完毕后，拆除围堰范围内钢平台，采用钢板桩围堰施工承台。

(1)项目初期成本测算明确项目目标成本：项目部进场后，经由某工程局及分(子)公司组织项目部进行项目商务策划与标后成本测算、分析，发现原投标设计方案钢材用量大,栈桥施工工期长、效率低、围堰内弃方运输量大、成本高。如何缩短工期、降低成本,优化、变更原投标设计方案成了关键。通过上级领导的高层对接,了解到地方政府有在江中圈围筑岛的规划,桥位正处于筑岛范围内。采取的主要措施包括:方案优化及创新举措(工期缩短、工效提高);收集地材调差文件,做好地材数量确认,建立材差变动台账;收集现场工、料、机工效分析资料,为修订或编制定额做工作;跟踪概算或预算调整进展情况,做好各方对接;做好税收策划工作,针对已有的进项税留底金额,调整后期工程进项税率,减少进项税留底;做好降低总承包单位或项目公司收取管理费比例的措施等方面着手。为此,局总部组织技术专家对桥位所处地理位置、水文、地质情况进行详细认真分析、论证,发现具备将水上施工变为陆上施工的条件,得出可由吹填筑岛方案取代钢栈桥方案结论。既能节约成本,加快施工工期,又能满足地方政府圈围规划的要求。但仅有政府规划还不够,还需要从设计层面提供更有力的变更依据。为此,项目部在这个思路上积极推动设计单位、岩土研究所、水科院等多家科研单位联合对吹填筑岛方案进行可行性研究,组织多方面专家对方案进行评审,同时借助局总部资源,积极与当地政府沟通,推动变更,最终获得变更认可,为设计变更成立充分的依据。分(子)公司也根据变更后的施工方案进行标后测算,下发项目的目标成本。

(2)经济活动分析

经济活动分析对比重点在于横向标前与标后、标后与目标的偏差对比,纵向在于直接费、其他直接费与现场管理费的偏差对比。项目部定期组织召唤经济活动分析会,将当期的项目成本动态情况与存在的问题及时反馈至子公司,由子公司进行分析核实后上报公司总部,总部要求子公司项目部在实施过程中注重资料的收集,材料运输距离、运输方式及运输路线提前规划好,及时解决项目存在的问题,特别委派了技术、商务专家团队长期驻场帮扶指导,为后期做足变更费用打下基础。通过公司总部的协调统筹、子公司的资源组织整合、项目部的执行落实,经多次与指挥部、设计院沟通,明确由施工单位负责出图设计、造价支撑资料的提供,设计院负责图纸复核、变更设计方案的预算编制。公司上下齐心协力积极运作推动该项大体量的方案调整及合同造价事宜,完善筑岛、吹填平台设计和施工成本资料。在推进成本管控过程中,项目部技术、管理业务对口部门负责人全程跟踪,甚至一段时间常驻指挥部和设计院实行无缝对接。栈桥改吹填方案变更,使最终批复核减金额约200万元,属于实现正收益的负变更;在不考虑施工工效提高和较少大型施工船舶投入对成本影响的情况下,仅减少措施量投入,就实现正收益约300万元,且已在验工计价中计量。

(3)成本管理经验推广

变更成功实施后,公司总部要求参与本项目成本管理的人员,从技术、商务、生产、管理等各方面进行总结,并形成项目施工成本管理经验资源库,为后期公司承接的福建、海南等地区的同类型工程提供了较为充分的借鉴经验。

在上述案例中,公司总部、分(子)公司、项目部上下贯通,职能部门间横向协同,通过实施“穿透式”成本管理,有效促成设计方案的变更,达到缩短工期、降低成本目的,项目部成功实现了成本目标。同时,通过成本管控的总结,指导公司后期类似项目经营、成本管控。

5.5 “穿透式”环境保护管理

项目环境保护工作就是要树立生态文明思想,践行“绿水青山就是金山银山”的理念,实行“防治结合,以防为主,综合治理”的方针,施工现场以大气污染、污水排放、施工噪声、弃渣运输及取弃土场植被恢复等环境影响因素为重点,落实环保与水土保持(简称水保)工程和主体工程同时设计、同时施工、同时投入使用“三同时”原则,严守资源消耗上限、环境质量底线、生态保护红线,利用信息化管理手段,实现从项目部到班组的“穿透式”环保管理,消除生态环境风险隐患,提升项目生态环境风险防控水平,确保项目生态环境安全。

5.5.1 施工项目环境保护管理存在的问题

(1)环保管理体系建设没有延伸到作业班组

虽然建立了公司、分公司、项目部环境保护三级管理组织机构和三级环境保护管理网络,但对进入施工现场的作业队伍未提出环境保护管理队伍建设要求,致使施工现场作业班组无人对环境保护工作进行管理,存在体系盲区。

分级责任制未覆盖作业班组。建立了公司、分公司、项目部环境保护三级管理网络责任制,明确了三级管理网络纵向上[公司总部、分(子)公司、项目部]及横向上[公司总部、分(子)公司及项目部各部门]环境管理责任制,明确了三级管理网络各层级的环境保护管理责任,但未明确进入施工现场的作业队伍环境保护管理责任,存在责任盲区。

环境保护意识未有效传递到作业班组。进入施工现场的作业班组人员素质参差不齐,未系统接受国家环保方面的法律法规的学习,环保意识不强,对施工现场环境保护措施理解不透,一味追求施工进度,难以将施工过程中的环境保护要求贯彻到位。

未制定将作业班组长纳入检查体系的制度。项目部一般都建立生态环境保护检查制度，制定环境保护检查计划，明确了检查内容、检查方法、检查周期频次及检查人员，做到检查有记录、有总结、有纠正预防措施和跟踪整改报告；但未建立将作业班组长纳入检查成员机制，作业班组缺少对环境保护过程检查关注内容、隐患排查、整改改进的了解，更缺少对不同作业班组之间环境保护工作成效的对比对标。

（2）施工全过程环保管控不到位

施工项目点多线长，环保管理对人员素质要求高，但在目前基础建设高速发展期，施工项目多，工期紧，施工现场技术、安全等管理人员普遍不足的背景下，环保管理兼职人员配置不到位，人员变动频繁，影响了环境保护管理工作的有效开展。施工现场全过程管理存在以下不到位。

对施工项目所在区域周边环境敏感点调查不足。施工项目未对施工区周围一定范围内集中居民住宅区、学校、医院、保护文物、风景名胜区、水源地和生态敏感点等进行详尽调查，未根据环保法律法规管理要求针对保护目标、性质、规模和距厂界距离等。给出本项目清洁生产、达标排放和总量控制的分析结论，确定污染防治措施的有效性，说明本项目对环境造成的影响，并据此给出施工项目减少环境影响的其他建议。

未开展环境因素识别与评价，没有按分部分项工程制定针对性环保措施。施工项目很少能在开工前去收集项目所在地生态环境保护、水土保持、城市市容卫生管理等与生态环境保护、水土保持相关的法规，未结合项目设计文件及环评报告批复要求，开展项目环境因素辨识与评价，建立重要环境因素清单；同时未根据重要环境因素清单，按区域、按分部分项工程制定有针对性的生态环境保护措施，未根据国家、地方相关管理部门及建设单位要求，在施工重要区域进行环境监测。

未弄清地方生态环保管理等部门的管理要求、管理流程。施工区域环境保护管理的地方政府部门繁多，各地管理流程也有差别，项目部一般应在项目策划前收集施工区域地方相关生态环境等与环境相关的职能部门及其管理流程、管理人员等，针对各管理部门的要求，制定各项环境设施的报审、公示、入户宣贯等工作计划，避免违规违法等行为。

环保理念培训不到位。项目部一般对技术、质量安全等培训宣贯较多，很少能在全面进入施工阶段前，针对收集到的生态环保相关法律法规、项目环评批复、地方环境保护管理行政管理部门、建设单位要求及项目制定的环境保护措施，对进入施工现场的项目各层级管理人员进行培训及宣贯，更未对施工班组进行施工前的环境保护措施及要求进行交底，环保管理理念未落实到班组。

过程管理未形成长效机制。项目点多线长，作业班组多、工序变化多，未形成人人都是环保管理人员的氛围，造成环保过程检查牵涉的人员多、时间长，影响项目生产进度，使项目环保过程检查流于形式，未形成施工过程隐患排查治理长效机制。

5.5.2 “穿透式”工程环境保护管理体系的建立

环保“穿透式”管理主要解决目前项目环保管理全过程管理存在的组织体系、责任体系、环保意识的培训、过程管控不能覆盖到作业班组的问题，使环保管理体系从公司总部、分(子)公司、项目部三级“穿透”，以工程项目环保管理为中心，落脚点到工程项目作业班组，实施“穿透”管理，从管理体系建设上解决项目环保管理中管理力度逐渐衰减问题，从管理流程上克服施工现场环保管理存在的短板，实现全过程、全员的环保管理，实现将项目对环境影响降至最低的目的。

(1)环保管理组织体系

公司总部及分(子)公司成立节能环保领导小组，设置节能环保领导小组办公室负责环境保护日常工作；项目部层级成立节能环境保护工作领导小组，项目经理任领导小组组长，成立以项目部生产副经理为分管领导的节能环保工作小组，指定环境保护业务归口管理部门，设置专(兼)职环境保护工作岗位，制定环境保护规章制度，明确项目到班组的分级责任；形成任务层层分解、压力层层传递、责任层层落实，确保责任落实到岗到人，系统构建“事前严防、事中严管、事后处置”全过程从项目到班组的穿透、多层级风险防控体系，把生态环境风险防控纳入常态化管理，建立完善生态环境保护长效机制。

项目层级环境保护管理组织结构如图 5-23 所示。

(2)环保管理制度(表 5-1)体系

建立“三级”检查落实制度，即领导层抓全面、管理层抓重点、实施层抓具体落实；建立“包保责任制”，运用行政和经济手段，加强环保工作的落实。实行“环境保护否决制”，即施工作业活动不符合环境保护要求的项目不得开工，具有强制否决权。严格落实“无条件服从制”，即无条件地接受环境保护监测单位的指导和监督，无条件遵守建设单位与环保部门签订的环境保护协议条款；施工过程中建立生活区环保检查制度、水土保持制度、生态环境保护和检查制度；向建设单位有关部门和当地政府环保部门、环保专家征求意见及时制定整改措施，制定明确的奖惩制度和健全的机制，做到环境保护人人有责，把环境保护工作真正落到实处；定期进行环境保护检查，及时处理违章事宜，经常向建设单位有关部门和当地政府、环保部门、环保专家征求意见，及时制定整改措施。

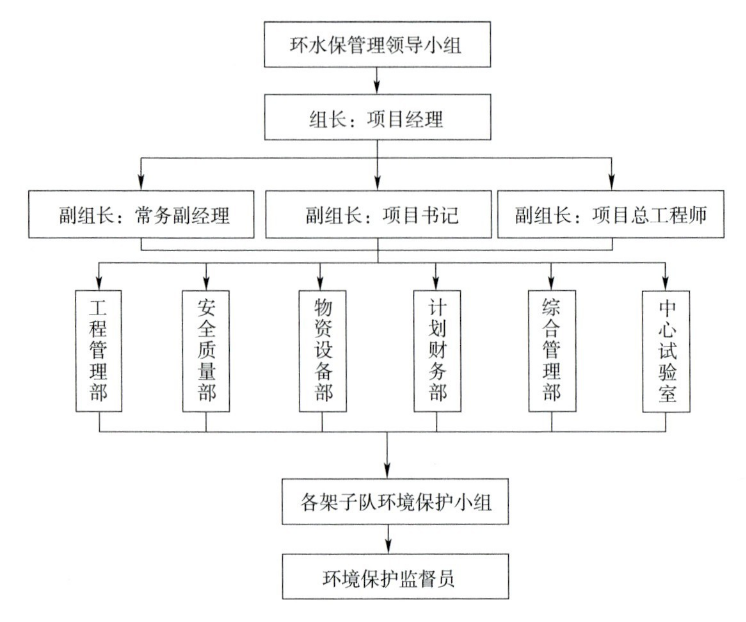

图 5-23　项目层级环境保护管理组织结构图

环境保护管理制度　　表 5-1

序号	制度名称	实施要点
1	扬尘污染防治、环境保护、水土保持规划制度	开工前完成工地排水和废水处理设施的建设，生活营地设置污水处理系统，做到现场无积水、排水不外溢、不堵塞、水质达标
2	环境保护方案审批制度	将文明施工及环境保护方案设计纳入施工组织设计，经监理单位审批、建设单位核准后执行
3	环境保护检查整改制度	项目部定期组织针对全项目部施工范围内的环保工作大检查，及时发现环境保护工作中存在的问题，并及时整改
4	环境保护教育培训制度	分项工程开工前要有指导性文件，交底或专题会议等向管理和作业人员传达，增强环境保护意识，提高环境保护技术水平
5	环境保护报告制度	施工发现环境保护问题，及时报告。项目部发生较严重的环境污染事故，要及时向中交二航局、监理工程师和建设单位报告
6	环境污染现场应急制度	发生环境污染事件，实行应急响应制度，启动应急指令后，环保领导小组要立即赶赴现场开展应急处理工作，各工区、各施工班组人员积极按照领导小组的指令落实应急措施，把污染造成的负面后果降到最低

公司各单位建立并落实环境保护分级责任制,建立从项目到班组的多层次环境保护责任体系、组织管理体系、分级监管体系,落实“党政同责”“一岗双责”,强化公司、分(子)公司环境保护主体责任及监管职能,分解落实环保责任,确保各部门齐抓共管,全员履责;项目部组织制订环保目标,进行责任分解,并与架子队(分包队伍)签订环保责任书。环境保护责任划分见图5-24。

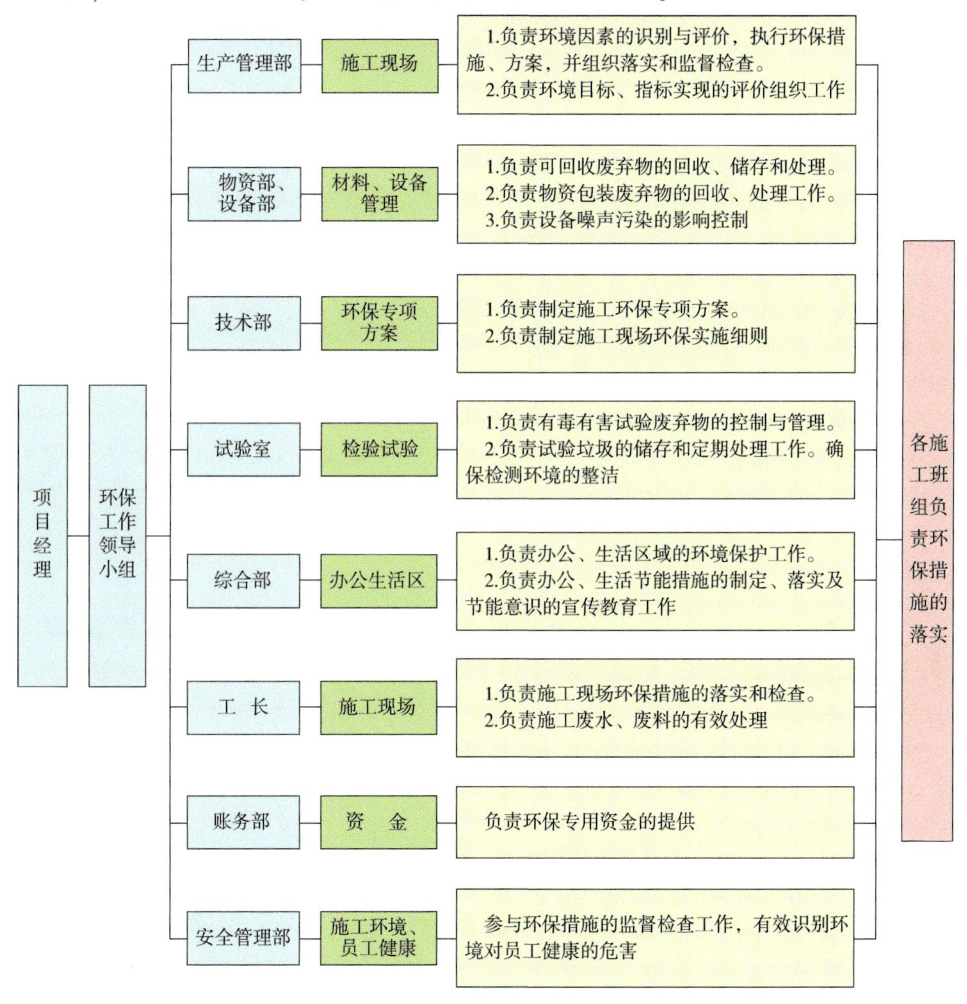

图5-24 环境保护责任划分图

(3)环保管理目标体系

公司每年将环保目标分解到分公司,分公司将环保目标分解到项目部,项目部根据要求,组织制订环保目标,将环保责任分解到作业班组。

做到依法施工，文明施工，杜绝环境污染与破坏事故。施工污水、烟尘、噪声、固体废弃物达标排放；做到环境保护污染控制有效；土地资源节约利用；工程绿化完善美观；节能、节材和环境保护措施落实到位；确保项目所处地的环境及沿线水域不受污染和破坏；固体废弃物按照指定要求进行堆放弃渣；不发生设计规定以外的破坏环境保护性质的行为；节能降耗，控制高能耗设备的使用；建成“健康、生态、绿色、环保”的项目；项目设施、建筑与沿线城市环境、自然景观和谐相容，努力建设一条资源节约型、环境友好型的项目。

在施工过程中各项条件都符合国家有关环境保护的要求；排放标准达到国家有关规定、标准的要求，工程施工环境保护控制目标如下：

扬尘控制目标：工地路面硬化率达到100%；施工现场围挡率达到100%；车辆冲洗率达到100%；工地物料堆放覆盖率达到100%；湿法作业率达到100%；施工现场运输渣土等物料车辆达到100%密闭运输。

水污染控制目标：生产、生活污水排放符合当地环保部门的规定；排污口排出废水：pH6～9，色度<80，总悬浮物<150mg/L，油类<10mg/L。

噪声控制目标：对于受既有噪声影响现状超标路段，在背景噪声不变的情况下，通过采取相应措施，以不恶化噪声为治理目标；昼间噪声最大声级超过限值的幅度不得高于70dB(A)，夜间噪声最大声级超过限值的幅度不得高于15dB(A)；施工场所使用的机械满足一定的控制距离，满足施工场界等效声级极限的要求。

固体废物控制目标：泥浆重复利用50%，其余50%运往指定点弃置；钻渣100%运往指定地点弃置，钻渣装卸过程中的散落量小于1%；废弃建筑垃圾在规定时段内、按指定路段及时清运。

生态保护目标：尽量减少临时占地的面积，施工结束后拆除相关设施和建筑，进行全面整地，整地完毕后，恢复植被；及时修整、恢复施工过程中受到破坏的生态环境。

(4)环境保护保障体系

根据工程项目的施工区域的生态环境特点，依据有关法律、法规及建设单位的环保有关规定，实行生态保障领导负责制。制定详细的环境保护措施(包括保护自然保护区、水土流失、水污染、野生动植物、维护生态平衡系统、维护土壤生物即避免土壤沙化，避免人为恶化环境等)，从思想、组织、过程、检查、效果、目标、经济七个方面控制环保工作，实现总体环保目标。项目环境保护保障体系见图5-25。

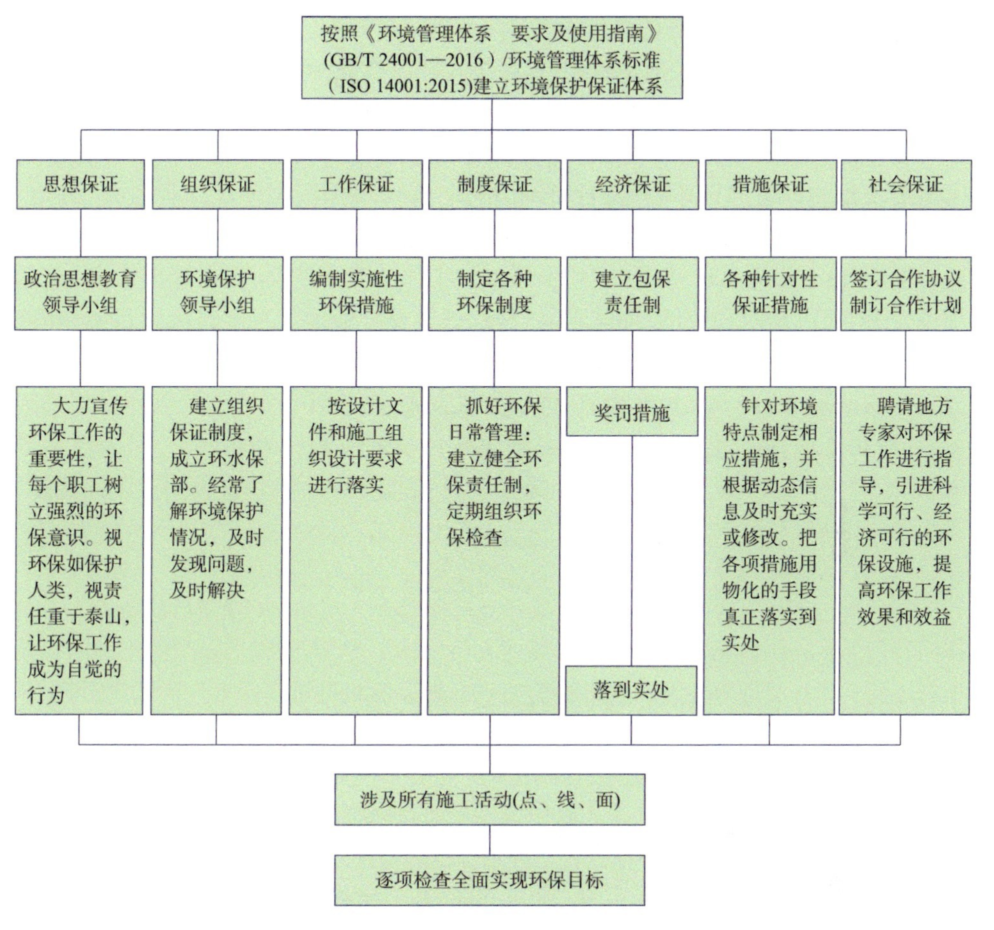

图5-25 项目环境保护保障体系框图

5.5.3 “穿透式”工程环境保护过程控制

1)环保宣传与环保知识教育

公司、分公司强化生态环境保护政策、法律法规、标准规范等方面的宣传和培训，将环保意识、环保管理措施宣贯到项目及作业班组，做到无培训不上岗，对新入场工人进行人环境保护培训，按照项目部环保管理的目标和管理制度对参与施工人员进行环境保护教育，同时编写环境保护教育计划。强化工人环境保护意识，做到预防为主，治理为辅，将环境保护方面的环节做到提前控制，从而达到从根本上抓环境保护，确保环境保护得以落到实处。从源头抓起，切实做到以人为本，减少污染源的产生、扩散，从而防止因人为原因使环境污染扩大。

对初次实施新工序、新的施工方法前进行环保技术交底，并有施工人员签字记录，将环境保护纳入工人交底内容中，提高工人环保意识，将环境保护工作落到实处。

(1)培训对象及培训内容

项目部负责环境保护工作部门，负责组织对进入项目部所属各工区和各部门的员工及作业班组进行环境保护宣传和培训，宣传培训国家环境保护法律、法规、标准、制度和其他要求，公司及(子)分公司的环保管理制度及相关污染控制要求，项目部的环保基本情况、生产特点、环境保护工作的重要意义，环保管理知识(包括现场管理、噪声及污水管理、固体废物管理、环境安全管理等)，环境风险目标、环境风险评估知识，重要环境因素控制措施，环境污染事故应急救援预案、重污染天气、危险废物泄漏、污染事故处置措施、现场处置方案，有关环保案例，其他环保相关知识、环保新技术、新工艺等内容。所有环保教育培训应做好培训记录，保证培训效果，建立健全环保教育培训档案。环境保护管理部门结合施工现场环境保护实际，实施指导、检查和监督。

(2)培训方法与手段

项目部内部培训类型按照培训对象分为环保管理人员培训(含项目部负责人及各部门管理人员)、岗位操作人员培训及其他人员培训三类，不同人员要求的培训内容及学时不同。项目经理部按照计划组织实施。不断了解职工对环保工作的需求，每半年总结一次，根据汇总结果及时修改培训计划，并对教育培训效果进行评价和改进。对进入本项目施工现场施工人员(含分包队伍施工人员)进行相应的环保知识培训，外来施工人员经培训考核合格后方可进入施工现场作业，建立环保培训自查自考办法。对各类环保责任事件、违法行为，一律倒查培训不到位的责任，环保培训纳入项目绩效考核。

同时施工现场利用板报、电视、报刊、摄影等多种载体广泛进行环境保护、水土保持宣传教育活动，组织开展“世界环境日”等活动，使员工懂得环境与我们每人生活息息相关，增强员工对环保、水保重要性的认识，提高守法的自觉性，将环保、水保宣传贯穿于项目施工的全过程，认真落实施工组织设计中环保措施。

2)工程项目重要环境危害因素的识别与控制

(1)项目主要污染源分析

公司总部、分(子)公司环境保护管理部门根据所属项目特点每年初进行重要环境危害因素辨识，制定有针对性的控制措施。

各项目部环境保护管理部门在项目正式开工前，收集国家、项目所在地的环境保护相关的法律法规、项目环评报告及项目环评批复文件等，对施工过程中的重要环境危害因素进行辨识，识别其覆盖范围内的施工活动、产品中能够控制或能够施加影响的环境因素，确定对环境具有或可能具有重大影响的因素(即重要环境因素),并将这些信息形成文件并及时更新。

(2)项目主要污染源分析

噪声污染主要来自:土石方、桩基、主体结构施工所用的挖掘机、旋挖钻机、混凝土泵车、振捣棒、混凝土罐车、汽车吊、焊机、空压机等。

大气污染主要来自:施工现场车辆、施工机械、生活炉灶、场地平整、土方开挖及运输、渣土未覆盖、建筑材料的运输存放及使用等。

水污染主要来自:施工现场的钻孔桩施工过程中产生的钻渣、泥浆和废水,混凝土养护用水,以及施工机械的废油料及润滑油等;生活区产生的生活污水、冲洗机械车辆的油污水、场地的洒水与冲洗污水等;固体废弃物主要来自施工现场的弃土、弃渣,混凝土养护的塑料薄膜,施工人员日常生活垃圾。

(3)项目环境保护因素识别

项目施工期间对环境的影响很大程度上取决于工程特点、施工季节以及工程所处的地形、地貌等环境因素。经分析,项目施工期间主要环境影响因素见下表5-2。

项目施工期间主要环境影响因素识别表　　表5-2

环境要素	产生影响的主要内容	主要影响因子
环境空气	场地平整、挖掘、土石方施工、建材运输、存放、使用	扬尘
	施工车辆尾气、炊事燃具使用	NO、SO_2
水环境	施工人员生活废水等	COD、BOD、SS
声环境	施工机械、车辆作业噪声	噪声
生态环境	场地平整、挖掘及工程占地	水土流失、植被破坏
	土石方、建材堆存	占压土地等

(4)环保措施实施方案管理

新开工项目全面开展绿色施工策划,推动生态保护工作在项目上落地,将新开工项目纳入筹备期管理,在项目前期策划、施工组织设计或编制专项方案时,根据重要环境因素清单,按区域、按分部分项工程制定有针对性的生态环境保护措施,特殊部位(桥梁、隧道、取弃土场、砂石料场、搅拌站、预制场、试验室、油料存储等)需要编制专项环水保措施,并进行生态环境保护技术交底,并根据国家、地方相关管理部门及建设单位要求,在施工重要区域进行环境监测。

(5)重要环境危害因素的控制

施工扬尘控制:工地路面硬化率达到100%。施工现场出入口和场内施工道路、材料加工堆放区、办公区、生活区采用混凝土硬化;施工现场出入口设置环水保公示牌(内容包括防水保防治目标、环水保防治措施、环水保负责人的名称、联系电话、举报电话等)；施工现场围挡率达到100%。施工现场连续设置硬质围挡，围挡坚固、美观，围挡严密，做到封闭式施工。城区主干道两侧围挡高度不低于2.5m，一般路段不低于1.8m；车辆冲洗率达到100%。施工现场出入口配备车辆冲洗设施。出入车辆100%冲洗，严禁车辆带泥上路；施工现场内配备洒水设备，每天洒水不少于6次；工地现场100%安装视频监控系统，安装空气质量检测仪，在道路、围墙、脚手架等部位安装喷淋或喷雾等降尘防治工作；工地物料堆放覆盖率达到100%。施工现场集中堆放的土方、散装材料和裸露土地使用6针及以上规格遮阳网进行覆盖，做到砂土物料100%覆盖；施工现场非道路移动机械，须经环保部门检测合格，方可进行作业；湿法作业率达到100%。拆除大型临时设施(简称大临设施)、基坑开挖或回填作业过程中，采用围挡封闭施工，并采取喷淋、洒水、喷雾等降尘措施；施工现场易飞扬的细颗粒建筑材料必须密闭存放或严密覆盖，严禁露天放置，搬运时有降尘措施，余料及时回收；暂时不开工的空地100%苫盖或绿化；具备条件的施工现场使用集中拌和混凝土、预拌砂浆，严禁现场搅拌。不具备条件的地区，现场搅拌砂浆搭设封闭式搅拌机棚；施工现场运输渣土等物料车辆达到100%覆盖。采取密闭运输，车身应保持整洁，防止建筑材料、垃圾和工程渣土飞扬、洒落、流溢，严禁抛扔或随意倾倒，保证运输途中不污染城市道路和环境，对不符合要求的运输车辆和驾驶人员，严禁进场进行装运作业；建筑垃圾及生活垃圾日产日清，严禁随意丢弃，严禁焚烧垃圾；施工现场积极响应重污染天气预警，应急响应期间严禁土方开挖、土方回填、房屋拆除、材料切割、金属焊接、喷涂或其他有可能产生扬尘的作业。

施工噪声与振动控制：施工场地和大临设施场地，由各类机械设备产生的噪声排放，满足《建筑施工场界环境噪声排放标准》(GB 12523—2011)的限值标准；选择购置低噪声、低振动的各类施工机械设备，严禁使用已报废或高噪声的机械设备；对于噪声较大的设备，如空压机、发电机等采取一些降噪、减振措施；噪声影响敏感区的固定噪声源，设置隔声板；多台高噪声的机械设备尽量避免同时使用；施工机械严格按照机械设备的操作规程进行操作，避免因操作不当加剧噪声污染，定期进行维护、润滑，做到油路、气路、水路畅通，确保机械正常运转；合理布局施工现场，将固定噪声源相对集中安置在低洼、偏僻处；加强施工人员的环保意识教育，大力倡导文明施工，尽量降低人为因素造成施工噪声的加重。

施工光污染控制：对施工前进场的灯具设备进行检查，杜绝无罩、无防护的设备进场使用；对施工前进场的灯具使用过程中进行检查和定期维护保养，杜绝带病或缺少零部件继续运转的情况；所有照明灯具安装高度不能超过工地围墙3m，灯具的光源不能向工地围墙外照射；经常进行巡视检查，发现有强光对周围居民影响严重的立即采取整改措施;以节约能源和防止污染为主题,经常开展全体职工的环境教育宣传活动;要对室外照明设备加盖灯罩。夜间灯光要集中照射于施工区域,对电焊及切割等技术,应采取遮挡措施防止光污染。

施工水污染控制:开工前在施工场所地势较低处修建储浆池和沉淀池,各种生产污水不得随意排放,应通过沟渠引入储浆池和沉淀池,经沉淀处理后排放或回收利用,储浆池和沉淀池应定期进行清理和维护,保证在整个施工过程中的有效性;钻孔护壁泥浆在工地设置沉淀池,经沉淀处理后运至指定弃土场;机械车辆设备冲洗所产生污水经处理后才能排放;食堂所产生污水经隔油池处理后排放,隔离的油垢物统一处置;施工营地设置化粪池,厕所污水必须经化粪池做无害化处理,化粪池应定期清掏、维护,工程结束后化粪池用土填埋并恢复地表植被;施工现场油料库设置远离河流、湖泊、水源地,库房地面、墙面作防渗漏处理;禁止向水体排放油类、酸液、碱液、剧毒废液或生活垃圾。

施工现场土壤保护:隧道施工前明挖区域进行表土剥离,对剥离表土采取临时拦挡、苫盖、排水措施。明挖坡面和坡底设置截水沟及顺接工程。对于隧道产生的临时堆土采取临时拦挡、苫盖、排水措施。施工结束后,隧道洞口两侧永久用地区域进行绿化,撒播草籽,栽植灌木。钻孔过程中有大量的泥浆水排放,为防止污染水源,破坏环境。钻孔过程中的泥浆水先集中在沉淀池沉淀,符合要求后排放,严禁乱流乱淌;路基施工前做好防排水设施,做好高边坡的防护,不污染河渠水源,不冲毁农田。尽量缩短施工周期,减少疏松地面的裸露时间,合理安排施工时间,尽量避开雨季和汛期。路基施工前提前进行水系、路系调查。按照设计和国家有关规定,优化取土场布设,开采前修建截排水系统,对剥离的表土集中存放,做好拦挡和临时防护;开采时分区、分级开挖,避免形成高陡边坡,加强边坡防护;严禁就近随意取料;开采完毕及时实施覆土整治,并复耕或恢复植被;弃土(渣)场选址依据设计文件规划或与地方有关部门协商,结合当地土地利用规划。合理布设弃渣场,不在临河或居民点上游设置;弃渣前做好挡渣工程和排水沟建设,防止二次污染。挡渣工程做到满足稳定安全和植被恢复要求,适当放缓边坡。防洪排水设施达到设计的防洪标准;加强弃渣期间施工组织和临时防护,弃渣时做到分层堆放并夯实,放缓边坡,做好弃渣场边坡防护工作,弃渣结束后及时覆土并恢复植被;对施工临时用地,本着“因地制宜、经济合理”的原则,尽量少占地或不占良田、耕地,并采取相应的水土保持措施。

建筑垃圾控制:废金属桶(盆)、废包装物、废纸、废纸箱、金属下脚料、废零(部)件、废玻璃瓶、废橡胶等可回收利用的废弃物,综合利用或对外销售,以减少资源浪费;野外施工在驻地设生活垃圾池,分类收集,可降解的实行降解措施,不可降解的集中掩埋,防止污染环境。

文物保护措施:施工队伍进入现场前,首先组织全体施工人员深入学习《文物保护法》和当地文物保护部门对文物保护的有关规定,增强文物保护意识,自觉树立保护文物、爱护历史遗产的意识;建立健全文物保护制度,把文物保护措施落实到各班组及文物保护责任人,签订文物保护责任状,实行奖罚制度;严格贯彻执行国家有关文物保护的各项规定,杜绝任何违反《文物保护法》的行径;到当地文物管理部门及当地政府了解施工范围内文物分布情况,及时制定保护方案;对各架子队所承担的文物要确保它的安全稳定。必须依据国家有关法律、法规、规章建立健全现场安全制度和操作规程、工作规范,服从管理使用单位的各项管理规定,在施工中不损坏文物、确保不发生文物损坏和被盗事件。

施工后期的场地恢复:①临时用地的恢复保护措施。项目从开工就对当地的环境进行了认真考察,并对本合同段做了全面规划,提出了综合治理的方案。本合同段内的临时用地大部分为耕地、林地。②渣场恢复保护措施。弃渣场选择在建设单位指定的地点,本着“先挡后弃”的原则进行弃渣;工程开挖地表产生的弃渣,应得到妥善的处理和有效的利用,严禁弃置于河床和农田,避免危害下游的工农业生产。对弃渣场的地表土集中堆放,以便工程结束进行复耕。③临时驻地、拌和站、加工场地的恢复保护措施。施工按有关协议和要求进行,力求做到少占良田耕地,少占池塘、林地,尽量不破坏自然植被及水利设施。工程竣工后,对这部分的临时用地,对占用的耕地尽可能复耕,对非耕地部分,结合当地居民的生产规划,交给地方转为他用。

施工区域水质监测及防范措施:采取以调查巡查的方法,监测施工区的水质情况。根据本工程环保的特点,本着“不达标不排放,不规划设计不堆放”的原则,制定一系列具体的环保措施并加以认真贯彻落实。防止任务污染物质直接或直接进入耕地、河道、水源等;各类施工材料应有防雨遮雨设施,工程废料要及时运走。施工过程中,因挖、填土方,遇到雨季会引起河流水质浑浊,造成水中悬浮物浓度升高,为防止项目施工对周边水体的污染影响,应合理组织施工程序和施工机械,安排好施工进度;在施工期间做到“三个统一”,即污水统一集中、统一无害化处理、统一排放。教育职工明确生产、生活污水无害化处理的重要性,划分明确其职责范围;保持施工区的环境卫生,设置足够的卫生设施,及时清除垃圾和废弃物,并运送到指定的地点堆放和处理。严禁私自焚烧生活垃圾和废弃物。

3)建立常态化班前环保管理喊话机制

项目部成立以分管生产的副经理为组长的项目班前喊话领导小组,项目单项技术主管是班组班前喊话监督指导的第一责任人,对当日班组班前喊话进行监督执行;班组长是本班组班前喊话第一责任人,对每日安排的具体施工内容中环保管理注意事项和管控要点向班组员工予以通报,明确每项施工内容的环保控制风险点,并对作业环境风险提出针对性的防范措施,项目部单项技术主管做好班前会记录,并将班前喊话情况上传至声像资料群中,工程部专人负责收集图片资料,并每日早晚规定时间通报白夜班班前会开展情况。

4)构建作业班组长参与的环保检查制度

项目部每月对已经完成或正在施工的工段,现场施工活动进行定期环境保护检查,可以同其他检查一起进行,并形成检查记录表,对于检查出的环境问题进行及时整改,形成闭合文件。

公司总部、分(子)公司将环境保护工作纳入生产经营活动中,实现全过程、全天候、全员的环保管理,制订环境保护检查计划,定期开展环境监督检查,建立有作业班组参加的环保过程检查制度,促进作业现场的隐患排查与治理工作。

(1)环保检查制度

施工项目建立将作业班组长纳入检查成员的生态环境保护及水土保持检查制度,使作业班组明确对不同的分部分项工程环境保护过程的检查内容、隐患排查、改进提高措施,促进不同作业班组之间环境保护工作成效的对比对标,提高环保管理成效。

环境保护检查频率:项目部每月组织一次环境保护监督检查,架子队每半月检查一次。

环境保护检查要点:噪声、扬尘于烟尘、污水、废弃物、水土保持等。现场控制检查内容包括污染物是否达标排放、施工过程是否有违反环保要求的行为、环境保护措施是否有效等。架子队、工班进行日常环境保护工作的自查自纠。

明确检查计划、检查时间、检查人员、检查区域或工序,做好检查记录、检查整改记录等。检查采取定期和非定期检查两种形式,定期检查每月进行一次,非定期检查按照季节(如雨季前、台风来临前)、按照工序(如环境影响重要工序施工初期)开展,对存在的问题及时解决,并做好文字记录和存档工作。

(2)环境污染风险隐患排查

每个项目部根据环境重要因素清单,重点对饮用水源地、自然保护区、人口聚集地等环境敏感区域,对项目所有环境风险进行逐一细致、全面彻底地排查,对排查出的问题要进行认真梳理,对重要环境污染风险区域检查到位,整治措施落实到位、风险隐患解决到位;建立隐患排查治理台账,实行隐患治理销号制度。

(3)过程监督检查

由环保专员每天深入现场巡视检查,对发现的问题及时向项目分管领导反馈,项目分管领导结合每日巡查,对重点问题盯控整改,如生活垃圾未集中处理、车辆未100%密闭运输、道路未洒水降尘、临时存入场未100%苫盖等。

在空气重污染预警启动期间,项目部对各架子队空气重污染应急响应措施进行督查,各部门按职责分工对空气重污染应急预案执行情况进行日常检查。项目部派出督查人员对架子队应急措施的落实情况进行抽查,严肃查处各类违反预案要求的行为。

5)建立环境管理积分制鼓励人人参与环境污染风险隐患排查

推进项目环保管理积分制鼓励,充分发挥环保正向激励、反向约束作用,调动广大作业人员环保管理积极性和主动性,减少人的不环保作业行为,将施工对生态环境的干扰、破坏降低到最低程度,减少施工项目存在施工战线长、点多面广,环保风险高、不可预见因素多,管理力量偏少、捉襟见肘等影响。通过环保积分制管理,对作业人员安全行为表现进行观察,对“知环保”“行环保”的行为进行奖分,相反进行扣分,实行积分制管理,对积分优异的人员进行物质、精神奖励,使作业工人有获得感,得到尊重、关心和认可,积极参与到施工现场环境保护管理中去;对积分不足的人员重新开展入场环保教育,或采取清退出场等处罚。

为每个项目设置环保管理观察员,配发“环保观察员徽章”,并在实名制管理系统中进行授权。环保观察员从项目经理部(领导班子、工程部或安全环保部、设备部、办公室等)和分包单位(现场负责人、班组长、施工现场管理人员)中选择。环保观察员由项目各部门、分包单位按要求上报推荐人员,项目经理召开专题会议审查推荐人员,确定环保观察员并进行授牌。项目经理部设置环保观察员总数不超过3名,项目领导班子和专职环保管理人员可分别设置1~3名,工程部、设备部、办公室分别设置1名,每个分包单位可设置1名。

按照各部门、分包单位比例,每个季度对环保观察员进行轮换。环保观察能力不足或不能坚持积分管理原则时,项目经理部应终止该安全观察员资格,重新评选环保观察员。

环保观察员为兼职,必须通过培训后上岗,充分了解环保行为积分标准及奖扣分规则,坚持奖扣分原则,通过现场察看、询问、查验一线作业人员的作业行为及班组的管理行为,当符合规定的安全行为积分标准时,发放积分卡进行奖扣分确认,并做好登记。

每名环保观察员每月行使奖扣分管理权限的次数控制在15次左右,其中奖分权限次数应控制在10次以上。

6)重大环境风险控制

(1)重大环境风险专项方案管理

项目部根据环境因素识别与评价,建立重要环境因素清单,对空气、水体、和生态环境构成重大威胁的,按照环境风险评级办法,确认为重大环境风险源的分部分项工程,应编制环境保护专项实施方案,严格编制、报审报批审查手续。该专项施工方案实施前,编制人员或项目技术负责人向现场管理人员进行专项环境保护实施方案交底,现场管理人员向施工作业人员进行环境保护交底,并由双方共同签字确认。因设计变更、方案变更、作业环境条件及施工工艺改变等原因对环保设施专项施工方案进行调整的,必须重新履行内外部审查程序。

(2)重大环境风险过程管理

实行三级重大环境风险过程管理,具体如下。

事前预防:项目部针对重大环境风险源可能发生污染事件的各个环节进行控制,在重大环境风险源相关的作业开始前,对其准备情况组织检查,检查内容应包括各项技术措施和管理措施落实情况;材料、机具、设备准备情况;人员教育培训和技术交底进行情况;现场监测、数据分析、信息管理和预警报警体系建立情况;应急预案落实和培训演练情况;以及外部配合准备情况等。

在重大环境风险源相关的作业开始后,项目部按照批准后的环境保护专项实施方案组织实施,并在实施过程中,结合关键施工环节,组织开展环境保护措施实施情况检查,对可能出现的环境隐患进行排查,提出改进建议。

事中响应:对环境风险因子释放之后形成的污染事件进行及时有效的处理,启动环境风险应急预案,最大限度地降低污染事件可能产生的影响。

事后处置:对污染事件后形成的影响采取相应的环境治理和修复措施,通过总结风险,不断修订与污水环境风险应急预案体系。

(3)重大环境风险监控

项目部根据重大环境风险,明确风险源、主要危险物质、环境影响途径、可能受影响的环境敏感目标等内容,确定重点监控因子和监控点位;依据监控对象和范围,构建监测网络,随时了解重大环境风险源的状况。必要时引入第三方环境监测机构,定期对重大环境风险进行监控,提出治理措施建议。

(4)环境突发事件应急管理

项目部针对重大环境风险制定环境突发应急预案,建立“预防为主,应急为辅”的环境应急系统,力争将环境破坏事故的损失降低到最小,项目部环境污染事件应急救援组织体系由项目经理、领导层、各部室及协作队伍组成。制订环境污染事故应急人员培训和应急演练计划并组织落实;检查、落实应急器材和装备日常管理和维护;了解掌握项目部环境污染源的种类、性质、规模、分布及流向情况,建立污染事故应急响应系统;负责环境污染事故信息的报告、传递,接受突发污染事故报警信息,并根据报警信息判断和确定环境污染事故等级;执行项目部指挥部的决定,组织项目部突发污染事故的现场处置、调查、应急监测和专家咨询工作,组织开展污染事故责任调查,影响评估,并提出事后有关生态环境修复意见。

5.5.4 采用信息化手段实现“穿透式”环保检查与控制

开发移动通信终端软件即手机 App 环保管理程序,实现对施工现场作业班组的环保排查、隐患整改、整改验收、归档处理等,提高检查覆盖面。

(1)功能介绍

隐患的发起:建设单位、第三方中心、监理单位、施工单位。

解决问题:发起人指定合同段内的人来整改问题。

验收问题:发起人来验收。

归档处理:发起人或与发起人是同一个公司下的人可以来做归档处理。

环保隐患处置流程如图 5-26 所示。

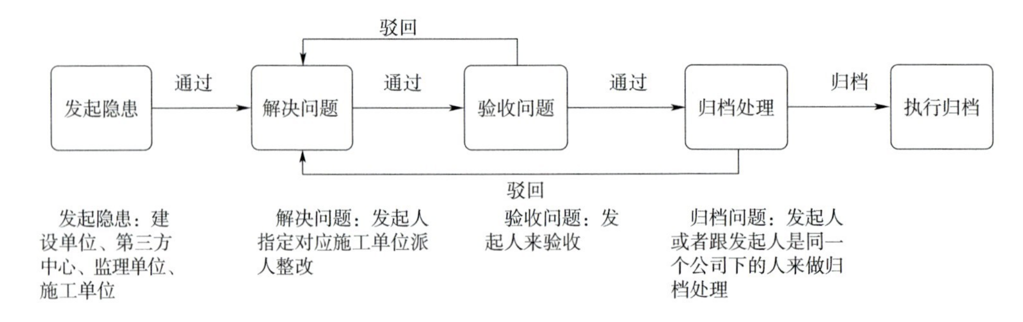

图 5-26 环保隐患处置流程

(2)环保隐患的发起(图 5-27)

在 App 端登录后,在“安全环保-环保隐患排查”中点击右上角的“ + ”按钮新增新的环保隐患排查。

选择带有黄色箭头的选项为必填项,其余选项为选填项。

编辑完成后可以选择保存或直接提交,返回上一级即可放弃编辑。

(3)解决问题的处理(App/Web)

App 端:解决问题人登录 App 后会收到一条待办,在“项目-待办”中可以查看详情,并处理任务(图 5-28)。

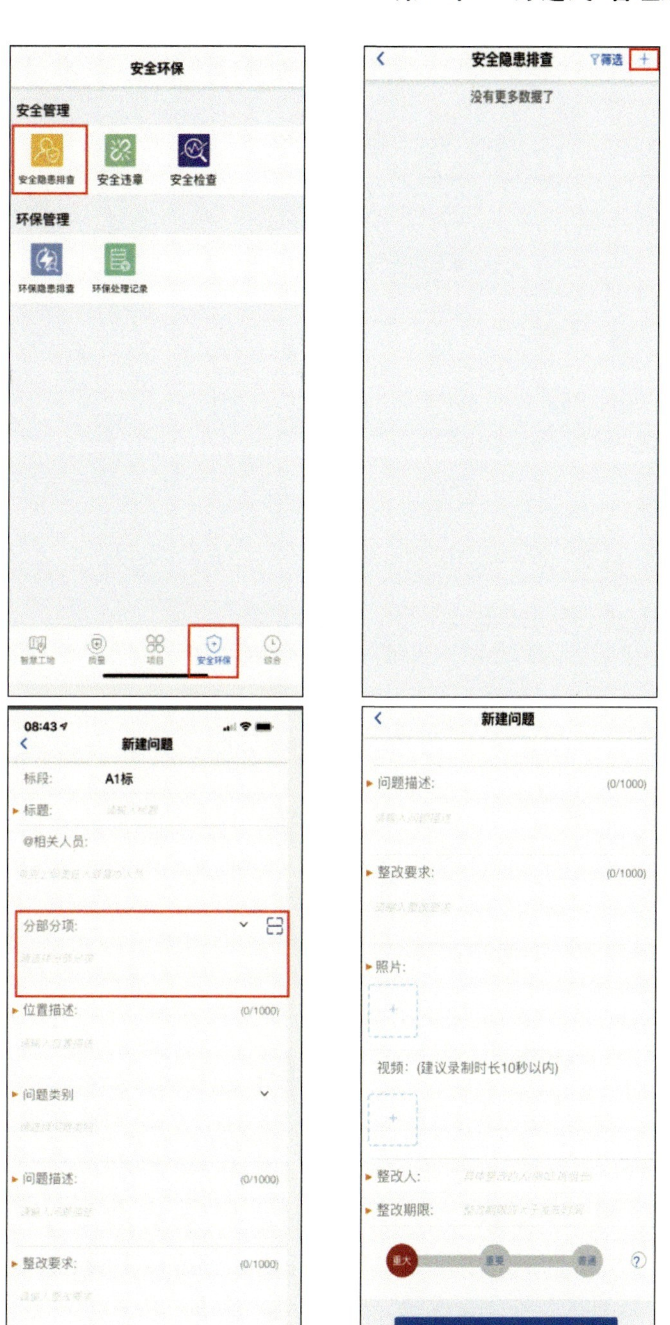
安全环保
安全管理
安全隐患排查
安全违章
安全检查
环保管理
环保隐患排查
环保处理记录
安全环保
安全隐患排查
筛选
没有更多数据了
08:43
新建问题
标段:
A1标
标题:
@相关人员:
分部分项:
位置描述:
(0/1000)
问题类别
问题描述:
(0/1000)
整改要求:
(0/1000)
新建问题
问题描述:
(0/1000)
整改要求:
(0/1000)
照片:
视频：(建议录制时长10秒以内)
整改人:
整改期限:
提交

图5-27　环保隐患发起

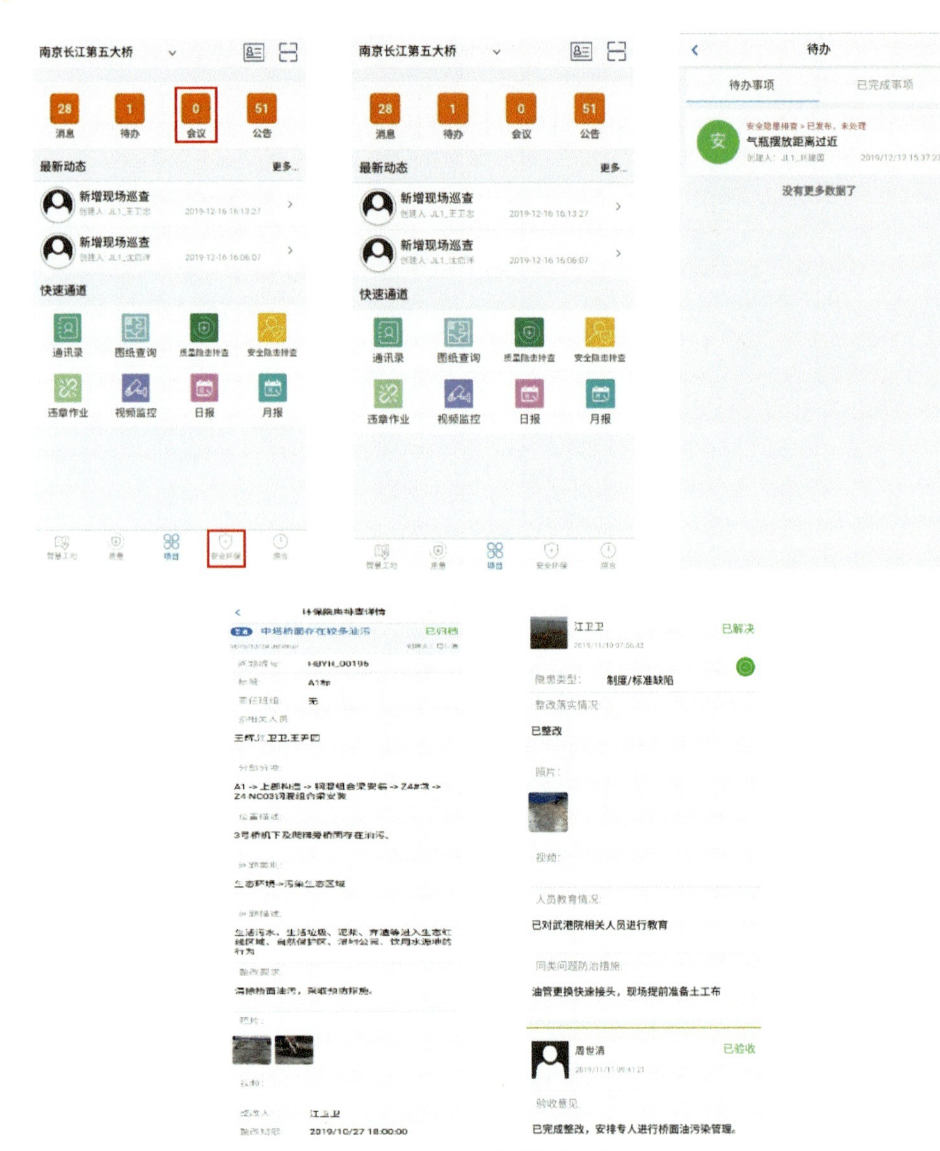

图 5-28　App 端环保隐患整改

按提示输入表单内相关选项，点击提交按钮直接提交，提交的表单会在“待办-已完成”选项中找到。解决问题人可以在“待办-已完成”中对提交的隐患排查做修改。提交后问题的状态将会变成“已处理，待验收”。

Web 端：解决问题人登录 Web 端后会收到一条待办，在“综合管理-待办事项”中点击领取并处理任务，来对隐患排查做处理（图 5-29）。

图 5-29 Web 端环保隐患整改

按提示输入表单内相关选项，点击解决问题按钮直接提交，提交的表单会在“待办事项-已完成”选项中找到。解决问题人可以在“待办事项-已完成”中对提交上来的隐患排查做修改。

(4)验收问题的处理(App/Web)

App 端：问题发布人在“项目-待办”点击已被处理的问题，查看处理情况并验收(图 5-30)。点击问题即可查看详情。已处理过的问题在详情界面会附加上处理问题的详情及问题处理人。

问题详情与处理结果以黄线分隔，点击验收开始验收问题。

输入验收意见后若点击拒绝，问题将需要重新处理，状态变回“已发布，待处理”。若点击同意，则问题验收通过，状态变为“已处理，已验收”可以等待归档。

Web 端：发布问题的人在“综合管理-待办事项”中对已处理的问题进行验收(图 5-31)。

输入处理意见后若点击拒绝，问题将需要重新处理；若点击同意，则问题验收通过可以等待归档。

(5)归档处理操作

归档操作可以通过 App 端或 Web 端来执行归档。

App 端：在“项目-待办”中可以查看隐患的详情内容，查看详情后对此条隐患排查做归档处理。

选择归档：则该条质量隐患排查结束。

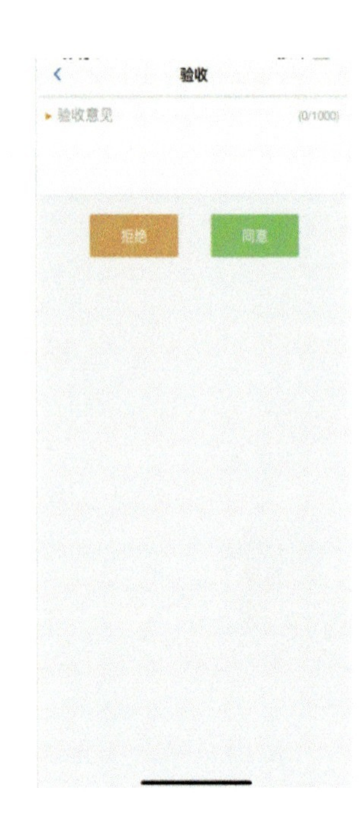

图 5-30　App 端环保隐患整改验收

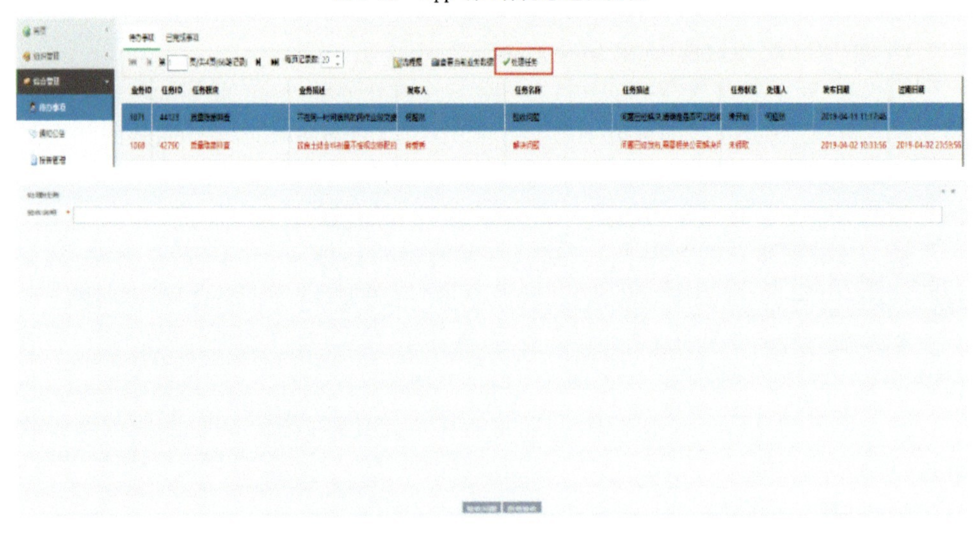

图 5-31　Web 端环保隐患整改验收

重新处理:点击重新处理,要求解决问题人重新处理。

Web 端:Web 端用户登录后会在“综合管理-待办事项”中收到一条待办,单击处理任务后查看详情后可以做归档操作。

如图 5-32 所示,选择归档:则此条隐患排查结束;选择重新处理:需施工方重新处理问题。

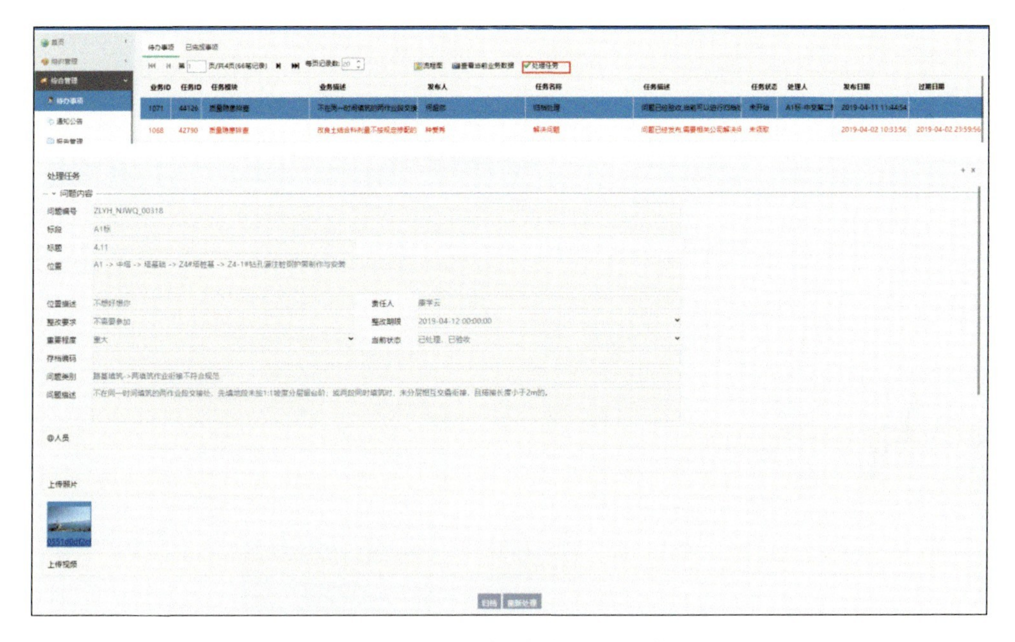

图 5-32 Web 端环保隐患整改归档

(6)报表查看

Web 端查看报表:计算机端登录后在“绿色环保管理-绿色环保隐患排查”下查看所有环保隐患排查(图 5-33)。

第1 页/共9页(257笔记录) 删除 查看详情 查看历史 生成质量问题台账

重要程度 当前状态 标段 发布单位 查询 重置

	ID	标段	标题	重要程度	位置描述	问题描述	发布人	发布单位	发布日期	整改期限	当前状态	操作
1	1783	A3标	[illegible]	重要	[illegible]	[illegible]	[illegible]	监理	2019-04-07 09:29	2019-04-07 18:00	已处理、待验收	
2	1779	A2标	路基局部存在石块	普通	在S12墩附近	已填路基中有石块	[illegible]	监理	2019-04-06 17:06	2019-04-06 19:00	已验收、已归档	报表
3	1771	B1标	第三轮总拼梁段中腹板	普通	中腹板预板焊缝剪力	中腹板预板位置焊缝	李裕生	监理	2019-04-04 12:48	2019-04-07 00:00	已验收、已归档	报表
4	1764	C1标	拼接胶未处理	重要	北引桥N24---N25左	拼接胶涂抹不到位、	刘丰	监理	2019-04-03 18:08	2019-04-04 09:00	已验收、已归档	报表
5	1757	D1标	钢筋焊接质量	普通	箍筋	钢筋焊缝长度或焊缝	李吉	施工	2019-04-03 10:00	2019-04-04 18:00	已验收、已归档	报表
6	1730	A2标	土方路基压实含水率	重要	[illegible]	土方(石灰土)路基填筑	[illegible]	监理	2019-03-28 18:36	2019-04-01 08:00	已验收、已归档	报表
7	1728	A2标	土方路基内夹有混凝土	普通	[illegible]	路床((0-80cm)和零	[illegible]	监理	2019-03-28 18:28	2019-03-30 08:00	已验收、已归档	报表
8	1710	C1标	混凝土外观质量保护	重要	C1 -> 北接线 -> 上	小型砼构件有缺边、	王司扬	监理	2019-03-27 09:30	2019-03-29 12:00	已验收、已归档	报表
9	1695	B1标	预埋件粗头	重要	编号AYH3Z预埋件一	其他	[illegible]	施工	2019-03-25 09:36	2019-03-26 14:00	已验收、已归档	报表
10	1685	B1标	桥面板外观质量	重要	钢绞线齿块。	钢绞线齿块外观缺陷。	严正道	监理	2019-03-23 11:33	2019-03-26 11:00	已验收、已归档	报表
11	1684	C1标	节段梁砼构件	普通	北接线左幅20-21内	小型砼构件有缺边、	陈永建	监理	2019-03-23 10:07	2019-03-25 00:00	已验收、已归档	报表
12	1675	C1标	端头模板漏浆及拆除	普通	横向张拉槽口处	其他	李会群	监理	2019-03-21 09:56	2019-03-22 15:00	已验收、已归档	报表
13	1655	C1标	混凝土养护不到位	重要	北接线右幅91墩顶块	养生不及时、不规范。	王司扬	监理	2019-03-17 15:34	2019-03-17 16:00	已验收、已归档	报表
14	1630	B1标	组合梁中腹安装	重大	相邻梁段中腹板。	相邻梁段中腹板未焊	严正道	监理	2019-03-15 10:26	2019-03-18 00:00	已验收、已归档	报表
15	1621	C1标	南引桥左幅S13A挑梁	普通	南引桥横隔梁S13左幅	钢筋堆放不规范,未	郑智烨	监理	2019-03-13 15:40	2019-03-13 17:30	已验收、已归档	报表
16	1615	A1标	[illegible]	重要	[illegible]	[illegible]	[illegible]	监理	2019-03-12 17:34	2019-03-17 00:00	已验收、已归档	报表

图 5-33 Web 端环保隐患整改报表查看

打印报表:已完成的环保隐患排查可点击后面的“报表”按钮查看报表。点击左上角的导出 PDF 按钮即可打印报表(图 5-34)。

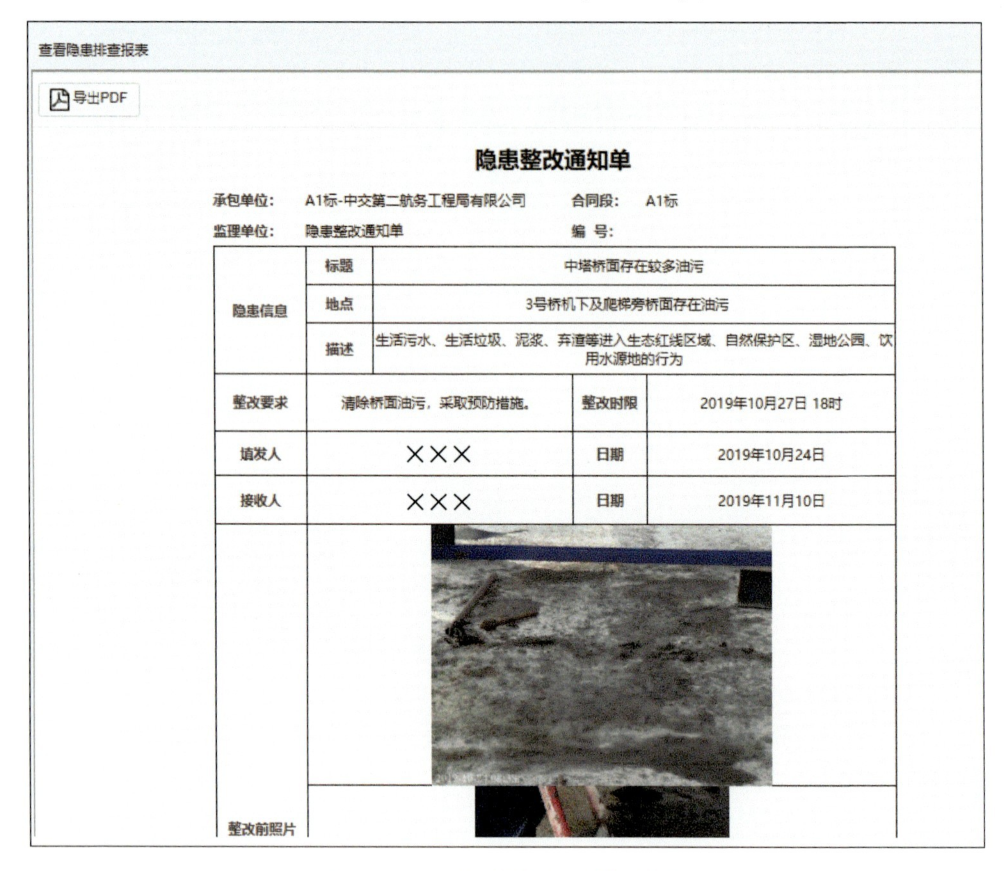
查看隐患排查报表

导出PDF

隐患整改通知单

承包单位: A1标-中交第二航务工程局有限公司　　合同段: A1标

监理单位: 隐患整改通知单　　编　号:

隐患信息	标题	中塔桥面存在较多油污	
	地点	3号桥机下及爬梯旁桥面存在油污	
	描述	生活污水、生活垃圾、泥浆、弃渣等进入生态红线区域、自然保护区、湿地公园、饮用水源地的行为	
整改要求	清除桥面油污，采取预防措施。	整改时限	2019年10月27日 18时
填发人	×××	日期	2019年10月24日
接收人	×××	日期	2019年11月10日
整改前照片			

图 5-34　Web 端环保隐患整改报表打印

(7)环保隐患的筛选

选择问题所属合同段,对应合同段下所有问题都会显示在这一界面。界面内信息包括问题级别、问题内容、问题处理情况、问题描述、发布人、发布时间等。

筛选时可以按照重要程度、当前状态、班组这三个条件来筛选(图 5-35),点击筛选按钮后即可浏览筛选的信息。

(8)整改及提高

以通知单的形式下发到分包作业队,限期进行整改,并建立问题库台账。对反复出现的环保问题,由分包作业队队长和作业负责人亲自整改落实。在合同段内找出做得相对较好的班组,由项目统一组织观摩学习,推进绿色工地标准化建设。

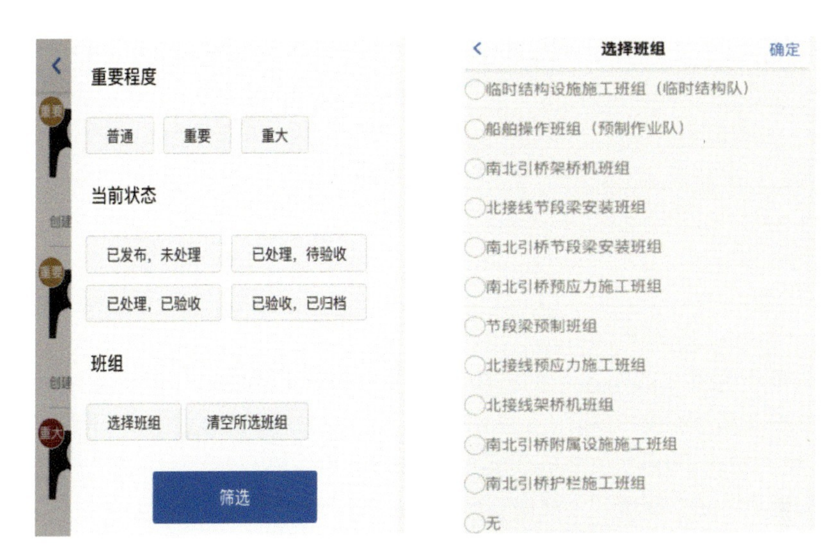

图5-35 App端环保隐患整改筛选查看

(9)环境保护考核

公司总部及分(子)公司将生态文明建设和环境保护工作纳入主要负责人业绩考核体系,对受到生态环保处罚、信用中国公示、环保督察通报的环境污染事件涉事项目部及分(子)公司相关领导,追究其相应的环境保护责任。

第6章 “穿透式”绩效考核体系

6.1 概 述

随着企业管理实践与改革的持续深入,职能部门对如何有效实施绩效考核的探索也在不断拓展。如何利用科学的理论、工具和方法对绩效进行计划、监控、评价和反馈,不断提升绩效水平从而实现组织既定的战略目标,始终是绩效管理系统性工作的重点。而“穿透式”管理,作为指导多层级组织全面贯彻管理目标、减少层级间阻力并实现高效联动的一种管理理念和方法,可有效指导绩效管理领域的实践。本章将论述和研究“穿透式”管理理念下的绩效考核体系。

6.1.1 绩效考核

在绩效的属性上,管理学认为,所谓绩效,就是工作的成绩、效果。它包括组织的绩效和员工的绩效。组织绩效的达成是建立在员工绩效实现的基础上;经济学认为,绩效是职工和组织(企业、单位)之间承诺协议和报酬支付的前提和基础;社会学认为,任何一位社会个体都受益于其他社会成员的绩效,所以他也要承担对等的绩效责任来回报社会。

在绩效的内容上,它包括两方面:一是任务绩效,主要表现形式有工作效率、工作数量、工作质量;二是周边绩效(情境绩效、关系绩效),它是人际关系、意志动机(情商),如良好的人际关系、逆商、主动加班加点等。

归纳起来,绩效既包括了组织(部门、团队、集体、单位)或者员工的过程、行为,也包括了其过程、行为的结果。换言之,绩效是通过考核、考评方式明确下的组织或者员工的表现及其结果的总和。它是组织进行薪酬分配的基础。

绩效考核通过从目标计划、沟通评价,到考核反馈和结果应用的管理循环,促使员工朝既定的目标提高工作能力和业绩水平,并进一步共同提升组织的管理水平和完成目标的能力。而这些能力水平的提升,首先围绕特定的组织目标和战略,其次依赖于持续性改进工作及管理行为的过程,因此可以说,绩效考核能有效实现企业管理活动中的指令传导和管理导向两大功能,是企业管理的“指挥棒”。

绩效考核是战略实施的推进手段，是业务运营的工具，而不仅仅是一个人力资源流程。绩效考核不仅仅是评估，而且包括：目标设定、绩效表现的相关信息的收集、对这些信息采取的措施。绩效将从数量上和质量上得到衡量。管理和判断绩效是管理层最关键的职责之一。

6.1.2 “穿透式”绩效考核

在绩效管理领域，组织绩效的实现建立在员工绩效实现的基础上，但后者的实现并不一定就保证了组织是有绩效的。当组织绩效目标按照一定的原则和逻辑关系，被层层分解到各级组织及其每一个工作岗位员工时，只要每个员工达成了目标要求，则组织的绩效就实现了。由此不难理解，在这个过程中，绩效目标必经一个分解传递的过程，从上到下并横向联络起各个层级的组织和个人，而之后则通过由下至上对目标完成情况的考核及结果应用，实现管理的闭合——绩效目标必须围绕组织战略这一中心被不偏不倚地分解和有效传递，以适用于“穿透式”管理方式及其应用环境。

由此综合来讲，“穿透式”绩效考核可以理解为：聚焦组织整体的核心价值及发展战略，依托科学的组织架构及专业划分，利用有效的目标管理方法和手段，形成绩效目标由上级组织到下级组织、由组织到个人的分解和无障碍传递，并结合绩效评价、反馈、应用等的一系列流程形成管理闭环，确保组织战略意图在各层级各单位被充分理解和贯彻，从而促进整体高效完成组织目标的绩效管理手段。

6.1.3 “穿透式”绩效考核的维度

按照绩效管理的层级定义，绩效考核界定为三个层次两个类型。从绩效管理层次上划分，包括企业绩效考核、组织绩效考核、岗位绩效考核；而从企业绩效管理的属性来看，企业绩效考核实际上分为组织绩效考核和员工绩效考核两大类型。

员工绩效考核是对分解到每个岗位员工绩效目标和任务在数量、质量、效率等方面完成情况，及其行为过程、效果，以及与之对应能力进行的综合考评和结果应用过程；组织绩效考核，是企业针对各组织机构、产品业务单元、职能管理单元所承担的目标任务，应用各种科学的定性和定量的方法，对各类属性的组织在一定时期内的管理过程和经营（管理）业绩进行评估，并根据评估结果指导各组织持续改进工作、提升业绩的管理行为，是绩效管理过程的重要环节，是企业管理强有力的手段。

绩效考核的维度见表6-1。

绩效考核的维度　表6-1

绩效管理层次	考核内容	被考核者	考核者
企业绩效	企业整体绩效	高级管理层	董事会(上级主管单位)
组织绩效	分(子)公司、事业部、职能部门绩效	分(子)公司、事业部、职能部门绩效负责人	高级管理层
岗位绩效(个人绩效)	具体岗位的绩效	各岗位	流程负责人

组织绩效考核和员工绩效考核是两个考核维度,但均属于企业绩效考核体系中的两个高关联度的有机整体,员工绩效的优劣直接影响组织绩效的好坏,组织绩效是员工绩效的集合;反之,只有组织绩效显现出来,个人才有绩效可言。

在“穿透式”管理模式中,组织绩效目标必须逐层分解直至微观责任主体才能达成,因此员工绩效考核是对组织绩效目标承接效果的评估,组织绩效考核与员工绩效考核是一个贯通的考评系统。

绩效考核体系如图6-1所示。

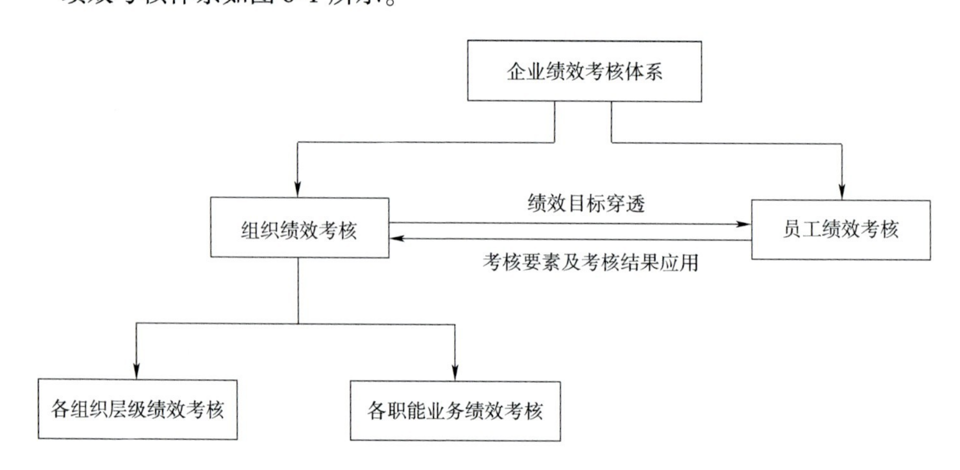

图6-1　绩效考核体系

在绩效考核结果运用上,组织绩效考核与员工考核是一个闭合的系统,尤其是在薪酬方案的运用上,组织绩效考核结果应直接与员工绩效薪酬挂钩。

6.1.4　“穿透式”绩效考核的目的和意义

绩效管理的核心作用是能将员工目标和公司目标紧密结合在一起,指导员工的努力方向、监控企业的健康经营,并支持建立一个高效执行的企业文化。一是把公司、部门、团队、岗位的目标与实现公司战略紧密联系;二是各级管理者可以利用及时准确的绩效信息，做出科学的决策；三是对什么样的员工进行激励，激励多少，绩效考核指标提供了客观的依据；四是帮助员工确定其工作的重心是什么，有利于员工专注注意力，致力于对公司绩效最有帮助的工作；五是弘扬高效执行的企业文化，“强调业绩指向，重视执行成效”，既是绩效管理的要点，也是企业文化所应倡导的方面之一。

绩效考核应承担的职责，就是在组织战略的指引下对组织体系进行科学、全面和系统的计划、监控、评价与改进，最终实现战略所追求的效果和效率两大目标的持续提升。“穿透式”绩效考核注重组织整体绩效、各级所属单位和部门绩效以及个人绩效的协同性和导向性，强调通过系统性和精细化的管理活动，强化目标穿透以及相应管理动作的全面适用，从而实现各层次绩效的全面提升，最终为组织战略目标的达成服务。理解“穿透式”绩效考核的意义，主要有以下几个方面。

从组织战略层面看，首先，“穿透式”绩效考核属于战略性管理，是在组织使命和核心价值观的指引下，承接愿景和战略的管理活动。它将战略性目标贯穿并渗透于管理实践的方方面面，是组织赢得竞争优势的关键环节。其次，“穿透式”绩效考核提倡战略目标导向的价值分享，强化了组织、各层级单位、业务部门、支持部门，以及外部合作伙伴的全面协同，而协同性是组织设计的顶层目标，也是组织竞争优势的必要组成。最后，“穿透式”绩效考核着重的是战略目标穿透和管理活动的闭合，但同时也强调了用针对性的考核机制和精细化的目标分解动作，来支持组织内部不同层级和不同管理功能模块的专业化分工，从而有效支撑复杂组织针对区域战略、产业战略等方面的多元化发展。

从组织的执行层、作业层以及班组建设等方面来看，首先，“穿透式”绩效考核的实施，依托于有关组织战略目标分解和承接的责任体系，主要体现在组织内部各层级单位负责人对其绩效目标所承担的责任上，即目标的“穿透”依托责任的传导，而责任的传导压实则具体构建起组织顶层与各专业板块执行层、作业层间的管理通道，使管理“指挥棒”有效发挥功能。其次，“穿透式”绩效考核的实施，能够帮助组织有效判别不同层级单位的绩效目标执行力，以及针对分解后具体目标的专业力量配备情况，从而在一定程度上促使组织针对执行层、作业层、班组团队，采取精准、“直达”的体系管理、资源要素管理、质量管理等方面关键性管理措施。最后，“穿透式”绩效考核本质上是目标管理的手段，因此有利于组织从执行层、作业层和专业团队的建设出发，通过指挥生产经营的前线快速反应，全面推动与战略目标相匹配的改革甚至组织变革。

从人力资源管理方面来看，绩效考核与员工个人层面的工作质量分析、薪酬管理、培训开发、选拔与流动、劳动关系管理,以及职业生涯规划与发展构成直接引导关系或形成有效联动,并在增强员工工作成就感、工作动力、自我认知与开发,强化员工承诺度、敬业度,以及最大限度减少员工不端行为等方面发挥实际作用。"穿透式"的绩效考核,一方面从员工行为上进一步强调了以明确、具体的目标为导向,便于组织文化、价值观的凝练和共享;另一方面从管理机制上提供了员工间协同执行绩效目标,以及在组织各层级间直接参与管理沟通的可能,从而整体强化了绩效考核在以上人力资源管理方面的作用。

6.2 "穿透式"绩效考核体系构建与实践

6.2.1 "穿透式"组织绩效考核体系的构建

6.2.1.1 "穿透式"组织绩效考核体系构建

与公司总部管控体系相匹配,公司组织绩效考核体系建设可按照"纵向到底、横向到边"的总体思路,形成由各组织层级的经营业绩考核、各职能管理系统的管理绩效考核所组成的矩阵体系,如图6-2所示。

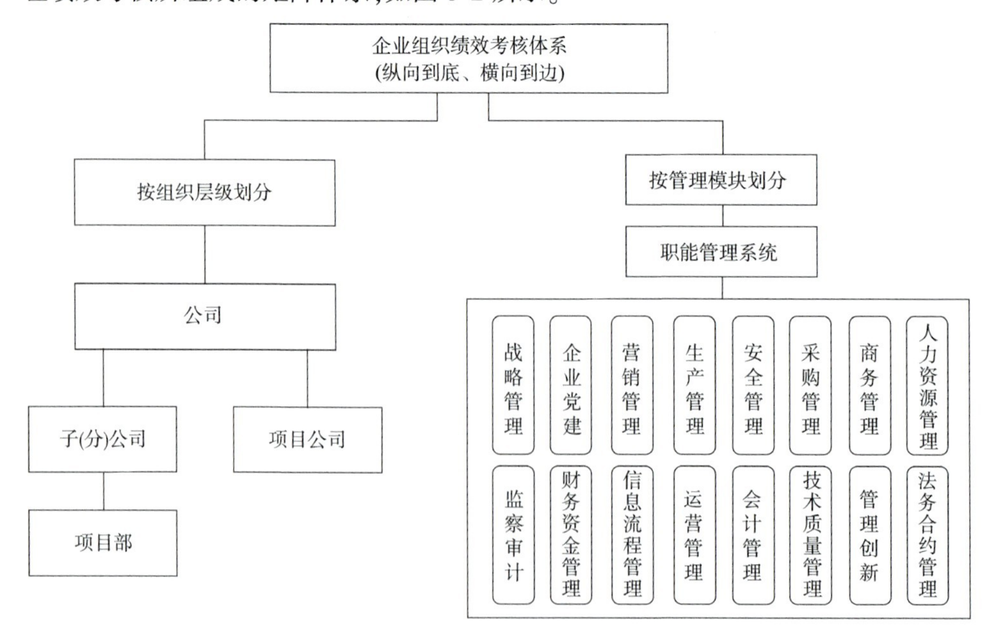

图6-2 组织绩效考核体系矩阵图

按组织层级划分，组织绩效考核体系由公司总部—分(子)公司—项目部等三级组成；公司总部层级主要是对总部职能部门绩效考核；分(子)公司考核是公司对具有独立经营指标的所属二级组织和机构的考核；项目部绩效考核主要包括公司直管项目部绩效考核。

按管理模块划分，组织绩效考核体系包括各职能部门组织的职能管理系统绩效考核。职能管理系统绩效考核是指公司总部各级职能部门对下属单位对应的职能管理要素在一定周期内的工作绩效进行的综合考核评价；专项考核特指技术经济指标类专项考核，以补齐企业短板、促进管理提升为目的。

具体实践中，首先是完善企业绩效考核制度，具体职责分解如下。

(1)公司总部

①根据统筹管理需要，制定出台体系性新制度《公司组织绩效考核管理办法》，形成组织绩效考核体系的管理链条。

②从组织层级维度，加强“两级总部”的绩效考核管理，公司总部修订出台《公司总部部门绩效考核管理办法》；推进三级绩效考核制度体系建设，修订出台《公司所属单位负责人经营业绩考核办法》《项目公司负责人经营业绩考核指导意见》《工程施工项目经理部负责人绩效考核指导意见》，制订出台《境外区域中心负责人经营业绩考核办法》。

事业部修订出台《项目公司负责人经营业绩考核实施细则》、组织各单位完成《境外二级区域中心、办事处负责人经营业绩考核实施细则》。

③从管理模块维度，推进全覆盖式绩效考核机制，公司总部各职能部门制定职能管理系统考核办法、专项考核办法。

(2)分(子)公司

①制定出台本单位《总部部门绩效考核办法》及《所属固定单位绩效考核办法》。

②制定出台本单位《工程施工项目经理部负责人绩效考核实施细则》。

(3)项目部

执行上级单位颁发的《工程施工项目经理部负责人绩效考核实施细则》，将绩效指标层层分解。

与组织考核体系相匹配，企业的项目绩效考核体系建设同样形成纵向穿透到各微观主体，横向覆盖项目所有管理要素的矩阵体系(图6-3)。纵向上，项目绩效考核体系由项目部考核、工段考核、作业队伍考核、班组考核组成；横向上以项目管理要素为考核单元。其中，工段和班组是项目管理目标的具体执行者，其绩效考核以成本和进度考核为中心，涵盖质量、安全、环保等项目管理全要素，采取量化考核方式;项目部职能部门考核主要从管理质量和管理效率两个方向考核,采取定量和定性相结合的办法。

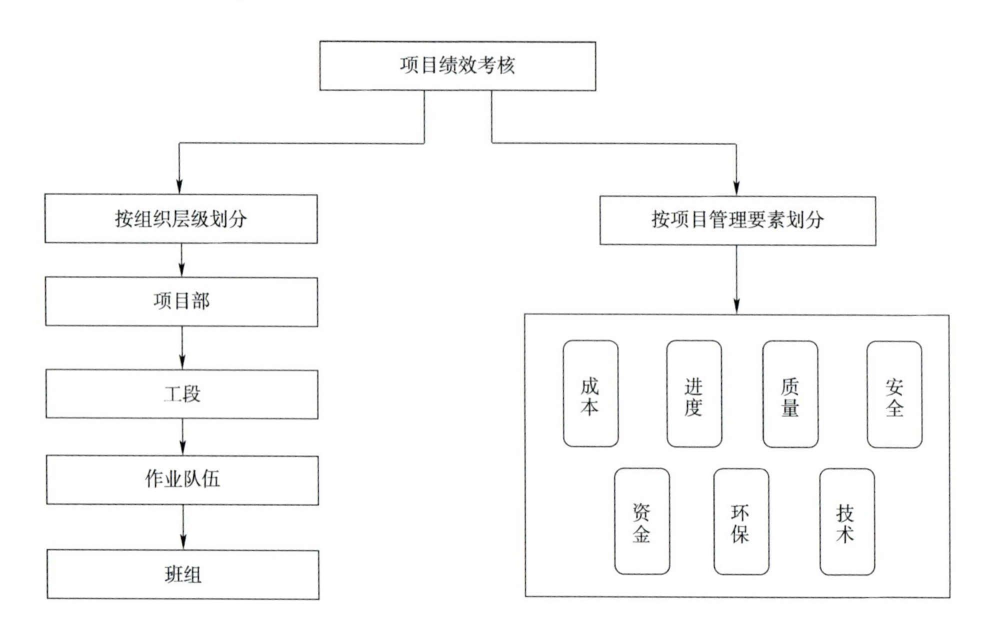

图 6-3　项目绩效考核体系图

6.2.1.2　“穿透式”组织绩效考核的实施

“穿透式”组织绩效考核应贯彻价值导向的原则。价值导向是绩效考核的核心功能,这种导向既包括客户价值,也包括企业价值的传导。因此,公司“穿透式”组织绩效考核的价值导向可主要体现在两个维度:一是将客户价值植入到项目绩效考核体系,客户价值是指企业为客户提供的价值,即从客户的角度来感知企业提供产品和服务的价值;二是将企业组织承接顾客的目标任务及其对应的企业价值创造理念通过差异化的绩效考核,层层传导到微观责任主体。下面以某企业为例,具体阐述如何以公司价值导向为指导,结合不同组织的定位和职能,构建“穿透式”绩效考核体系。

1)按组织层级的功能定位实施“两级总部”考核

(1)功能定位

在公司价值体系中,总部是战略中心、管理中心、资源中心,分(子)公司是利润中心、项目运作中心,项目部是成本中心。组织绩效考核围绕各级组织在企业价值链中的定位展开。各级组织的权限界定见表 6-2。

各级组织的权限界定 表6-2

各级组织	定　　位	权 限 界 定
公司总部	战略中心	战略制订、落实、执行、评估的闭环管理；预算、绩效考核的闭环管理；品牌、资质、文化的统一管理；战略协同效应的培育
	管理中心	对分(子)公司战略、投资、收益的管理；对分(子)公司人事、财务、权限、信息的监控；标准化项目管理体系建设
	资源中心	关键技术开发与支持；核心资源的优化配置；技术、管理、知识平台
分(子)公司	利润中心 项目运作中心	实施公司战略与管理；公司资质的经营管理；年度经营计划、预算的实施；项目管理
项目部	成本中心	全局统一的管理标准，作业指导书，依托公司总部三个中心(技术中心、资金中心、采购中心)、两个平台(一体化平台、信息化平台)实施项目管理

(2)考核体系设计思路

①贯彻公司总部高目标管理理念。

实施以全面目标管理为主导的部门绩效考核模式：以上级单位考核目标和公司总部年度重点工作目标为主线实施考核，将公司总部绩效目标全面分解至部门及其对应的业务系统。其中，净利润、经济增加值、营业收入、传统投标项目新签合同额等关键绩效指标与各部门绩效直接挂钩，强化全员经营机制。

②考核内容多维化。

借鉴“360度考核法”基本思路，保留以往的绩效测评、部门履责考核，对考核方式、考核内容进行大幅度拓展，选取六个维度实施立体考核，克服部门考核难以量化的局限性。

③考核主体多元化。

针对六个维度的考核内容，选择不同的考核对象，解决考核主体单一的问题，克服考核的主观性，提升考核的公正性。

④导入“关键事件考核法”。

通过“管理提升”、专项活动、“两会”(党委常委会、总经理办公会)决议承办等指标，提升考核的可量化度。

⑤强化考核结果的可追溯性和客观性。

导入“上级单位考核指标承接”考核内容，上级单位对公司的考核指标体现了上级单位对公司管理短板的判断，以及上级单位年度重点工作要求。

⑥导入风险考核机制。

区分工作责任大小和贡献度，指标承接部门设置加权责任系数，责任系数的取值幅度突出公司绩效管理重点，责任系数高的考核结果振幅大。

(3)考核指标选择

①考核指标类型。

根据职能部门层面的工作特性，部门业绩指标分为关键业绩指标(KPI)和基础业绩指标(CPI)两大类。

a. 关键业绩指标。

关键业绩指标是指基于战略目标具有增值作用的绩效指标，主要依据公司目标、部门目标、部门关键职能等因素确定。在不同阶段，部门级 KPI 指标将做适当调整，这是部门绩效考评的主要内容。

b. 基础业绩指标。

基础业绩指标是指基于部门正常工作职责范围的绩效指标，具有一定的通用性和稳定性，一般出现较大波动时才会对公司整体绩效产生影响。

根据两类指标的特性，为减少考核成本，公司在指标选择和权重配置上重点是关键业绩指标考核，并尽可能量化。

②考核指标构成。

总部部门绩效指标设置遵循公司发展战略的阶段性管理需要，并从克服部门绩效难以量化的局限性出发，借鉴“360 度考核法”基本思路，构建多维化指标体系，主要由以下七个方面内容构成。

a. 绩效测评。

绩效测评主要从战略引领，管理、协调、指导、服务职能发挥，业务协同三个方面进行测评。

战略引领指标考核各职能部门引领本职能业务系统在承接和执行公司战略规划、年度经营方针目标中的导向功能和推动作用的发挥情况。

管理、协调、指导、服务职能发挥考核各职能部门综合履责情况。

业务协同考核各职能部门与公司及上级单位之间的纵向协同、职能部门之间的横向协同、公司与相关方的协同等协同情况。

绩效测评在部门年度绩效考核中占 30% 权重。其中，战略引领，职能发挥，业务协同分别占绩效测评的 40%、40%、20% 权重。

b. 日常履责。

日常履责考核各职能部门年度绩效目标的完成情况。从两个维度考核：一是部门年度目标计划体系的有效性评估，主要从计划是否涵盖本部门主要职能要求、是否贯彻公司年度工作方针目标、是否承接公司战略性指标，以及计划是否全面落地四个方面进行评估；二是部门年度计划、目标的完成情况。包括年度重点工作和基础工作，从工作数量、工作质量、工作效率三个维度实施考核。

日常履责在部门年度绩效考核中占30%权重。其中，部门年度目标计划体系的有效性评估及部门年度计划、目标的完成情况分别占日常履责考核的40%、60%权重。

c. 上级单位年度考核指标承接。

上级单位对公司的年度考核指标突出了关键绩效指标和公司管理短板的考核，体现了上级单位年度重点工作要求。遵循目标分解、压力传递原则，同时也为了强化考核结果的可追溯性和客观性，公司导入“上级单位考核指标承接”考核内容。

上级单位年度考核指标承接的考核内容依据《上级单位所属单位负责人年度经营业绩责任书》确定，具体指标随各考核年度“责任书”的变化而变化。

将上级单位考核指标划分为基本指标及营业收入、传统投标项目新签合同额承接、分类指标及战略引领类指标承接、管理控制类及专项考核指标承接三类进行分类考核。其中，净利润、经济增加值、营业收入、传统投标项目新签合同额等关键绩效指标为共性指标，与各部门年度绩效、薪酬涨幅直接挂钩；其他指标承接分别与各部门职能对应，以上级单位下达的年度考核目标值为承接部门的年度考核目标值。

上级单位年度考核指标承接占部门年度绩效考核的10%权重，其中三类指标各占部门年度绩效考核的5%、6%、4%的权重。

d. 管理提升。

管理提升以公司年度确定的专项活动为主要考核载体，为战略性专项考核。专项活动是公司针对企业短板和年度关键绩效目标而开展的全局性、一致性的一系列战略行动，是公司绩效管理的拓展和强化。公司根据各专项活动的目标及任务分解方案，提取各部门相应的考核指标和指标目标值，进行专项考核。根据工作效率、工作数量和工作质量评分，工作效率考核及时性，工作数量考核绩效目标完成度，工作质量评估专项活动实际成效。

管理提升考核项占部门年度绩效考核的10%权重，如考核年度有多项专项活动，每项活动的权重由公司运营管理部牵头组织核定。

专项活动的部门承接指标，季度推进情况占40%，年度目标达成率占比60%。

e. 督办事项承办。

督办事项承办考核各部门承办公司党委常委会、总经理办公会议等督办事项的工作量（任务数量）和办结率。

办公会议决议承办考核项占部门年度绩效考核的10%权重。每项承办任务所占权重平均计算。

考评标准为及时性100%，办结率100%。承办事项延期办结按比例扣分，考核期内未办结不得分；跨年度事项并入下个考核年度考核。

f. 组织成长。

组织成长为公司中长期发展战略的战略性指标分解，考核各部门所辖职能业务系统队伍建设情况。

组织成长考核项占部门年度绩效考核的10%权重。

g. 加减分项。

为强化激励机制，在上述考核内容基础之上增设绩效加减分项目，主要包括上级评价、局内通报、外部表彰等方面的内容。

上述一至七项考核内容中三、四、五项未涉及的部门，相应权重并入到第二项考核。

(4)考核方式

①考核主体多元化。

总部职能部门年度绩效考核在考核指标多维化的基础之上，实施考核主体多元化。通过多元化的评价主体，对评价结果实现相互印证、互相补充，体现评价的准确性；通过扩大评价主体范围体现评价的民主性和公正性。

a. 绩效测评。

由公司领导、公司所属单位、总部部门三个层次考核主体进行综合测评。

公司领导计分权重50%，其中主要领导占25%、分管领导占10%、其他领导15%，测评方向侧重战略引领力考核；公司所属单位计分权重30%，测评方向侧重管理绩效考核；总部部门互评计分权重20%，测评方向侧重业务协同考核。

b. 日常履责。

由公司总部职能部门年度绩效考核工作小组考核。

评分方法采用去掉评委最高评分和最低分评分后以平均加权法计算部门得分。

日常履责实施目标管理考核法，采用行为导向型量表法和结果导向型量表法相结合的评价尺度。行为导向型考核工作质量(工作标准的符合度)和工作效率(及时性)，为定性考核；结果导向型考核工作数量，为定量考核。

c. 上级单位年度考核指标承接。

考核主体为上级单位相关职能部门(事业部)，引用上级单位的考核结果。

d. 管理提升。

考核主体为年度专项活动的牵头部门，各参与责任部门绩效由牵头部门考核；牵头责任部门的绩效由绩效考核工作小组考核。

管理提升主要采用关键绩效指标法考核。

e. 督办事项承办。

由党委办公室、办公室实施考核。

督办事项承办是公司应用“关键事件考核法”，提升部门绩效测量的可量化度，提升考核结果的客观、公正性，确保公司整体运营绩效的重要措施。

督办事项承办考核依据公司党委常委会、总经理办公会决议等督办事项督办记录。

f. 组织成长。

由公司人力资源部实施考核。

②导入风险考核机制。

公司总部职能部门年度绩效考核导入风险考核机制，指标承接部门区分工作责任大小和贡献度，设置加权责任系数，责任系数的取值幅度突出公司绩效管理重点，责任系数高的考核结果振幅大。

a. 绩效测评。

不设责任系数；日常履责、组织成长类考核，各部门责任系数为1.0。

b. 上级单位年度考核指标承接。

指标考核得分＝指标权重×上级单位考核得分率×加权责任系数×100

净利润、经济增加值、营业收入、传统投标项目新签合同额等关键绩效指标与各部门绩效直接挂钩，全员配置同等责任系数1.0，强化全员经营机制。

计分方法：根据各指标标准分值加权计算综合得分率后确定各部门得分。上述4项指标权重分别为30%、30%、20%、20%。

分类指标及战略引领类指标主责牵头部门责任系数1.2，其他责任部门1.1；管理控制类及专项考核指标主责牵头部门责任系数1.1，其他责任部门1.05。

计分方法：根据考核得分率加权责任系数计算考核得分率，承接多项指标的平均计算得分率。得分区间为基本分值的±30%。

c. 管理提升。

专项活动主责牵头部门责任系数1.1，其他责任部门1.05。

计分方法：各参与责任部门根据目标达成率加权责任系数评分；牵头责任部门的绩效以专项活动各子项目标的平均得分率加权责任系数核定得分。

d. 督办事项承办。

督办事项承办的责任系数根据各部门承办事项的数量确定，承办事项数量＞平均工作量的，责任系数为1.1；承办事项数量＝平均工作量的，责任系数为1.0；承办事项数量＜平均工作量的，责任系数为0.9；如承办事项低于平均值，但事件难易程度和重要性相对较高的可取值为1.0，由绩效考核工作小组评定。

计分方法:按照加权分值考核计分,每项承办事项加权分值=(100×10%/承办项目数)×责任系数,每项承办事项按期办结的不扣分,考核期内延期办结的扣除每项承办事项加权分值的10%~30%;考核期内未办结的,扣除该项承办事项的加权分值,本考核项最多扣分不超过本考核项的加权总分值的50%。

e.加减分项目。

加减分项目在上述百分制考核内容基础之上实行累计加减分制,同类项目不重复计分,最多加减3分;具体加减分值由绩效考核小组评审后报公司党委常委会审定。

加分项目:获得上级单位年度先进单位表彰前三名的部门,加0.5分;公司获得省部级及以上专业管理奖项的,对应主管部门加1.0~1.5分;其他由公司党委常委会、总经理办公会确认的加分项。

减分项目:公司被上级单位通报批评的,对应主责部门区分情节每次减0.5~2.0分;被公司内部通报批评的部门,区分情节每次减0.5~2.0分;其他由公司党委常委会、总经理办公会确认的减分项。

f.上级单位实行考核单列的部门,按上级单位相关考核办法执行。

为了加强部门绩效监控,促进部门绩效的持续提升,同时采取了部门年度述职和不定期述职相结合的办法,对部门绩效实行检查、督导和评议。各部门年度述职重点围绕部门关键绩效指标完成情况展开,不定期述职应用于部门绩效的过程纠偏和督导。

2)以价值创造为核心实施分(子)公司绩效考核

(1)考核模式

与战略推进实施步骤相匹配,在分(子)公司考核模式上公司进行了创新,推行中短期相结合的考核模式,在年度考核的基础上,增设三年任期考核,这也与上级单位对公司的考核模式一脉相承。

①年度考核。

年度考核分为两部分,绩效工资考核和绩效奖励考核。其中,绩效工资考核考核所属单位年度工作目标的达成率;绩效奖励考核,考核前三年完成值的平均值的增长率,技术中心、财务共享中心、区域经营分公司不执行增长率考核。

②任期考核。

任期考核以三年为考核期,所属单位主要领导在任时间不足三年的,按照主要领导在任实际时间进行考核;所属单位其他班子成员的任期考核根据本单位主要领导的任期考核结果加权计算。

事业部、区域经营分公司、技术中心、财务共享中心不实行任期考核。

(2)考核指标体系设计原则

考核指标体系的设计贯彻差异化原则,指标体系与考核方式力求精细。

从理论层面来看,差异化基本内涵和思路主要体现在两个方面。一方面,主要考虑各单位的功能定位或市场定位、行业特性,以及各单位的发展阶段(如新企业可降低财务绩效考核,加大市场拓展及内控体系建设考核;转型期企业加大产品结构考核)、经营短板和主要经营风险,经营或管理模式、业务特点,分类确定考核重点、考核指标、考核权重及考核目标值。另一方面,体现在指标体系的具体选择、设计上,公司根据不同考核年度公司面临的发展形势、上级要求以及经营管理重点的变化而变化,公司绩效考核指标库也将根据公司内外形势的变化而不断更新。

从操作层面来看,考核方式、考核指标、考核计分方法、薪酬测算等考核环节需针对各类型企业分类设置。

分(子)公司组成如图6-4所示。

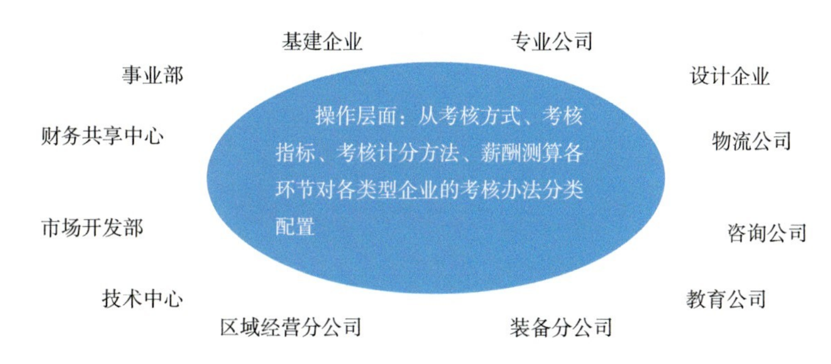

图6-4 分(子)公司组成图

(3)考核指标基本框架

考核指标基本框架见表6-3。基本指标突出价值创造,分类指标强调经营短板、风险管控。

考核指标基本框架 表6-3

年度考核指标基本框架	基本运营类	基本指标	新签合同额、营业收入、利润总额、经济增加值
		分类指标	偿债能力、营运能力、盈利能力、发展能力
	战略管理类	根据公司年度战略重点和所属单位实际情况选择,原则上不超过4项。年度不考核战略引领类指标或指标偏少时,其权重调入基本指标	
	管理控制类	可根据年度重点工作要求,或所属单位管理短板,可加大相关指标考核权重	

(4)考核调整

贯彻改革与创新要求,对原有考核办法优化升级,从以下五个方面来考虑:

①考核手段上增加任期经营业绩考核,体现风险激励。

任期指标由总资产报酬率、国有资本保值增值率、生产经营目标达成率(新签合同、营业收入、利润总额)三项指标构成。其中,生产经营目标达成率考核所属单位任期内新签合同、营业收入、利润总额完成年度生产经营目标的情况。个别处于初创阶段或者特殊发展时期的单位对个别考核指标不适用的,可调整部分不适用指标。

任期考核按照风险激励的办法实施,凸显公司治理潜亏、防范风险的决心和力度。分(子)公司负责人年度薪酬预留20%作为激励基数,从正负两个方向加大激励力度:一方面,当任期指标综合得分率在达到90%以上时,管理者可获得超额奖励;另一方面,为了遏制潜亏,任期考核把利润总额作为否决指标,当审计数与年度考核数发生负向偏离时,分档扣减考核得分率,其中,当利润总额年度考核数 < 审计数的70%时,管理者任期薪酬归0(图6-5)。

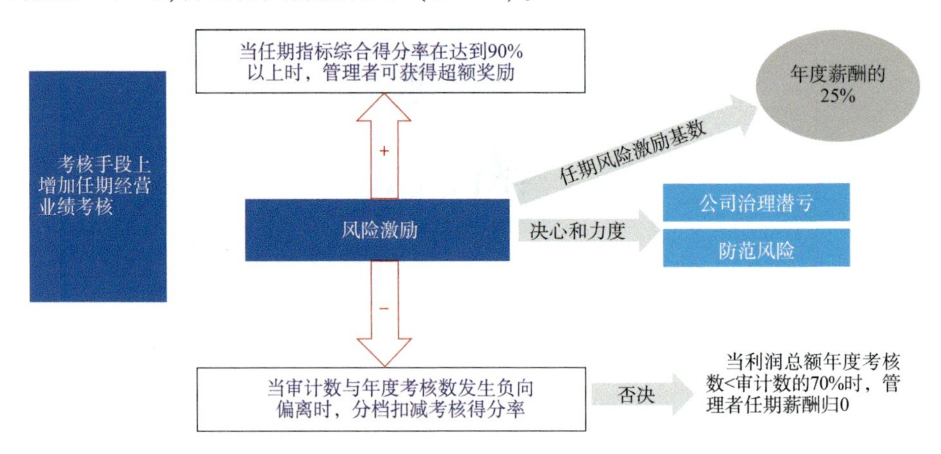

图6-5 任期经营业绩考核图

②体现公司高层对企业投入产出比的高度关注。

将净资产收益率水平列入所属单位年度利润总额目标值测算重要考虑因素。

基建企业薪酬计算的关键控制要素即规模系数的计算上,增设人均劳动生产率、总资产周转率指标考核。

③增设战略引领类指标(图6-6),强化战略导向功能。

④体现高质量发展的战略理念。

在区域经营分公司考核指标体系中增设区域毛利率和利润总额考核指标;规

定了区域新签合同额、业务新承揽项目数的考核值的确认方法，区分贡献大小设置加权系数；在区域经营分公司的薪酬计算中，配置了规模系数，根据各区域的经营规模(合同额)和效益规模(利润总额)加权取值。

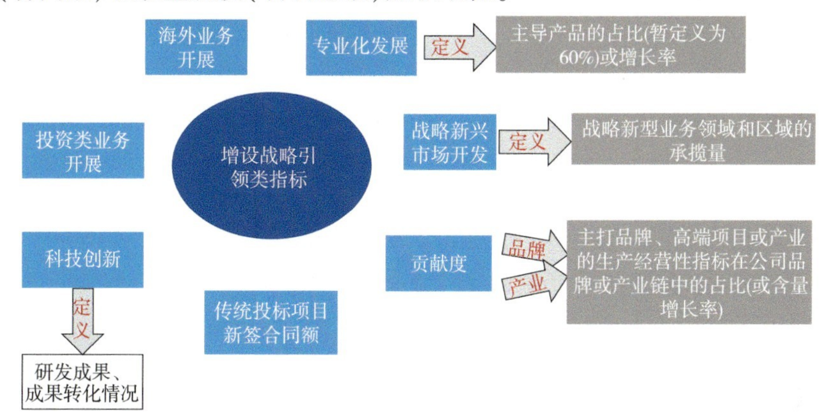

图 6-6 战略引领类指标图

⑤调整增长率考核(绩效奖励考核)权重，规避考核结果的异常波动。

工程公司基本运营类指标由原来财务绩效类 20 余项指标调整为强制考核 10 项，基本指标 4 项(图 6-7)、分类指标 6 项；年度考核未覆盖的财务绩效考核指标，作为各单位的监控指标，实行预警考核。

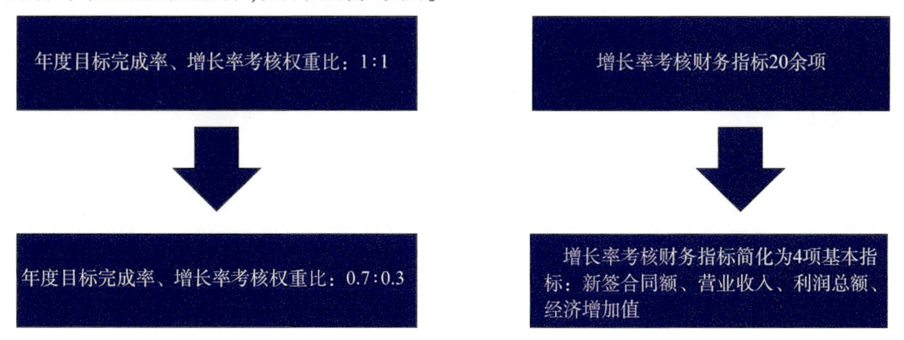

图 6-7 增长率绩效奖励考核权重调整图

管理控制类指标调整为 10 项，根据年度重点工作要求，或各单位管理短板分别配置。

(5)考核标准及评价方式

①年度考核。

a. 进行年度考核指标完成情况确认。

财务绩效指标以公司年度决算报表所反映的数据为准。考核期如遇模拟注资,剔除该因素;当战略性项目成为影响相关单位盈利水平的因素时,在盈利能力指标考核时,考核确认值剔除该因素。如考核时已完成考核年度绩效审计,考核完成值数据以审计结果为准。

其他考核指标:由公司对应职能部门提供,待经营业绩考核工作小组复核后确认。

b.采取百分制的计分方法计分,计分方法如表6-4。

考核计分方法　　表6-4

<table>
<tr><th>考核类别</th><th>实体子公司</th><th>技术中心</th><th>财务共享中心</th><th colspan="2">区域经营分公司</th></tr>
<tr><td>绩效工资考核</td><td>绩效工资=Σ基本运营类指标考核得分+Σ战略引领类指标考核得分+Σ管理绩效类指标考核得分</td><td rowspan="2">年度考核具体按照表8所列指标体系及其权重执行;
技术支持与服务指标:公司领导及总部关联部门(40%权重)、分(子)公司(30%权重)、重点关联项目(30%权重)。由公司科技管理部制定细则并组织测评;
管理绩效类指标考核计分方法同基建企业</td><td rowspan="2">年度经营业绩考核计分方法在“年度经营管理目标责任书”中约定。其中,客户服务指标由各分(子)公司进行满意度评价</td><td rowspan="2">Σ基本运营类指标得分+Σ战略引领类指标得分+Σ运营管理类指标得分+Σ管理控制类指标得分</td><td rowspan="2">营销管理:市场开发的分管领导(20%)、区域责任领导(20%)、市场开发部(30%)、相关事业部(30%);
信用评价:否决类指标,实行扣分制,由公司市场开发部会同相关事业部、职能部门考评;
管理控制:实行扣分制,考核细则由各职能部门根据区域公司专业定位进行制订</td></tr>
<tr><td>绩效奖励考核</td><td>绩效奖励=Σ基本运营类基本指标考核得分</td></tr>
</table>

②任期考核。

任期经营业绩考核得分=Σ任期考核指标得分×审计系数,审计系数见表6-5。

任期经营业绩考核审计系数　　表6-5

<table>
<tr><td rowspan="4">审计系数考核任期利润总额审计结果与年度考核结果的符合性</td><td colspan="2">利润总额年度考核数</td><td>审计系数</td></tr>
<tr><td rowspan="3">审计确认数</td><td>[90%,130%]</td><td>1.0~2.0</td></tr>
<tr><td>[70%,90%)</td><td>0.5~1.0</td></tr>
<tr><td>[0,70%)</td><td>0</td></tr>
</table>

审计系数考核任期利润总额审计结果与年度考核结果的符合性,取值范围为0~2。当审计确认数的90%≤利润总额年度考核数≤审计确认数的130%时,审计

系数 1.0 ~ 2.0，按照内插法计算；当审计确认数的 70% ≤利润总额年度考核数 < 审计确认数的 90% 时，审计系数为 0.5 ~ 1.0，按照内插法计算；当利润总额年度考核数 < 审计确认数的 70% 时，审计系数为 0。

3）按分段考核、分段激励的绩效管理模式实施全生命周期的工程项目绩效考核

（1）工程施工项目考核

①考核模式。

采取过程评价与结果考核相结合的动态考核方法。工程施工项目实施年度考核 + 完工考核的分段模式，其中完工考核包括完工考核和完责考核（图 6-8）。

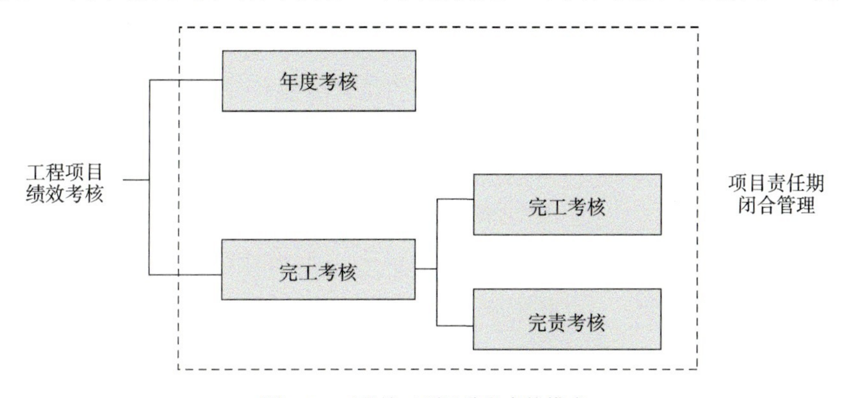

图 6-8 工程施工项目分段考核模式

②“穿透式”目标管理责任制。

根据分段考核方式，各分（子）公司与项目部签订《项目管理目标责任书》及《项目管理年度目标责任书》，作为绩效考核兑现的依据，每一阶段的考核以项目满足相应的条件为前提。其中，年度考核的条件是正在进行主体施工，且工期未超出施工合同工期，如因设计修改、工程量调整以及建设单位认可的其他原因，致使工期缩短或延长，以建设单位书面修改工期通知为准；完工考核的条件是施工合同中约定的主要义务已履行完毕；工程结算已办理完毕；债权债务清理完毕；其他清退场工作完成；完责考核的条件是完成《项目经营管理目标责任书》所约定的目标任务，主要包括工程价款（含变更、索赔）、质量保证金、履约保证金（或银行保函）的回收，债权债务处置等，并已经内部审计。

③考核指标。

a. 年度考核和完工考核的考核重心差异配置。

年度考核，侧重过程控制，突出运营及管理指标考核；完工考核，偏重结果评

价,突出财务绩效指标考核。根据不同阶段的考核方向,在财务绩效指标和运营管理指标权重的分配上,有很大的差异(表 6-6)。

项目部绩效考核指标分类配置 表 6-6

考核类别	财务绩效类指标权重(%)	管理绩效类指标权重(%)
年度考核	30	70
完工考核	70	30
完责考核	100	

b. 指标体系设计契合项目管理特点。

紧紧围绕项目管理要素设计绩效考核指标体系,从财务绩效和管理绩效两个方面展开考核(表 6-7 ~ 表 6-9)。前者主要选取利润、资金上交等关键绩效指标,用于评价工程项目部财务会计报表所反映的经营绩效状况;后者一般由管理运营、风险控制、组织成长三类指标组成,主要反映工程项目经理部在一定经营期内落实企业各项管理措施的情况及其管理成效。

项目部年度绩效考核指标体系表 表 6-7

指标体系		权重(%)	指标内容
财务绩效类	基本指标	20	利润总额、资金上交、营业收入
	分类指标	10	应收账款占营业收入的比重或应收账款周转率、存货(或完工未结算)占营业收入的比重、应付账款占营业收入的比重、间接费用占营业收入比重、资金管理(经营性现金流、资金集中率等)、全面预算管理
管理运营类		40	产值工期完成比、计量产值比、支付计量比、采购管理、施工现场管理、技术管理、生产要素管理(工、料、机)
风险控制类		20	强制考核项:信用评价、安全管理、节能环保、质量管理;其他考核项:在其他项目风险控制指标中选择
组织成长类		10	科技进步、信息化、绩效管理、项目党建、项目文化;其他考核项:在其他项目组织成长类指标中选择

项目部完工考核指标体系表 表 6-8

指标体系		权重(%)	指标内容
财务绩效类	基本指标	70	利润目标(以合同结算收入为基数计算)达成率
管理绩效类		30	项目管理总体绩效评价(考核指标包括管理运营、风险控制、组织成长类指标)

项目部完责考核指标 表6-9

指标体系	权重(%)	指标内容
财务绩效类	100	利润目标(以合同结算收入为基数计算)达成率

④考核导向。

一是在考核工具上,选择以现代国际企业普遍采用的方法——目标管理考核法为主导,层层分解目标,管理目标实现进程,实现全员参与,充分体现人本管理理念。

二是项目经济责任考核以成本考核为主线,突出项目部作为成本中心定位。项目责任成本的精准测算是考核难点,为提升考核结果的公平度,倒逼企业全力提升成本管理水平。各单位严格执行标后预算制,项目责任目标一般采取利润率指标。

⑤分段激励机制。

采取风险与激励并存的分配机制。

a.年度绩效薪酬标准放大基数、设立激励系数。

年度绩效薪酬标准=基薪×倍数×考核系数(年度)×整体薪酬控制系数(年度)×综合系数(年度)

倍数取值,一方面应保障现有收入水平,另一方面可适量增加一部分用于绩效的分段激励。

综合系数从正负两个方向发挥激励作用,因项目管控失误等主观原因给公司[分(子)公司]带来较大经济损失或负面影响的,降低综合系数;因项目管理有效,产生辐射效应或信用评价成绩突出,经济效益大幅提升的项目部,调高综合系数。从风险激励的角度出发,在综合系数上设置了较大的区间范围,加大对项目管理者的激励作用。

b.绩效薪酬通过年度考核、完工考核、完责考核实施分段兑现。

项目负责人年度绩效薪酬预留一定比例作为风险激励基数,分别在工程竣工结算、项目应收账款全部回收后两个阶段考核兑现。从正负两个方向实施激励,未完成项目管理责任目标的,年度绩效薪酬按照完成率兑现;未完成项目管理责任目标,但在提升项目经济效益和社会效益作出突出贡献的,在经济责任目标达成率80%以上的前提下,可提升其绩效薪酬完工、完责兑现系数。

c.绩效奖励通过项目完工考核、完责考核分段兑现,项目负责人绩效奖励在完工考核时,根据应收款项实际回收率兑现。

d.超额完成项目目标的可在交工阶段提前预考核、兑现绩效薪酬和绩效奖励。

如按建设单位已经计量、结算收入作为项目收入前提下,项目已实现的利润已经完成或超额完成项目目标的项目部,主管单位应及时进行完工预考核。这也是对项目的正向激励。

e. 兼任多个项目部班子成员的薪酬分配，体现风险控制，兼顾公平原则。

基薪按照就高原则确定。

重叠时段绩效薪酬标准 = 兼任项目部基薪最高值 × 兼任项目部年度绩效考核平均分 × 调节系数，由主管单位综合考虑兼任各项目的整体绩效情况研究确定。

绩效奖励标准 = 兼任项目部绩效奖励最高值 × 调节系数，由主管单位综合考虑兼任各项目的整体绩效情况研究确定。

f. 项目利润率完成值低于项目责任目标值 50% 以上的，年度绩效薪酬预留部分不予兑现。

g. 分(子)公司领导在项目部兼职的，应按照一定权重将项目部绩效考核结果计入其个人年度履职考核；其薪酬按照原单位薪酬制度执行；业绩突出的，各单位可研究给予特殊奖励，报公司审批。

兼任项目部领导的公司总部管中层干部，其考核和薪酬执行项目部绩效考核办法。

(2)项目公司经营业绩考核

①考核模式。

对项目公司的考核采用的是覆盖建设期和运营期的全生命周期考核模式。其中，项目建设期考核期界定为项目建设责任期，自项目公司注册之日起(含筹备期)至项目交/竣工合格之日，主要根据《项目全生命周期策划书》进行确认；项目运营期考核期，自项目交/竣工验收合格次日至项目移交日。

在考核周期上，年度经营业绩考核以公历年为考核期，一年考核一次。

建设期交/竣工考核，以项目建设完责周期为考核期，包括年度考核和交竣工考核。

运营期考核包括年度考核和阶段性考核；阶段性考核主要采取任期考核方式，一般以三年为考核期，项目公司主要领导在任时间不足三年的，按照主要领导在任实际时间进行考核，项目公司其他班子成员的任期考核根据本单位主要领导的任期考核结果加权计算。根据分段考核的方式，项目主管单位与项目公司签订《项目阶段性经营管理目标责任书》及《项目公司年度经营管理目标责任书》，作为绩效考核兑现的依据。

项目部负责人绩效考核模式如图 6-9 所示。

②考核指标。

a. 指标体系设计。

项目公司绩效考核指标体系同样主要从财务绩效和管理绩效两个方面展开考核。财务绩效用于评价项目公司财务会计报表所反映的经营绩效状况；管理绩效一般由管理运营、战略引领、风险控制、组织成长四类指标组成，主要反映项目公司在一定经营期内落实企业各项管理措施的情况及其管理成效。

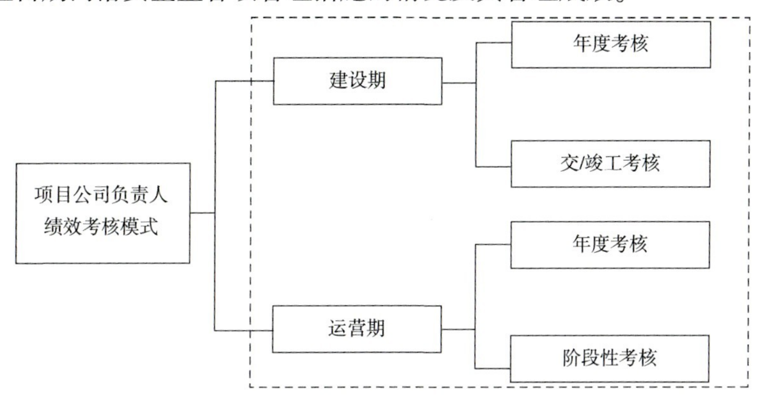

图 6-9 项目公司负责人绩效考核模式

年度考核指标侧重过程控制,覆盖了投资项目管理的基本要素(表 6-10)。

年度考核指标体系表 表 6-10

建设期	项目前期阶段,侧重于运营管理类指标,主要包括投资业务合同签订,工作流程确定,项目预算确定,开工管理,合法合规手续完成情况等; 项目建设阶段,侧重于财务绩效类和运营管理类指标,主要包括产值利润实现、补贴到位、项目公司管理费控制情况,项目进度、质量、安全控制情况,材料调差、变更、计量手续办理情况等; 项目交/竣工阶段,考核重点侧重于运营管理类指标,主要包括项目交竣工验收、协同效益、结算审计、运营筹备完成情况等
运营期	侧重于财务绩效类、运营管理类指标,主要包括使用者付费、可用性服务费、运营绩效服务费的回收情况,合法合规手续完备情况,运营期成本控制、安全生产管理情况等

阶段性考核指标体系侧重财务绩效指标考核,考核项目公司经营管理目标的达成率(表 6-11)。

阶段性考核指标体系 表 6-11

建设期交/竣工考核体系	主要包括项目总工期控制、完工结算、成本预算控制、项目总体利润总额[含项目公司利润、投资价差、分(子)公司施工利润]、债权确认、政府支付责任纳入财政预算、资金回收、投资差价收取、安全及质量目标完成情况、运营筹备、辐射经营、实施机构对项目的绩效考核、信用评价、价值深挖与再造等关键要素
运营期阶段性考核指标体系	围绕投资收益目标展开,主要包括收入、回款、利润、回报率、成本费用等指标

b. 指标运用及指标权重。

项目公司绩效考核的指标运用及指标权重,根据项目不同阶段的目标属性、管理重心分别配置(表6-12)。

项目公司分阶段考核指标类型及权重分配参照　　表6-12

项目阶段	财务绩效类权重区间	战略引领类权重区间	运营管理类权重区间	管理控制类权重区间
前期阶段	[20,40]	[5,10]	[40,70]	[10,20]
建设阶段	[30,50]	[5,10]	[40,70]	[10,20]
交/竣工阶段	[20,40]	[5,10]	[40,70]	[10,20]
运营阶段	[50,80]	[5,10]	[20,40]	[10,20]

c.考核目标值确定。

项目公司考核指标目标值依据《项目投资评审报告》、项目投资批复文件、《项目全生命周期策划书》等确定的投资收益目标,分阶段分解制订。其中,经济指标结合项目特性、投资周期长短、外部宏观条件的变化,在经过新条件下投资收益测算来调整确定新指标,新指标根据上级单位批复情况与公司投资管理实际需要综合确定。

(3)分段激励机制

采取风险与激励并存的分配机制。

①项目公司负责人在项目建设责任期薪酬。

项目公司负责人在项目建设责任期薪酬由年度基薪和年度绩效薪酬构成,即:

$$\text{项目建设责任期薪酬} = \sum \text{年度基薪} + \sum \text{年度绩效薪酬}$$

a.年度基薪。

由基本月薪累计计算。月薪基数按照公司投资事业部/城投事业部总部部门负责人平均岗薪的1.5倍左右确定,并控制在公司相关薪酬制度所规定的浮动范围内。

月薪调节系数主要考虑规模、管理难度等因素,取值范围为0.9~1.2。

b.年度绩效薪酬。

$$\text{年度绩效薪酬标准} = \text{年度基薪} \times \text{倍数} \times \text{考核系数(年度)} \times \text{整体薪酬控制系数(年度)} \times \text{综合系数(年度)}$$

其中,倍数根据所属单位总体经营状况和薪酬水平确定,取值区间为1.5~2.0,所有项目同等取值;综合系数(取值0.8~1.2),体现过程激励,适用于部分项目,用于绩效考核未尽特殊事项的调整。因项目管控失误等主观原因给公司及事业部带来较大经济损失或负面影响的,应降低综合系数。因项目管理有效,产生辐射效应或信用评价成绩突出,经济效益大幅提升的项目,可调高综合系数。

c.绩效薪酬兑现。

通过年度考核、交/竣工考核实施分段兑现。

项目公司负责人年度绩效薪酬预留30%~40%作为风险激励基数,在交/竣工阶段完成兑现。

交/竣工考核绩效薪酬兑现时,根据各项目公司的贡献度增设激励系数。激励系数取值1~2,用于奖励在提升项目经济效益和社会效益作出突出贡献的项目公司,其奖励的前提条件是:项目公司财务绩效类关键指标的目标达成率必须达到80%以上。

当项目总体利润超额完成建设期总体利润责任目标时,其超额部分可按照一定比例对项目公司进行分成奖励,其中30%~50%奖励项目公司主要领导。

②项目公司负责人在项目运营期薪酬。

a. 年度基本薪酬、绩效薪酬

其确定方法参照建设期年度薪酬确定方法,平均薪酬水平根据项目生命周期的阶段特点进行相应调整。

b. 任期激励

$$\text{任期激励金额} = \sum \text{任期风险激励金额} \times \text{任期经营业绩考核得分}/100 \times \text{整体薪酬控制系数(任期)} \times \text{综合系数(任期)}$$

项目公司负责人年度经营业绩考核兑现时,年度薪酬的20%作为任期风险激励,任期薪酬以任期风险激励金额为基数进行考核兑现。

其中,综合系数(任期)取值0~2:当任期经营目标达成率<60%时,综合系数取值0~0.7;当60%≤任期经营目标达成率≤80%时,综合系数取值0.7~1.0;当任期经营目标达成率>80%,综合系数取值1.0~2.0。任期经营目标达成率根据任期经济指标加权考核计算。此外,每一阶段,当项目总体利润超额完成责任目标时,其超额部分按照一定比例对项目公司进行分成奖励。

当项目公司超额完成任期利润目标,其超额部分可按照一定比例对项目公司领导班子进行奖励,主要奖励项目公司主要领导。具体分成奖励比例及分配方案报公司审批。

事业部、分(子)公司班子成员在项目公司兼职的,应按照一定权重将项目公司绩效考核结果计入其个人年度履职考核;其薪酬按照原单位薪酬制度执行;业绩突出的,各单位可研究给予奖励,报公司审批。

(4)分包商考核评价

可将分包链的考核评价纳入企业全面绩效考核的范畴以加强企业总承包管理能力建设,对分包商实行分级分类管理,主要分为劳务型分包商、专业型分包商、总承包型分包商三类。通过准入管理、需求管理、评价管理等方面,建立分包商信用评价等级,规范公司分包人管理,从而打造资质合规、诚实守信、规模适度、共赢发展、具有相当抗风险能力和履约施工实力的分包商队伍。

分包商过程评价是分包商评价等级评定的重要依据，考评指标主要包括进度管理、质量管理、安全管理、设备、物资及人员履约管理、环境保护及职业健康、商务管理、协调配合。分包商月度评价得分在低于一定分数，进入公司风险管理流程，月度得分不及格的分包商暂停投标资格。

6.2.2 员工绩效分类考核体系的构建与实践

1）一般员工绩效考核指标体系

（1）绩效考核指标体系设计原则

①战略导向原则。建立以适应公司发展战略为导向的绩效管理体系，提升公司总部战略引领能力。

②价值创造原则。建立基于价值创造的评价体系，优化价值评价和价值分配，实现个人价值与企业价值相统一。

③过程管理原则。建立绩效指标设立、实施、管控、评价、改进为一体的全过程管理体系，确保指标完成。

④持续改进原则。强化绩效面谈和绩效评估改进体系，持续改进工作绩效。

⑤团队成长原则。强化团队绩效，使员工与部门绩效相互关联，激发团队活力、促进团队成长。

⑥公平、公正原则。坚持绩效管理公平、公正，形成追求优异绩效为核心的绩效文化。

（2）绩效考核指标体系构成

①业绩类指标。

业绩类指标是根据公司发展战略总体要求，对改革发展起到积极推动作用的绩效指标，包括战略性指标、关键绩效指标和岗位工作指标。

部门负责人（含副总工程师、副总经济师、副总会计师、副总法律顾问、巡察组负责人、纪检组负责人，下同）的业绩指标包括战略性指标和关键绩效指标，一般员工的业绩指标包括关键绩效指标、岗位工作指标。

战略性指标是指在改革发展、转型升级、管理提升、提质增效、市场开拓等方面，具有引领性、体系性、前瞻性的重要指标，通过在各部门员工中进行层层分解，激发总部各级员工的价值创造热情。每年期初，通过评审程序每位部门负责人最终确定不超过 3 项战略性指标，作为增项考核指标，每项分值为 2 分。

关键绩效指标包括战略性指标的周期分解和各部门业务引领、创新发展以及部门重点工作的绩效指标。考核周期初，被考核人根据部门正职承接的战略性指标和部门年度业务重点的分解制定考核周期内的关键绩效指标。

岗位工作指标从本岗位的工作职责(含安全生产职责)中产生,是履行岗位职责应承担的绩效指标。

部门负责人的关键绩效指标不超过8项,分值为80分;一般员工的关键指标和岗位工作指标合计不超过10项,总分值80分。

②行为类指标。

行为类指标是履行岗位职责应具备的工作能力、工作态度和综合素质,分值为20分。部门负责人行为类指标由政治素质、战略执行、引领发展、务实担当、组织协调5项指标组成;一般员工行为类指标由专业能力、计划执行、学习创新、沟通协作、工作态度5项指标组成。

③创新类指标。

为鼓励员工创新创造、开拓进取精神,可对总部员工的考核指标中增设创新类指标,作为增项考核指标,主要包括三种情况:在本专业领域,运用科学理论和方法,采用创新的管理方案,提升了本专业整体管理水平;该方案与公司发展战略相匹配,在公司得到推广、运用,增强了公司核心竞争力,提升了经济效益;该方案具有独创性、前瞻性和系统性。每通过一项,期末考核加1分。

④否决类指标。

否决类指标是被考核人承担工作职责的风险控制指标,由违纪违法类、安全风险类、重大工作失误类等指标组成。

(3)绩效考核实施

①考核周期。

根据不同指标的性质特点,在对总部部门员工进行考核时,制定了两个考核周期。战略性指标、创新类指标、否决类指标以公里年为考核周期,与下半年周期考核同步进行。其中,战略性指标采用风险考核理念,实行“双向激励”,根据指标完成情况计算得分,未完成指标的,实行扣分制,所扣分值为该指标未完成分值,计算公式如下:

$$战略性指标得分=战略性指标考评分-(战略性指标标准分-战略性指标考评分)\quad [-6分\leqslant 战略性指标得分\leqslant 6分]$$

岗位工作指标、行为类指标以半年为一个考核周期,每年2月、8月前完成上个周期的考核评价工作。

②过程管理。

绩效计划制定后,为确保业绩类指标完成,要求每项指标制定保障措施,保障措施是业绩类指标完成的具体分解措施、阶段步骤和关键节点,其设置要有阶段性、明确性和时限性。目的是体现过程管理,由被考核人直接上级对指标的保障措施执行情况进行监督检查，作为考核人的评分依据和标准，加大对关键节点的分值权重，以确保指标的完成。

③绩效反馈。

周期考核结束后，人力资源部根据审定的考核结果填写《员工绩效考核结果反馈单》。部门负责人由党委组织部反馈至本人；一般员工由人力资源部反馈至部门正职，再由部门正职反馈至员工本人。

④绩效面谈与改进。

绩效面谈：下半年周期考核结束，人力资源部组织开展绩效面谈，填写《员工绩效面谈建议书》相关内容，并反馈至相应部门。

绩效改进：面谈时被考核人直接上级会认真分析被考核人的绩效情况，明确指出被考核人取得的成绩、存在的不足和需改进的方面。

重点对考核周期内绩效指标的完成情况、扣分原因进行沟通，并制定绩效改进方案，该方案要有针对性和操作性，在下阶段绩效管理中全面实施，确保改进工作绩效。双方在充分、有效沟通的基础上填写《员工绩效面谈建议书》相应内容，面谈结束后，报人力资源部备案。

2）分（子）公司领导班子成员绩效考核

公司为加强对分（子）公司领导班子成员的管理，通过进一步建立健全干部考核评价体系，以构建科学、有效的激励和约束机制，不断打造符合建设世界一流企业要求的高素质专业化领导人员队伍。

（1）考核方向

分（子）公司班子成员的考核中，公司坚持把政治标准放在首位，坚持抓改革、强党建、促发展导向，践行习近平总书记“对党忠诚、勇于创新、治企有方、兴企有为、清正廉洁”的好干部标准和干部选用标准，在考核中突出上级单位战略、公司发展战略和决策部署考核导向，引导领导班子和领导人员树立正确的业绩观，做到忠诚干净担当。

（2）考核内容构建

①平时考核。

a. 考核内容。

平时考核是对班子日常运行情况和一贯表现所进行的经常性考核，及时肯定鼓励、提醒纠偏，主要考核两大方面：一是其日常运行情况，重点了解政治思想建设、执行民主集中制、科学决策、完成重点任务和工作作风等情况；二是其一贯表现，重点了解政治态度、担当精神、工作作风、工作思路、工作进展等情况。

b. 考核方式。

平时考核主要结合班子成员日常管理进行，采取党委巡察、纪委日常监督、干部培训、列席重要会议、谈心谈话、调研走访等方式。

c.考核结果运用。

平时考核不确定等级和名次,根据实际情况形成考核报告,作为了解评价班子成员日常运行情况和一贯表现的重要依据。

②专项考核。

a.考核内容。专项考核是对分(子)公司班子成员在完成重要专项工作、承担急难险重任务、应对和处置重大突发事件中的工作态度、担当精神、作用发挥、实际成效等情况进行的针对性考核。

b.考核方式。综合采取听取汇报、征求有关部门意见、查阅资料、实地调研、个别谈话、民主测评等方式了解情况。

c.考核结果运用。专项考核可根据实际情况确定等级和名次,形成考核报告,作为人员奖惩和调整使用的重要依据。

③年度综合评价。

a.考核方式。

年度综合考核评价是以年度为周期对班子成员进行的综合性考核,一般在每年年底和次年年初进行,采取综合测评、个别谈话、听取意见、调查核实等方式进行。班子成员年度综合考核评价结果由综合测评、党建考评、经营业绩3项考核结果构成,权重分别为20%、20%、60%。其中,党建考评直接采用公司党委对所属单位的年度党建工作考核结果;经营业绩考核直接采用对所属单位的经营业绩考核结果。

b.考核程序。

公司对分(子)公司班子成员的年度考核大致通过总结述职—综合测评—分别谈话—听取意见—调查核实—个人履职业绩考核等环节组成。

其中,个人履职业绩考核主要考核班子成员关键绩效指标完成情况,以及在政治品质、道德品行、发展能力、专业素养、精神状态、工作作风、廉洁自律、履行“一岗双责”方面的表现(表6-13)。

分(子)公司班子成员年度综合考核评价指标构成及权重(%)配置　表6-13

考核对象	考核主体及权重					
	年度综合测评	个人履职业绩考核评价				领导班子综合考核评价结果
		公司主要领导评价	公司业务分管领导评价	业务系统专项考核	所属单位领导班子正职评价	
领导班子正职	10	30	—	—	—	60
领导班子副职	10	25	25	—	20	20

续上表

考核对象	考核主体及权重					
	年度综合测评	个人履职业绩考核评价				领导班子综合考核评价结果
		公司主要领导评价	公司业务分管领导评价	业务系统专项考核	所属单位领导班子正职评价	
开展业务系统专项考核的班子副职	10	20	45		10	15
区域经营分公司领导班子副职	—	20	60		10	10
境外一级区域中心领导班子副职	—	20	20	—	20	40

c. 考核结果运用。

可以作为年度优秀集体和个人评选的重要参考,也可作为岗位调整、人事任命的重要依据,以及作为计算年度绩效薪酬的系数依据。

d. 任期综合考核评价。

与分(子)公司任期经营业绩考核相对应,对班子成员同样采取任期考核的形式,通过对每位班子成员任期内的总体表现进行全方位考核,来选用更加优秀的领导人员。

任期综合考核评价周期同样为 3 年,最终结果,分别由前两个年度综合考核评价结果和任期末年综合考核评价结果加权汇总构成,权重分别为 30%、30%、40%,只参加了两次年度综合考核评价的,按照 40%、60% 的权重加权计算。

任期综合考核评价结果同样作为公司人事任命的重要依据,另外,对在党的建设、改革发展、转型升级、创新创效,以及在完成重大专项和重大改革任务,处置突发事件等工作中做出特殊重大贡献的,经公司党委研究确定,其年度绩效薪酬计算系数可增加 5% ~20%。

6.2.3 京雄城际铁路项目绩效考核的实践

1)京雄城际铁路项目组织绩效考核实践

(1)京雄城际铁路项目绩效考核实施

①考核指标及指标权重、目标值确定。

2018 年 3 月,京雄城际铁路项目进入筹备阶段后两个月内完成了工程成本测算,确定了利润率指标。

2018年5月,承建单位总部各部门、京雄城际铁路项目部分别提交考核指标与指标权重、目标值建议;后经承建单位经营业绩考核工作小组对指标进行会审,形成京雄城际铁路项目经营管理目标预案,面向各部门及京雄城际铁路项目征求意见,最后于6月经总经理办公会审议通过。

②下达经营管理目标。

2018年6月,承建单位组织绩效考核责任部门拟定“京雄城际铁路项目年度管理目标责任书”“京雄铁路项目总体管理目标责任书”并下达。

③目标执行过程管控。

为强化京雄项目的过程管控,承建单位每月组织总部各部门对京雄城际铁路项目进行月度考核,主要选取进度、成本、质量、安全、环保为考核内容,重点侧重于满足建设单位履约要求,及时纠正偏差。月度考核结果将作为年度考核结果的重要影响因素,视偏差严重程度决定分数扣减比例。

为进一步完善《京雄铁路项目三合同段项目部质量安全红线管理规定实施细则》,项目部补充制定了《质量安全红线管理考核标准》,明确对触碰质量安全红线的责任单位和责任人考核处罚标准。

④完成情况考核。

2018年12月中旬,承建单位启动所有项目年度绩效考核工作,同时组织自评。京雄城际铁路项目于2019年1月初将自评结果及支撑性材料报送至承建单位发展运营部,发展运营部组织各部门在一周之内完成了对所有项目的考核,将完成值数据、评分结果提交至组织绩效考核工作小组进行复核,将复核结果反馈至各项目进行核对,形成最终评分结果及薪酬预案,组织绩效考核领导小组审定考核结果及薪酬方案。上述整个过程在一个月内完成。

(2)京雄城际铁路项目施工工段绩效考核实施

①考核内容。

检查考核内容分为进度、安全、质量、文明施工、执行力、工作协同、成本控制等方面(表6-14)。

京雄城际铁路项目工段绩效考核指标体系　表6-14

考核内容	考核实施	权重(%)
进度	月度进度考核共分为三块,各工段每月25日前上报本月产值完成情况和下月施工计划至工程部,工程部在月末统计各工段的月度计划完成情况,并根据各工段本月产值完成情况、关键节点完成情况(表6-15、表6-16)、下月计划产值填报情况进行考核	50

续上表

考核内容	考 核 实 施	权重(%)
安全、质量、文明施工	安质部根据京沈客运专线京冀公司和雄安指挥部相关要求,组织对各工段一周检查一次,工段各安排一人陪同检查、考核	25
执行力	考核领导小组对各工段的工作落实情况等进行考核	10
工作协同	考核领导小组对工段之间的工作协同性进行考核	10
成本控制	考核领导小组根据计财部、物设部、工程部等相关部门统计数据或事例,对各工段进行成本控制考核	5

机场2号隧道部分作业区段关键节点一览表　　表6-15

序号	作业区段		节点1	节点2	节点3	节点4
	起讫里程	段落长度(m)	区段最迟开始日期	仰拱开始日期	衬砌开始日期	区段完成日期
1	DK46+092~DK46+659	567	2018年5月1日	2018年7月1日	2018年7月26日	2019年5月31日
2	DK46+659~DK47+217	558	2018年5月1日	2018年7月1日	2018年7月25日	2019年5月31日
3	DK47+217~DK47+415	198	2018年5月1日	2018年6月29日	2018年7月23日	2019年5月31日

路基作业区段关键节点一览表　　表6-16

序号	作业区段		节点1	节点2	节点3	节点4
	起讫里程	段落长度(m)	区段最迟开始日期	基底处理完成日期	路基填方及U形槽完成日期	全部完成日期
1	DK53+300~DK54+040	740	2018年5月1日	2018年7月31日	2018年11月30日	2019年5月31日

②考核方式。

a.工段绩效考核每周进行一次,时间安排在每周六或周日。

b.安全事故一票否决制,发生重大安全事故或触犯质量安全管理红线规定的工段,取消当月考核资格,并由考核领导小组根据情况,对第一责任人和相关责任人作出警告、诫勉谈话、经济处罚、严重警告、降级、清退等相应处罚(表6-17)。

红线管理考核标准(部分) 表6-17

<table>
<tr><th rowspan="2">序号</th><th rowspan="2">红线问题</th><th rowspan="2">问题类别</th><th rowspan="2">存在问题情况</th><th colspan="2">对责任单位考核处罚规定</th><th colspan="2">对责任人员考核处罚规定</th><th rowspan="2">处理措施</th></tr>
<tr><th>责任单位</th><th>处罚规定</th><th>责任人员</th><th>处罚规定</th></tr>
<tr><td rowspan="13">1</td><td rowspan="13">隧道衬砌厚度和混凝土强度不足</td><td rowspan="9">衬砌厚度不足</td><td rowspan="6">现场技术人员和管理人员缺位;浇筑衬砌前未对衬砌厚度进行检验或数据严重缺失</td><td rowspan="4">架子队</td><td rowspan="4">通报责令整改</td><td>架子队队长</td><td>罚款2000元,降职</td><td rowspan="6">返工补强</td></tr>
<tr><td>技术主管</td><td>罚款1000元,降职</td></tr>
<tr><td>技术员</td><td>罚款500元,清退</td></tr>
<tr><td>质量员</td><td>罚款500元,清退</td></tr>
<tr><td rowspan="2">劳务作业队</td><td rowspan="2">罚款20000元;约谈协作单位负责人</td><td>现场负责人</td><td>清退</td></tr>
<tr><td>协作单位负责人</td><td>约谈</td></tr>
<tr><td rowspan="3">工装及工艺措施不到位</td><td rowspan="3">架子队</td><td rowspan="3">通报责令整改</td><td>架子队队长</td><td>罚款2000元,降职</td><td rowspan="3">返工补强改进工装及工艺</td></tr>
<tr><td>技术主管</td><td>罚款1000元,降职</td></tr>
<tr><td>技术员</td><td>罚款500元,清退</td></tr>
<tr><td rowspan="4">衬砌混凝土强度不足</td><td rowspan="4">现场技术、实验或管理人员缺位;混凝土施工质量和保证措施未落实;未按衬砌混凝土强度进行检验</td><td rowspan="4">架子队</td><td rowspan="4">通报责令整改</td><td>架子队队长</td><td>罚款2000元,降职</td><td rowspan="4">返工补强</td></tr>
<tr><td>技术主管</td><td>罚款1000元,降职</td></tr>
<tr><td>技术员</td><td>罚款500元,清退</td></tr>
<tr><td>质量员</td><td>罚款500元,清退</td></tr>
</table>

③考核结果运用。

考核结果采取排名法,名次与各工段工资总额系数直接挂钩,每月由考核领导小组根据项目情况确定最高工资总额系数。

在没有发生重大安全质量事故、重大检查被通报、重大廉政事件前提下,考核偏重进度、产值等指标。项目部每月完成1亿元产值,最高工资总额系数为0.5,每超额完成1000万元产值,最高工资总额系数增加0.05(最高不超过2.0系数),反之减少0.05,以此类推。

工段根据绩效考核领导小组评定的工资总额系数,确定所属工段员工的个人绩效奖金系数(个人绩效奖金系数≤工段工资总额系数+0.2)。

每月每个工序择优推荐1~2名作业人员,由考核领导小组根据项目情况确定奖励金额。

(3)京雄城际铁路项目作业队伍绩效考核实施

京雄城际铁路项目施工过程中已陆续进退场60余家劳务作业队伍,分别纳入各工段进行统一管理,对这些作业队伍的考核主要从两大方面展开。一是质量安全红线管理考核(表6-17),二是生活区管理考核。

对作业队伍生活区管理主要从住房、用电、用水及安全、环境卫生等方面进行考核,管理小组每周六或周日对全段作业队伍生活区进行检查,作业队伍负责人陪同检查,并督促及时落实整改,对整改不到位的或拒不整改的,管理小组下发处罚通报,每项罚款500~2000元,整改所发生费用全部由该作业队伍承担,连同罚款一并在计量中扣除。

(4)京雄城际铁路项目班组绩效考核实施

项目班组考核主要从三个方面展开:一是产品是否满足工序进度要求;二是质量是否达标;三是材料损耗是否控制在规定区间。

2)京雄城际铁路人员绩效考核实践

①职能管理人员绩效考核实施。

职能管理人员的考核方向既注重学习成长与能力建设,又关注工作价值的发挥,主要体现在执行领导的工作指示以及对各工段的工作协同上,采用定性与定量相结合的方式,对职能部门负责人及一般员工的工作态度和工作行为进行"360度考核"。

a.指标构成及权重配置(表6-18)。

京雄城际铁路项目职能管理人员绩效考核指标构成及权重配置　　表6-18

考核对象	考核维度(%)	考核主体及考核权重(%)			
		分管领导	其他领导	部室负责人	工段负责人
部室负责人	任务绩效(50)	40	20	20	20
	工作态度(20)	30	20	25	25
	工作能力(30)	40	20	20	20
一般员工	任务绩效(50)	25	15	50	10
	工作态度(20)	30	20	30	20
	工作能力(30)	30	20	40	10

b.考核实施。

每月的第一个星期,由综合办牵头,其他各职能部门配合。

(a)各部门负责人、一般员工分别填写《员工述职报告》交综合办,汇总后提交给对应考核主体进行考核打分，综合办将所有考核评分进行汇总，经各项目部绩效考核领导小组审核通过后在项目部内部公布。

(b)每月组织评比一个优秀部门和一名先进个人，由项目班子及各部门负责人推荐相关人选后投票选举产生。当项目部超额完成公司生产任务时，增加优秀部门人员、先进个人绩效考核系数。

(c)当相关部门或个人受到建设单位、公司其他奖励或处罚时，对应给予一定奖励或处罚。

(d)项目部员工对考核结果存在异议，可以向项目部绩效考核领导小组申诉，在接到申诉后，领导小组在3日内作出是否受理的答复。受理的申诉事件，将在10个工作日内明确答复申诉人。若项目部绩效考核领导小组不能给出圆满的答复，可以继续向分公司绩效考核领导小组申诉，分公司绩效考核领导小组的答复为最终答复。

②现场管理人员绩效考核实施

a. 安全管理人员。

(a)现场安全大检查中未发现各部门安全生产职责落实情况安全管控不到位的扣发2/3绩效；

(b)对大型机械设备作业安全员现场监督，应急预案不齐全，作业人员进入施工现场未佩戴相应防护用品的，安全技术交底和安全教育培训不到位的，安全防护措施配备不到位，劳保用品发放不到位，安全警示布置不到位，现场存在安全隐患的，督促整改不到位的，扣发1/3绩效。

b. 技术管理人员。

对现场施工进度、质量安全管控的考核占绩效工资的2/3；内业资料完成情况的考核占绩效工资的1/3；考核周期若有因质量、安全问题被各级部门通报造成不良影响的，将根据严重程度进行考核。

c. 环水保管理人员。

施工现场冲洗设备是否正常使用的考核占绩效工资的1/4；非施工区域，地表裸露是否覆盖的考核占绩效工资的1/4；施工便道是否洒水、清扫的考核占绩效工资的1/4；渣土车是否覆盖，混凝土罐车是否随意倾倒的考核占绩效工资的1/4。

6.3 “穿透式”绩效考核实施

绩效考核是企业针对各组织机构和员工的工作业绩进行评估，并以此引导各组织机构和员工未来工作行为的管理过程。绩效考核由绩效目标制定、绩效考核方案制定、绩效监控、绩效信息搜集、绩效考核评价、绩效反馈及绩效考核结果应用等七个环节的工作组成。

6.3.1 绩效目标

为精准高效发挥绩效考核的“指挥棒”作用,首先应实施业务与组织层级全覆盖,长短期相结合,以全面目标管理为主导的全面绩效管理模式,将公司战略、部门目标、岗位工作有机衔接起来,建立起一整套目标具体、公开透明、反馈及时、奖惩分明,并以客户价值和企业价值创造为导向的全面绩效考核体系,更好引导员工自我管理,全面提升工作绩效。

(1)目标管理矩阵

以纵向的组织层级和横向的管理模块两个维度,构建与公司管控体系相匹配的目标管理矩阵。矩阵“纵向到底、横向到边”,从体系上实现组织目标管理的层层穿透和全面覆盖。

绩效考核体系的纵向组织层级维度,由公司—分(子)公司—项目部等三级组成。其中,公司层级的考核主要是公司总部职能部门绩效考核;分(子)公司考核是公司对具有独立经营指标的公司所属二级组织和机构的考核,主要包括公司所属工程公司、设计院、专业公司、区域经营分公司、事业部;项目部绩效考核主要包括公司直管项目部绩效考核。

绩效考核体系的横向管理板块维度,包括公司各职能部门组织的职能管理系统绩效考核和专项考核。职能管理系统绩效考核是公司各级职能部门对下属单位对应的职能管理要素在一定周期内的工作绩效进行的综合考核评价。专项考核特指技术经济指标类专项考核,以补齐企业短板、促进管理提升为目的。

(2)绩效目标的传导机制

绩效目标的设定是公司绩效管理的第一个重要环节。依托于目标管理矩阵,各层级所要达到的绩效目标由本级及其上级共同确定。实操层面,公司总部负责完成总部各业务系统、职能部门、专业板块和区域板块的目标管理体系建设,并通过完善和更新《公司所属单位年度经营业绩考核指标库》《公司所属单位任期营业绩考核指标库》《施工工程项目经理部绩效考核指标库》《项目公司绩效考核指标库》等,加强各组织层级目标管理体系;分(子)公司执行公司各职能业务系统、专业板块和区域板块目标管理办法,并在公司总部绩效体系框架内,依托上述指标库完善本级总部职能部门和固定单位目标管理体系建设,制定所属经营网点、境外二级区域中心及办事处目标管理办法,同时,执行公司《工程施工项目经理部负责人绩效考核指导意见》,制定具体实施细则,实施项目目标管理;项目部执行上级单位所制订的目标管理办法，制订内部目标管理方案。

总体上，公司各级单位参照公司《组织绩效考核管理办法》建立完善组织绩效考核体系和内部组织绩效考核制度，并向上级考核主管部门报备，确保组织绩效考核全覆盖。公司依托目标管理矩阵，通过进一步出台《公司总部部门绩效考核办法》《公司所属单位负责人经营业绩考核办法》《工程施工项目经理部负责人绩效考核指导意见》《境外区域中心负责人经营业绩考核办法》《项目公司绩效考核办法》，以及公司各职能部门的《业务管理绩效考核办法》《专项考核办法》，构建完备的绩效目标考核体系，并通过持续完善相应的考核指标库，确保各级目标管理体系建设与上级单位的要求相符、与公司战略目标相衔接，横向按管理模块分解后的绩效目标在同一框架内进行纵向压力传递、层层穿透。

(3)绩效目标的制定和传导

绩效目标遵循内容明确具体、与战略紧密关联、具有可衡量性，以及具备目标完成时限性和可实现性等基本原则。在战略引领层面，坚持绩效考核导向、目标与公司发展战略保持高度一致，与上级单位发展战略相协同；发展质量层面，突出价值创造能力考核，促进不断向社会价值和企业价值的创造转变。同时，坚持压力传递，确保公司与上级单位考核目标相衔接，按照时间周期和管理层级两个维度分解目标，层层推进，层层落实；通过突出关键指标牵引，使定量考核与定性考核相结合，结果导向和过程控制相结合。

公司制订所属各级单位和部门的考核目标，综合考虑公司中长期战略目标分解方案、年度总体目标分解方案，市场预测，行业对标，被考核单位上年完成值、前三年平均值等因素。为确保完成上级下达的考核目标，原则上，下级单位和部门在制订内控目标时，会优于或高于上级组织下达的考核目标。此外，各级单位和部门考核的指标提取、指标权重、目标值确定，综合考虑其经营性质、业务特点、发展阶段和产业引领任务等不同的因素。各单位绩效考核区分业务和职能特性，配置不同的定量和定性指标权重，采取差异化考核方式，提高考核的针对性和有效性。

(4)项目部考核目标的承接

公司战略经由管理模块划分，在项目部层级体现为“推进集约化、标准化、精细化”的战略导向，绩效考核遵循“确保目标、择优奖励、责任追究”的效益中心原则。项目部考核通过设立财务绩效类、管理运营类、风险控制类和组织成长类的具体目标，全面评估实现经济价值的分类指标，以及施工现场、技术、安全、节能环保、质量、科技管理、项目党建和文化等以强化项目履约能力实现企业社会价值和客户价值的分类指标。针对公司总部和分(子)公司明确的项目部绩效目标，项目部再次对目标进行差异化的作业层分解，根据专业分工落实到人，形成针对项目部职能部门管理人员和现场安全管理、技术管理、环水保管理人员等覆盖全体（包括作业队伍、班组）的一揽子绩效工资考核方案。

总体来说，绩效目标借由目标管理矩阵，根据管理模块划分，从上至下逐层传递，并在每层进一步分解而被差异化和具象化，最终传递到专业队伍和个人，形成有效穿透。

6.3.2 绩效考核方案制定

系统绩效考核方案的制定遵循公司战略性绩效管理要求，以促进公司方针目标实现为目标，其框架通过绩效目标管理模式和目标管理责任制予以明确和固化。各层级各管理板块的具体方案，根据考核期和专业分工而具体制定，每个专业队伍和员工的绩效目标通过指标的层层分解而与企业的战略目标协调一致。

（1）绩效目标管理模式

实施中短期目标管理相结合的绩效目标管理模式，并通过“过程评价 + 结果考核”的动态考核方法，实现过程控制与动态管理，确保组织目标通过周期性和阶段性两个维度的考核得以充分贯彻。

公司所属各单位、各业务管理系统的目标管理按照年度目标、任期目标、规划目标相结合，项目部的目标管理按照年度目标与全生命周期目标相结合的方式推进。具体来说，分（子）公司（工程公司）全面施行年度经营业绩考核和三年任期考核的“1 + 3”考核模式；施工项目全面施行“年度考核 + 完工考核 + 完责考核”的分段考核模式；项目公司全面施行“年度考核与阶段考核相结合的全生命周期考核”，包括建设期执行“年度考核 + 建设期交/竣工考核”，运营期执行“年度考核 + 任期考核”。

（2）目标管理责任制

公司全面推行目标管理责任制，目标分解、压力传递以“目标管理责任书”的方式，压实各层级、各业务系统的经营管理职责；通过组织目标的再分解，确保目标传导到微观责任主体，实现全员参与，充分体现人本管理理念。

以项目部为例，按照目标管理矩阵的层级设定，项目部项目管理总体目标、年度管理目标由公司总部（针对公司直管项目部）或分（子）公司负责编制，项目部负责编制上报下年度生产经营目标计划，制订本项目部年度目标计划实施方案，并将目标分解至部门、工段、班组直至每位员工。对应的，项目部在其组建的三个月内，签订执行公司或分（子）公司下达的《项目管理总体目标责任书》及《年度管理目标责任书》，并从年度和实际责任期两个维度，与其各部门、各工段、各班组签署差异化的内部目标管理责任书，确保上级下达的绩效目标无遗漏分解至次级责任主体，并通过责任书予以锁定，做实绩效目标的逐层传导。

(3)考核方案及流程设计

①考核方案设计思路。

贯彻高目标管理理念，将上级绩效目标全面分解至次级单位和部门，实施以全面目标管理为主导的绩效考核模式。

定制差异化、精细化考核方案，根据各类组织的功能定位和目标导向，分类确定考核方式、考核重点、考核指标、考核权重及考核目标值。

强化考核指标体系的多维化，引入多维度的考核方式和考核内容，克服绩效考核难以量化的局限性。

②绩效考核指标及其方案制定。

绩效考核指标主要包括关键业绩指标 KPI 和目标任务指标 GS 两大类。KPI 衡量定量结果，是基于结果的考核，GS 衡量定性的效果，是基于过程的考核。

常规 KPI 指标来源包括：上级下达业绩考核指标的承接及其分解、基于公司中长期战略目标和年度经营目标的分解、由公司经营、生产、管理三大系统的业务管理流程输出、由公司产品业务单元(事业部)、职能部门的职能职责衍生、项目管理目标责任书，以及安全生产责任制及岗位责任清单等。

GS 指标来源包括：上级组织另行下达的专项重点工作、重大会议决策产生的 GS、支撑 KPI 指标目标值实现的重点工作任务、经营管理目标责任书中要求必须完成的重点工作任务、各部门和产品业务单元重点工作经分解后关联到相关部门而在相关部门生成的协同型 GS，以及在过程控制中，由工作缺陷或问题而产生的改善型 GS 等。

各类型的组织绩效考核因适用于不同的组织属性，KPI、GS 的配置各有侧重(表 6-19)。

公司各类组织绩效考核的指标体系构成　　表 6-19

考核类型	权重配置	
	KPI	GS
所属单位负责人经营业绩考核	70% ~80%	30% ~20%
公司总部职能部门绩效考核	20% ~40%	80% ~60%
公司职能管理系统绩效考核	30% ~50%	70% ~50%
项目部绩效考核	年度考核 70% ~80%	年度考核 30% ~20%
	完工考核 80% ~90%	完工考核 20% ~10%

公司各部门负责建立完善所辖职能管理系统的绩效指标库,并根据指标运行效果实行动态更新。各部门要在每个考核期末制定下一考核期重点指标、指标目标值分解方案、考核评分标准等,并经审批程序后,报送公司考核主责部门统筹。指标项、目标值等考核指标在执行过程中因重大主客观因素影响计划进程的,绩效考核实施者或绩效执行者可分别发起执行自上而下或自下而上的指标调整流程。

③考核流程(图6-10)。

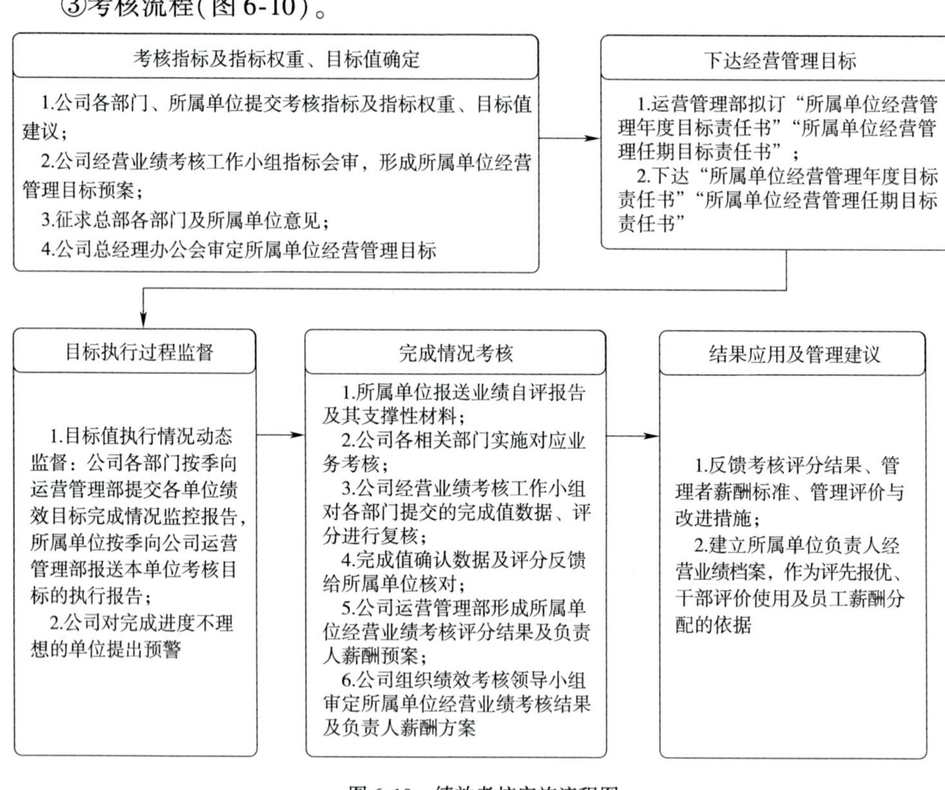

图6-10 绩效考核实施流程图

6.3.3 绩效监控

绩效监控是连接绩效目标和绩效评价的中间环节,是绩效考核的实施者根据绩效目标和方案计划与绩效执行单位责任人及员工进行定期或不定期沟通,对绩效目标的执行情况进行监控,针对存在的问题充分交流并提供必要的绩效辅导,为目标的顺利达成提供有力保障的过程。绩效监控的重点是对各层级单位、部门以及员工的绩效目标实施情况进行工作行为及结果的全面监控,从而实现组织绩效和人力绩效的持续提升,其最终目的是稳定帮助实现企业战略。绩效监控是一个持续沟通的过程,始于目标责任书的签订确认,终止于绩效评价。

公司系统内普遍使用的绩效监控方法包括书面报告、绩效会议、专项活动,和以实地调研、面谈等为代表的走动式绩效监控方法。绩效监控总体可以分为绩效沟通和绩效指导两个主要方面。

(1)绩效沟通

绩效沟通的本质,是绩效考核实施者和绩效执行者为了实现绩效目标而开展的建设性、平等、双向和持续的信息分享及交流。其首先是以解决具体问题为目的,并在沟通各方平等且具有共同实现绩效目标的愿望为前提进行的。这一前提条件因各级单位签订层层压力传导的绩效责任书,达成共同意愿而得以进一步保证,并使得绩效沟通能够充分围绕公司体系内组织系统协同、关键流程和制度执行、目标进展等内容展开。

公司体系内各级单位和各管理板块间的绩效沟通可归纳为正式和非正式两种形式。正式的绩效沟通包括正式的书面报告、专项会议和定期会谈,非正式绩效沟通包括各类专项活动以及不定期交流等。

①正式的书面报告:由被考核单位和部门在考核通知规定期限内报送的业绩自评报告及其支撑性材料、职能部门按季度向本单位考核主责部门报送的绩效目标完成情况监控报告,以及下级单位按季度向上级单位考核主责部门报送的考核目标执行报告等共同构成。

②专项会议和定期会谈:组织绩效考核层面是以问题为导向,精心设计交流内容的团队会议,形式包括项目生产调度会、经济活动分析会、绩效推进会等,内容涉及考核目标完成情况的核实、会审、沟通与反馈等各环节的工作;员工绩效考核层面是定期的一对一会面,主要聚焦于调整绩效执行者的工作计划、解决个人遇到的问题等方面。

③专项活动和不定期交流:专项活动包括公司系统各个层级组织举办的“改革调整与品质提升年”“大战三百天、转型促发展”活动、质量月、安全生产月、专项调研,以及各类劳动和技能竞赛等,通过突出不同业务管理板块中的工作重点,在一定阶段、一定程度上影响特定绩效目标及其考核方式的设定修订;非正式不定期交流没有特定的模式,尤其是可以充分借助信息化手段解除地域限制,实现信息的及时传达、工作方向的及时纠偏和问题的及时解决。

(2)绩效指导

绩效指导是在绩效目标管理框架(目标管理矩阵)内,由绩效执行单位的责任人或考核实施者,通过采取恰当的组织形式和领导风格,在进行充分绩效沟通的基础上,依据专业化分析,针对实现绩效目标中遇到的问题来激励和指导绩效执行者，确保其工作不偏离企业战略目标的持续过程。

在绩效指导的实施过程中，关键是建立起绩效指导机制，确保绩效执行责任人或考核实施者能全面监控绩效目标执行情况，及时发现存在的问题和困难，并提供必要帮助。实际上，绩效指导已广泛搭载于前述包括书面报告及反馈、专项会议、专项活动，以及定期和不定期交流等在内的绩效沟通平台之上，但除此之外，绩效指导还借助针对性的技能和业务知识专项培训等得以实施。根据公司实践经验，针对性的薪酬奖励和评先报优等正向激励、工作轮岗和员工交流平台建设，以及学习型企业文化的建设等，也是绩效指导在员工层面有效实施的重要载体。

6.3.4 绩效信息搜集

全面准确和客观公正的绩效信息，是绩效监控决策的基础、绩效评价决策的依据，以及绩效改进决策的保障。包括工作基本信息、生产率信息、竞争优势信息以及与内外部资源协调有关的信息，其质量在很大程度上决定了绩效管理服务企业战略目标的成效。

因为任何信息的搜集都需要占用有限的组织资源，因此绩效信息主要明确为与绩效目标达成密切相关的关键绩效信息。与公司绩效方案相适应，绩效信息要求既重结果又重过程，要求对重要的过程和结果状态进行完整的记录。首先，绩效信息搜集的范围由绩效目标所决定，所有与实现各层级绩效目标相关的重要信息都需要收集、记录和保存下来，并且各级单位（部门）横向汇集和纵向上传的绩效信息，会根据绩效实施单位本身的绩效目标得到进一步的整合。其次，信息搜集的内容需要面向绩效评价，即为了确保绩效评价的公正性和准确性，通过标准化的表单和记录文件等形式，使得绩效评价与绩效监控的信息在内容上严格一致。最后，绩效信息包括有关实际工作进展情况的信息、工作中潜在的阻碍和问题，以及各种可能的解决或提升措施等，可以分为业绩信息、关键事件，以及第三方信息等类别。搜集业绩信息的过程是对绩效相关数据、观察结果、沟通结果，以及决策情况等的完整记录过程，主要通过前述绩效监控过程以及规范的信息报送环节来实现；关键事件信息则是对较极端或有代表性的工作或具体事件的客观记录；第三方信息则是由内部协同单位或外部业主、客户等帮助提供的信息。信息搜集的多渠道和内容的多维度，促使绩效管理的各级参与单位及员工不再将绩效管理视作监督检查的工具，而是将其看作发现和解决问题的工具，可以说信息搜集与绩效监控的沟通与指导环节一道，在微观层面共同帮助实现了绩效管理的指挥棒功能。

绩效信息搜集的方法较为多样，一般根据具体的考核方案而综合应用。以公司员工绩效管理为例，公司总部员工的绩效管理办法明确，绩效信息搜集方法包括由下至上的工作记录(及信息报送)法、关键事件法,以及由上至下的观察评估法、抽样检查法等,这些方法从不同层面强化了绩效信息搜集的全面性、及时性、客观性及真实性。相应的,在人力资源部建立的绩效信息档案,则包括了考核过程不同阶段信息收集和汇总形成的评分表、汇总表、考核结果、绩效面谈材料、绩效考核报告等。这些标准化的绩效信息档案可进一步规范应用于绩效监控、考核评价,以及绩效反馈等各方面,并为下一阶段绩效考核的目标制定提供指引。

6.3.5 绩效评价

绩效评价是“穿透式”绩效考核的核心环节,涉及“谁来评”“多长时间评一次”,以及“如何评价”等重要问题,这些问题需要在“穿透式”绩效目标管理的体系中予以解释及实践。评价的科学性和准确性是成功实施绩效管理的关键,首先,绩效评价的具体内容具有行为导向作用,能够使个体和组织行为聚焦于组织战略,是绩效考核发挥指挥棒作用的关键过程;其次,绩效评价是在绩效监控之后,考核实施者或管理者进一步通过对组织和个人绩效评价,发现系统性绩效问题的过程,其将结合后续的绩效改进和反馈过程,共同促进整体绩效水平的提升;最后,绩效评价可通过与其他管理行为的紧密结合,为各项组织管理和人力资源管理决策提供依据。

(1)评价主体及其组织保障形式

评价主体即是对绩效目标执行对象做出评价的人,实际上也是各级绩效管理的责任主体或实施主体。在绩效体系中,确定评价主体在极大程度上与所要评价的内容相关,准确来说需要把握两大原则:一是知情原则,即评价主体必须掌握评价内容,并且对被评价单位或职位的工作和任务也有一定了解;二是“360度考核”原则,因为单一的评价主体容易在绩效评价中出现误差和偏颇,因此广泛由多元化的评价主体对评价结果实行相互印证和相互补充,同时扩大的评价主体范围也是实现绩效公平性和民主性的需要。

评价主体可以包括上级、同级、本人、下属,以及客户和供应商等第三方。根据上述两项原则,评价主体往往根据考核目标、形式(如年度或阶段考核)、内容(如综合性或专业性考核)以及实施方案等确定,通常是由不同类型主体共同完成某项绩效评价。由于绩效评价主体往往都是绩效管理的参与者,因此实际上,评价主体的确定及其组织保障,依托于由绩效目标贯穿的绩效管理体系及其组织形式。

以组织绩效考核为例,为了确保绩效管理责任层层传导、绩效目标执行按专业分工层层穿透,公司依托目标管理矩阵,设立绩效考核领导小组和各级工作小组来组织执行各方面工作,同时保障绩效评价主体的组织满足上述两大原则。公司总部设立的绩效考核领导小组是考核决策机构，由公司领导班子成员组成，职责包括确定考核指导思想方针，审定考核的制度、流程、措施、目标值、指标、权重，以及考评结果，并对公司绩效考核工作定期进行评价；公司各级单位设立由组织绩效管理部门牵头的绩效考核工作小组。从纵向层级来看，工作小组负责承办上级单位对本级的经营业绩考核工作，负责组织实施和评价所属单位经营业绩考核及配套专项考核、所属项目部绩效考核，以及本级总部职能部门绩效考核等。横向职能上，作为各级工作小组成员的职能部门是职能管理系统考核的实施和评价主体，负责承接上级单位考核中对应管理业务的考核自评工作，并实施所辖职能管理系统的绩效考核。

公司员工绩效管理的组织形式与组织绩效管理类似，在公司总部成立由领导班子成员组成的员工绩效管理委员会，各级单位人力资源部负责组织、培训、指导各部门开展员工绩效管理工作，员工由其直接上级根据专业分工直接或组织进行绩效评价。

(2)评价周期

绩效评价周期用于界定“多长时间评价一次”的问题。绩效评价周期很大程度上取决于绩效管理周期，但是两者不完全等同：绩效管理周期是从绩效目标和计划、绩效监控、绩效评价一直到绩效反馈一系列过程的时间跨度，而绩效评价周期不超过这一跨度，可以与之相同，但也可以是在这一时间跨度内按月、季、半年等为周期实施的，实际上主要取决于考核指标的特性，可以理解为对考核指标的信息收集频率。例如，次级单位的财务绩效类指标是其年度经营绩效考核的重要组成，但是，财务绩效 KPI 的评价周期往往为季度、月度甚至更短，因为它们能在不同时期从不同方面反映出企业价值和客户价值的实现情况，是由考核实施者对绩效目标执行情况进行动态监控及采取预警、纠偏等措施的具体对象，在企业绩效的目标管理和过程管理中都扮演了重要角色。

(3)评价方法

绩效评价方法的分类与评价标准的分类相关，评价标准可以分为相对标准与绝对标准两类，故与之对应，评价方法包括相对评价和绝对评价。

相对评价方法即比较法，是通过在同一层级单位和部门间，以及部门或团队内部，对绩效目标执行者进行相互比较得出评价结论的方法，包括排序法、配对比较法(平行比较法)等序数型比较方法。绝对评价是根据统一的标准尺度衡量相同绩效目标的组织或相同职位的员工，是将绩效执行情况与客观工作标准或绩效目标相比较的方法，除了直接反映目标完成情况的报表，还常使用各类量表来进行评价，具体包括等级择一法(李克特量表法)、行为锚定法、混合标准量表法、综合尺度量表法等基数型评价方法。

事实上,无论是在组织绩效层面还是员工绩效层面,绩效评价都会综合应用绝对和相对两种评价方法。例如,组织绩效考核中的关键业绩指标 KPI、管理运营类指标中产值工期完成比、支付计量比等指标,以及员工绩效考核中的业绩类和“否决类”指标,都由绝对评价法进行评价。而组织绩效考核中有关施工现场、技术、安全、信用、科技及信息化应用等类别指标,以及员工绩效考核中行为类、创新类指标的评价则广泛依赖相对评价法。更进一步的,涉及正负向激励的绩效管理动作,如考核评优评级等,往往依赖于先后使用了绝对和相对评价法形成的序数性绩效评价结论。从广义上来说,绩效监控和信息搜集过程中广泛使用到的自评报告法、指导记录法、关键事件法、态度记录法等,作为各类方法必要的补充,同样适用于绩效评价,定义为绩效描述评价法。

6.3.6 绩效反馈

绩效反馈是在绩效评价结束后,绩效考核实施者与绩效目标执行者通过绩效反馈面谈、反馈单等方式,将评价结果反馈给下属,并共同分析绩效结果,尤其是绩效不佳的方面及其原因,制定后期绩效改进计划的过程。首先,绩效反馈为绩效评价各方提供了良好的交流平台,有利于提高绩效评价结果的可接受性;其次,绩效反馈有利于绩效目标执行者了解取得的成绩与不足,尤其是一些没有通过绩效指标直接反映出的内容可以通过沟通得以明确,有利于绩效改进计划的制定与实施;最后,绩效反馈能够为组织的发展规划和员工的职业规划提供重要信息。

绩效反馈的形式与绩效沟通形式类似,组织绩效层面包括正式的书面反馈、专项会议、负责人定期会谈,以及非周期性的专题会议和不定期交流等,员工绩效层面则包括定期、不定期面谈等。实际上,绩效沟通和绩效反馈容易在同一交流过程中进行,原因一方面在于,年度的、阶段的、任期的不同考核尽管各有侧重,但也有考核周期和关键指标等的重叠,另一方面,绩效反馈和沟通的目的都是为了中长期战略和下阶段绩效目标的更好实现,两者结合有利于系统性达成绩效改进方案和制订下阶段目标计划,很大程度上并无必要将两者人为分离。

绩效反馈可以分为正面反馈、负面反馈和中立反馈,遵循的原则包括:有建设性和计划性、建立在共情共理基础上、发生在恰当的环境中、以共同目标和共享信息为导向等。值得一提的是,“360 度反馈法”在一定程度上被应用于公司员工绩效管理工作中。“360 度反馈法”所利用的信息来自员工周围不同专业和不同层级的人,包括上级主管人员、本部门和其他部门同事、下属及外部客户等。该方法从不同侧面收集到反馈意见,从而帮助员工认识到在哪些具体绩效维度上应做进一步提升,由此成为明确任务目标指标 GS、综合改进员工工作绩效的重要工具。

6.3.7 绩效结果应用

绩效评价结果应用的重要领域,包括组织和员工绩效改进、绩效薪酬分配,以及涉及员工个人职业发展等。

(1)绩效改进

绩效改进既是绩效评价结果的应用,也是绩效反馈环节中重要的沟通内容。绩效改进是一个系统性的过程,是指通过对现有绩效状态的分析,找出与实现绩效目标之间的差距,制定并实施相应的干预措施来缩小绩效差距,从而提升组织和个人绩效水平的过程。

绩效改进的流程可以分为绩效分析、绩效改进计划制订和计划实施三个阶段。绩效分析阶段主要在于明确组织和员工层面存在的绩效差距,通过定量定性的科学评价、多因素法分析绩效差距原因,以及编制分析报告等方式实施;绩效改进计划制订则包括从改进的针对性和改进工作成本的角度,制定专项提升、管理培训等有效措施,并根据具体的组织运行情况或员工个人情况明确责任主体、合理安排阶段性目标及进度等;改进计划的实施,重点在于绩效考核实施者或管理者通过反复的绩效监控和沟通,促进或与绩效目标执行者共同改进,并对绩效改进前后状态做出比较评价。

实际上,绩效改进往往与企业多维度的业务和管理行为过程相融合或相互嵌入,也可以认为是企业目标管理实践中的必要环节。

(2)绩效薪酬分配

绩效薪酬被视为组织激励计划的一个重要组成部分,是因为将绩效评价的结果与薪酬相联系,才能使绩效评价发挥激励作用,并更进一步地发挥绩效管理指挥棒作用,服务于组织目标和战略的实现。因此,绩效薪酬与企业的战略目标、绩效目标和个人需求紧密结合,是有组织、有目的进行统筹计划和实施的。

公司系统内各级单位和各职级员工的薪酬确定,广泛实现了与绩效目标传导机制的联动。首先,在组织绩效管理层面,考核实施主体通过全面考量该单位年度绩效目标责任书的完成情况,按照劳动力规模系数、经营类规模系数、区分组织形式和专业性质的加权系数、综合贡献系数及其他考核期控制系数等,确定该单位主要负责人的年度薪酬和考核期内该单位的职工加权平均工资取值。其次,在员工绩效管理层面,单位内部部门负责人及以下各级员工,根据明确的业绩类、行为类、创新类及否决类等指标进行员工绩效评价,按照综合得分确定考核等级、形成考核结果后,确定所处薪酬档次,并基于加权平均工资换算后进行薪酬发放。

由于加权平均工资与组织目标完成情况密切相关，因此可以理解为，绩效薪酬经过一个自上而下、由组织到个人的制定过程，实现了对绩效目标的激励传递，从而有力支撑了绩效目标的“穿透”和完整绩效管理动作的闭合。

(3)员工个人职业发展

除了通过绩效薪酬对组织负责人和各级员工进行短期激励，绩效考核结果还应用于员工职业发展等方面，以促使个人在长期作用的绩效激励下，围绕动态改进的绩效目标和战略实现持续稳定的发展。

绩效考核结果作用于员工职业发展，主要在于影响职级调整、岗位变动，以及提供培训机会等方面。一般来讲，考核评价完成后，同一部门或同一层级员工根据其评分和综合评价结果由高到低进行排序，并按照一定分布比例，被评定优秀、良好、合格、基本合格、不合格等绩效等级。绩效等级很大程度决定岗位职级调整，例如在一个或连续考核周期内，被评定优秀或连续评定为良好以上的员工，具有向上晋升的资格；反之则需要降低职级，或根据其他方面的考核建议，调整至其他岗位。此外，多维度的绩效考核结论，有助于为员工安排针对性的岗位培训、制定培训课程，或者为企业定期组织的管理培训确定授课范围及内容。

“穿透式”绩效考核的目标制定、方案制定、绩效监控、信息搜集、考核评价、绩效反馈，及考核结果应用等七个环节，在管理程序上构成了计划—执行—检查—处理(PDCA)动态循环，并且将在不断改进优化中，跟随绩效考核周期持续下去。绩效目标依托目标管理矩阵，按照管理板块划分逐层分解传递，并作用于绩效监控、评价和反馈的全过程，体现在绩效考核结果，从而形成有效“穿透”，确保绩效管理充分发挥“指挥棒”功能，使之长期服务于企业战略的实现。

第7章　未来工程项目管理

工程项目管理模式是在一定时期内的工程项目管理水平、工程项目管理结构、工程项目管理方式等的规范、数量和发展趋势的综合体现,包含工程项目管理内容、工程项目管理水平、工程项目管理结构、工程项目管理方式和工程项目管理趋势在内的深邃内涵。伴随知识社会的来临,无所不在的网络与无所不在的计算、无所不在的数据、无所不在的知识共同驱动了无所不在的创新。新一代信息技术发展催生了“创新 2.0”,而“创新 2.0”又反过来作用于新一代信息技术形态的形成与发展,重塑了物联网、云计算、社会计算、大数据等新一代信息技术的新形态。“互联网 +”不仅仅是互联网移动、泛在、应用于传统行业,更会同无所不在的计算、数据、知识,造就了无所不在的创新,推动了知识社会以用户创新、开放创新、大众创新、协同创新为特点的“创新 2.0”。生活实验室、体验实验区(Living Lab)、个人制造实验室、创客(Fab Lab)、“三验”应用创新园区(AIP)、维基模式(Wiki)、产消者(Prosumer)、众包(Crowdsourcing)等典型“创新 2.0”模式不断涌现,推动了“创新 2.0”时代工程项目管理新形态。

7.1　基于区块链技术的施工管理

区块链涉及数学、密码学、互联网和计算机编程等很多科学技术问题,是一个分布式的共享账本和数据库,具有去中心化、不可篡改、全程留痕、可以追溯、集体维护、公开透明等特点。这些特点保证了区块链的“诚实”与“透明”,为区块链创造信任奠定基础。区块链能够解决信息不对称问题,实现多个主体之间的协作信任与一致行动,实现对工程项目施工过程中各项施工活动的有效管理。

基于区块链的施工管理系统是分布式数据存储、点对点传输、共识机制、加密算法等计算机技术的新型应用模式。基于区块链技术的施工管理,本质上是一个去中心化的数据库,同时作为工程项目管理的底层技术,是一串使用密码学方法相关联产生的数据块,每一个数据块中包含了一批次施工内容网络记录的信息,用于验证其信息的有效性(防伪)和生成下一个区块。

7.1.1　基本特征

基于区块链的施工管理系统具有以下基本特征：

(1)去中心化。基于区块链的施工管理系统不依赖额外的管理机构或硬件设施，没有中心管制，除了自成一体的区块链本身，通过分布式核算和存储，各节点实现了信息自我验证、传递和管理。去中心化是基于区块链的施工管理系统最突出最本质的特征。

(2)开放性。区块链技术基础是开源的，除了交易各方的私有信息被加密外，区块链的数据对所有人开放，任何人都可以通过公开的接口查询区块链数据和开发相关应用，因此整个系统信息高度透明。

(3)独立性。基于协商一致的规范和协议(类似比特币采用的哈希算法等各种数学算法)，整个基于区块链的施工管理系统不依赖其他方，所有节点能够在系统内自动安全地验证、交换数据，不需要任何人为的干预。

(4)安全性。只要不能掌控全部数据节点的51%，就无法肆意操控修改网络数据，这使基于区块链的施工管理系统本身变得相对安全，避免了主观人为的数据变更。

7.1.2　架构模型

一般说来，基于区块链的施工管理系统由数据层、网络层、共识层、激励层、合约层和应用层组成(图7-1)。

其中，数据层封装了底层施工数据区块以及相关的数据加密和时间戳等基础数据和基本算法；网络层则包括分布式组网机制、数据传播机制和数据验证机制等；共识层主要封装网络节点的各类共识算法；激励层将经济因素集成到区块链技术体系中来，主要包括经济激励的发行机制和分配机制等；合约层主要封装各类脚本、算法和智能合约，是区块链可编程特性的基础；应用层则封装了区块链的各种应用场景和案例。

(1)分布式账本

分布式账本是指交易记账由分布在不同地方的多个节点共同完成，而且每一个节点记录的是完整的账目，因此它们都可以参与监督交易合法性，同时也可以共同为其作证。

跟传统的分布式存储有所不同，区块链的分布式存储的独特性主要体现在两个方面：一是区块链每个节点都按照块链式结构存储完整的数据，传统分布式存储一般是将数据按照一定的规则分成多份进行存储。二是区块链每个节点存储都是独立的、地位等同的，依靠共识机制保证存储的一致性，而传统分布式存储一般是通过中心节点往其他备份节点同步数据。没有任何一个节点可以单独记录账本数据，从而避免了单一记账人被控制或者被贿赂而记假账的可能性。由于记账节点足够多，理论上讲除非所有的节点被破坏，否则账目就不会丢失，从而保证了账目数据的安全性。

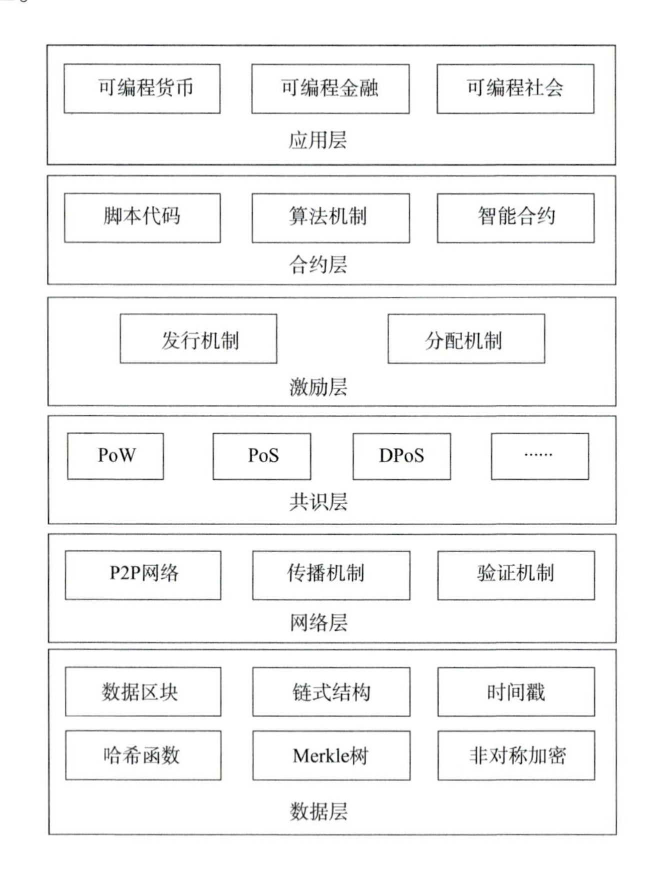

图 7-1　区块链施工管理系统构成

(2)非对称加密

存储在区块链上的施工管理信息是公开的，但是账户身份信息是高度加密的，只有在数据拥有者授权的情况下才能访问到，从而保证了数据的安全和个人的隐私。

(3)共识机制

共识机制就是所有记账节点之间怎么达成共识，去认定一个记录的有效性，这既是认定的手段，也是防止篡改的手段。区块链提出了四种不同的共识机制，适用于不同的应用场景,在效率和安全性之间取得平衡。

区块链的共识机制具备“少数服从多数”及“人人平等”的特点,其中“少数服从多数”并不完全指节点个数,也可以是计算能力、股权数或者其他的计算机可以比较的特征量。“人人平等”是当节点满足条件时,所有节点都有权优先提出共识结果、直接被其他节点认同后并最后有可能成为最终共识结果。以比特币为例,采用的是工作量证明,只有在控制了全网超过51%的记账节点的情况下,才有可能伪造出一条不存在的记录。当加入区块链的节点足够多的时候,这基本上不可能,从而杜绝了造假的可能。

(4)智能合约

智能合约是基于这些可信的不可篡改的数据,可以自动化的执行一些预先定义好的规则和条款。以保险为例,如果说每个人的信息(包括医疗信息和风险发生的信息)都是真实可信的,那就很容易地在一些标准化的保险产品中,去进行自动化的理赔。在保险公司的日常业务中,虽然交易不像银行和证券行业那样频繁,但是对可信数据的依赖是有增无减。因此,笔者认为利用区块链技术,从数据管理的角度切入,能够有效地帮助保险公司提高风险管理能力。具体来讲主要分投保人风险管理和保险公司的风险监督。

7.2 基于大数据技术的工程项目质量管控系统

随着云时代的来临,大数据(Big data)也吸引了越来越多的关注。大数据技术的战略意义不在于掌握庞大的数据信息,而在于对这些含有意义的数据进行专业化处理。换而言之,如果把大数据比作一种产业,那么这种产业实现盈利的关键,在于提高对数据的“加工能力”,通过“加工”实现数据的“增值”。

7.2.1 大数据技术的工程项目质量管控

通过对不同阶段信息源的采集,保证各个阶段数据的充分利用,用数据说话,形成真正意义上的全面质量控制管理。与此同时,为了有效避免数据过于丰富而出现冗余的情况,需要依据特征参数对数据层融合后的数据进行再次融合,过滤掉包含许多无用或冗余的信息;然后根据数据融合结果,分析出工程质量控制管理存在的威胁指数,找出威胁信息源,根据各威胁信息源贡献要素给出有针对性的管理控制措施。

(1)工程设计阶段。工程设计阶段是一项建筑产品的开始,也是决定其质量优劣的核心。大数据工程质量管控技术要求企业在工程设计阶段即进行数据挖掘,主要通过对各种建筑模型进行软件分析以及历史信息库的对比分析,从场地参数分析、结构性能分析、碰撞检测、虚拟仿真漫游等方面挖掘出设计阶段的数据信息,形成信息流,进入大数据处理中心进行处理,依据质量控制管理细则和相关内容,不断优化参数和设计方案,保证后续工作的高质量和精细化程度。

(2)施工准备阶段。通过大数据技术将工程项目信息流细化为工程特点和施工条件、质量总目标及分步目标、质量管理组织结构与职责、施工方案、物资质量管理及控制措施、质量检验检测安排、质量控制点设置及跟踪控制方式、施工记录要求等内容,并结合施工过程仿真模拟,形成优化方案。

(3)施工阶段。施工阶段是工程项目质量控制管理的重中之重,也是数据挖掘最集中的时刻。不仅要对建筑材料等物资质量检验、施工过程管理以及中间产品查验等数据进行处理,还要对主要设备和人员数据进行实时同步的采集和处理。数据包含两大类,即静态数据和动态数据。静态数据主要是对人员、设备等当前工作状态及可靠性的预估;动态数据是实时获取的各类监测信息,是对工程项目实际状态的最直接反馈。在整个施工阶段,通过大数据技术的信息融合,实时分析整个工程项目质量控制管理存在的可能风险,对相关环节提出督促整改的决策建议,保证工程项目的顺利平稳推进。

(4)运营阶段。运营阶段的信息是确保工程项目质量监测与管控的重要基石,运营阶段的数据作为整个工程项目质量评估与监控的重要信息,与整个项目施工阶段的数据形成闭环。各阶段各部分数据紧密衔接,保证各专业相关人员协同工作,提高质量控制管理的效果。

7.2.2 大数据技术的工程项目质量管控发展趋势

趋势一:工程数据的资源化

工程项目大数据可成为工程质量控制和工程项目决策的重要战略资源,将成为大家争相发展的新焦点。因而,相关企业必须要提前制订大数据处理战略计划,抢占行业制高点。

趋势二:与云计算的深度结合

大数据离不开云处理,云处理为大数据提供了弹性可拓展的基础设备,是产生大数据的平台之一。目前,大数据技术已开始和云计算技术紧密结合,预计未来两者关系将更为密切。除此之外,物联网、移动互联网等新兴计算形态,也将共同助力大数据革命,让大数据技术在工程项目质量管理中发挥出更大作用。

趋势三:工程技术和理论的突破

随着大数据的快速发展,工程项目大数据将兴起新一轮的工程项目质量管控技术革命。随之兴起的数据挖掘、机器学习和人工智能等相关技术,可能会改变工程领域内的很多算法和基础理论,实现工程技术和理论上的突破。

趋势四:数据管理成为核心竞争力

数据管理成为工程项目管理的核心竞争力,将直接影响工程相关企业的技术水平和财务表现。将数据管理作为企业核心竞争力,战略性规划与运用数据资产,将成为企业数据管理的核心。同时,数据管理所要面临很多数据源会带来大量低质量数据的挑战。企业需要理解原始数据与数据分析之间的差距,从而消除低质量数据,获得更佳决策。因此,采用智能工具进行工程项目大数据处理的工程企业将会脱颖而出。

7.3 基于“互联网+”的工程项目管理新模式

“互联网+”工程项目管理能充分发挥互联网的优势,将互联网与传统产业深入融合,以优化工程项目要素、更新工程建设体系、重构工程项目管理模式等途径来完成工程项目管理转型和升级。“互联网+”关键是创新,只有创新才能让“互联网+”真正有价值、有意义。因此,“互联网+”工程项目管理可以被认为是知识社会“创新2.0”推动下的工程项目管理新模式演进。

7.3.1 新模式内涵

“互联网+”工程项目管理具体可分为两个层次。一方面,“互联网”与“+”分开理解。符号“+”代表添加与联合。即通过互联网与工程项目管理进行联合和深入融合的方式,创新工程项目管理模式;另一方面,“互联网+”作为一个整体,其深层意义是通过互联网化完成工程项目管理产业升级。通过互联网将开放、平等、互动等网络特性在工程项目管理中的运用,通过大数据的分析与整合,理清管理系统内部关系,通过改造传统工程项目管理的管理方式、系统结构等内容,来增强新型工程项目管理系统的创新能力,提升效率,从而促进工程项目建设管理有序发展,让互联网与工程建设行业进行深度融合,创造新的发展生态。

7.3.2 新模式构成

(1)管理云平台

通过云计算对计算资源、网络资源、存储资源的有效管理,构建工程项目管理云平台,并将以上三种资源通过信息技术实现虚拟化,形成资源池,达到不限时间以及空间,按需分配的效果;并通过对应用软件的弹性管理(即云化部署),将通用的应用软件(如数据库、运行环境)封装好、标准化,需要的时候调取自动部署即可。

(2)数据处理技术

以图像识别等为技术核心,综合利用射频技术、标签等手段,对材料消耗、设备运作、工艺工序、构件信息、工程项目完成率、施工进度等数据进行自动采集和实时传送,相应的系统会对采集到的信息进行汇总分类,并利用识别能力与控制能力进行分析处理,对工程项目数据进行识别、快速处置,为工程项目管理提供详细数据。

(3)智能集成

应用5G网络和万物互联,实现具备感知、理解、行动和学习能力的信息技术系统。使机器能够理解工程(如计算机成像、传感器处理、结构特征识别),分析和理解收集到的工程项目信息(如工程缺陷语言表征与处理、知识阐释),做出知情决策或提出行动建议(如推理引擎、专家系统),并汲取经验教训(包括机器学习)等。智能机器就是内嵌人工智能的计算机和应用程序。智能系统可将不同机器、流程和人员紧密联系起来,使机器更加自动化。

7.3.3 新模式特征

互联网+工程项目管理新模式有以下特征:

一是跨界融合。“+”就是跨界,就是变革,就是开放,就是重塑融合。工程项目建设相关联单位的界限将弱化,身份融合协同了,融合本身也指代身份的融合,业主要求转化为工程项目管理,伙伴参与创新,群体智能才会实现,从研发到产业化的路径才会更垂直,创新的基础就会更坚实。

二是创新驱动。传统的工程项目管理模式方式已不能满足现代工程项目建设需求,必须转变到创新驱动发展这条正确的道路上来。这正是“互联网+”的特质,基于“互联网+”的工程项目管理新模式将利用互联网思维来求变、自我革命,也将更能发挥创新的力量。

三是重塑结构。信息革命、全球化、互联网业已打破了原有的社会结构、经济结构、地缘结构、文化结构。权力、议事规则、话语权不断在发生变化。工程项目泛在网将使“互联网+”工程项目管理模式与传统工程项目管理模式存在本质差异。

四是开放生态。互联网+生态的本身是开放的。推进互联网+的一个重要方向就是要把过去制约创新的环节化解掉,把孤岛式创新连接起来,让工程项目管理中的有能力者有机会实现管理工作创新。

五是连接一切。通过信息传感设备,按约定的协议将任何工程项目物品与互联网相连接进行信息交换和通信,从而实现智能化识别、定位、跟踪、监控和管理的网络。物联网主要解决物与物、人与物、人与人之间的互联。

智能化是信息科学技术的发展方向。实现信息化、网络化的工具其实就是智能化。在现代工程项目管理过程中越来越多地使用了图像识别与处理、计算机视觉、机器人规划、多信息传感与控制、知识的表示、获取与处理、推理与求解、专家系统、智能控制等人工智能技术。尽管近年来人工智能的研究还没有产生重大的突破,但是随着认知科学与智能技术的发展。人工智能技术将会越来越多地应用于工程项目管理领域。

参考文献

[1] 王成. 隧道工程[M]. 北京:人民交通出版社,2009.

[2] 住房和城乡建设部. 地下工程防水技术规范:GB 50108—2008[S]. 北京:中国计划出版社,2009.

[3] 叶耀东,朱合华,王如路. 软土地铁运营隧道病害现状及成因分析[J]. 地下空间与工程学报,2007,1:157-160.

[4] 贺明侠,王连俊. 地下水及地质作用对建筑工程的影响[J]. 土工基础,2005,19(3):19-22.

[5] 张慧玲. 高速铁路客运专线防排水设计[J]. 铁道标准设计,2010,1:139-141.

[6] 杨其新,刘东民,盛草樱,等. 隧道及地下工程喷膜防水技术[J]. 铁道学报,2002,6(2):83-88.

[7] 汪洋,朱万旭,邵炼. 某明挖隧道深基坑施工监测与分析[J]. 特种结构,2015,32(1):55-59.

[8] 赖金星,田冲冲,邱军领,等. 明挖隧道深基坑受力与变形的现场测试分析[J]. 勘察科学技术,2015,4:1-6.

[9] 杨敏,张俊峰,王瑞祥. 坑中坑挡土墙变形内力分析[J]. 岩土力学,2016,37(11):3270-3274.

[10] Hu H,Yang M Q,Lin P Y,et al. Passive Earth Pressures on Retaining Walls for Pit-in-pit Excavations[J]. IEEE Access,2019(7):5918-5931.

[11] 郑刚,郭一斌,聂东清,等. 大面积基坑多级支护理论与工程应用实践[J]. 岩土力学,2014,35(S2):290-298.

[12] 郑刚,聂东清,程雪松,等. 基坑分级支护的模型试验研究[J]. 岩土工程学报,2017,39(05):784-794.

[13] 宋战平,史贵林,王军保,等. 基于 BIM 技术的隧道协同管理平台架构研究[J]. 岩土工程学报,2018(40):17-121.

[14] 张玉斌,王鹏. BIM 技术在公路隧道施工中的应用探讨[J]. 科学技术创新,2018(34):104-106.

[15] 黄廷,陈丽娟,史培新,等. 基于 BIM 的公路隧道运维管理系统设计与开发[J]. 隧道建设,2017(01):48-55.

[16] 董君,王志赫.高速公路工程建设中对 BIM 技术的应用实践[J].公路工程,2017,42(04):1-3,20.

[17] 韩彦来,付正军,赵鑫.成都地铁4号线施工期环境影响分析及对策[J].环境科学与技术,2011,34(S1):383-386.

[18] T R Reid,J P Harrison. A semi-automated methodology for discontinuity trace detection in digital images of rock mass exposures[J]. International Journal of Rock Mechanics & Mining Sciences,2000(37):1073-1089.

[19] Sou-Sen Leu,Shiu-Lin Chang. Digital images processing based approach for tunnel excavation faces[J]. Automation in Construction,2005,14:750-765.

[20] 李晓军,朱合华,解福奇.地下工程数字化的概念及其初步应用[J].岩石力学与工程学报,2006,25(10):1975-1980.

[21] 王国辉,马莉,彭宝富.数字化近景摄影测量监测隧道洞室位移新技术的应用[J].铁道建筑,2005,11:40-41.

[22] 叶英,王梦恕.隧道掌子面地质信息数字编录识别技术研究[J].北京交通大学学报,2007,01:59-62.

[23] 冷彪,仇文革,王刚,等.数字图像处理在隧道工程地质分析中的应用研究[J].铁道标准设计,2013,11:77-81.

[24] 周春霖,朱合华,李晓军.新奥法施工隧道掌子面红外照相及图像处理[J].岩石力学与工程学报,2008,S1:3166-3172.

[25] 王建秀,朱合华,唐益群.高速公路隧道跟踪监测及承载状况诊断[J].土木工程学报,2005,38(2):110-114.